新时代乡村振兴规划研究与路径探索

朱万峰　主编

中国农业出版社
北　京

图书在版编目（CIP）数据

新时代乡村振兴规划研究与路径探索/朱万峰主编．—北京：中国农业出版社，2019.4（2020.3 重印）
ISBN 978-7-109-25303-2

Ⅰ.①新…　Ⅱ.①朱…　Ⅲ.①农村－社会主义建设－建设规划－研究－中国　Ⅳ.①F320.3

中国版本图书馆 CIP 数据核字（2019）第 042878 号

中国农业出版社出版
（北京市朝阳区麦子店街 18 号楼）
（邮政编码 100125）
责任编辑　姚　红

北京中兴印刷有限公司印刷　新华书店北京发行所发行
2019 年 4 月第 1 版　2020 年 3 月北京第 2 次印刷

开本：720mm×960mm　1/16　印张：17.5
字数：270 千字
定价：58.00 元
（凡本版图书出现印刷、装订错误，请向出版社发行部调换）

/ 序 /

实施乡村振兴战略写入党章，是以习近平同志为核心的党中央着眼党和国家事业全局，深刻把握现代化建设规律和城乡关系变化特征，顺应亿万农民对美好生活的向往，对"三农"工作作出的重大决策部署，是决胜全面建成小康社会、全面建设社会主义现代化国家的重大历史任务，是新时代做好"三农"工作的总抓手。

2019 年《国务院政府工作报告》强调："坚持农业农村优先发展，加强脱贫攻坚与乡村振兴统筹衔接，确保如期实现脱贫攻坚目标、农民生活达到全面小康水平。"乡村是具有自然、社会、经济特征的地域综合体，兼具生产、生活、生态、文化等多重功能，与城镇互促互进、共生共存，共同构成人类活动的主要空间。乡村兴则国家兴，乡村衰则国家衰。当前我国农业农村基础差、底子薄、发展滞后的状况尚未根本改变，经济社会发展中最明显的短板在"三农"。决胜全面建成小康社会和全面建成社会主义现代化强国中，最薄弱最关键的环节在农村，最艰巨最繁重的任务在农村，最广泛最深厚的基础在农村，最大的潜力和后劲也在农村。

2019 年中央 1 号文件指出，今明两年是全面建成小康社会的决胜期，"三农"领域有不少必须完成的硬任务。党中央认为，在经济下行压力加大、外部环境发生深刻变化的复杂形势下，做好"三农"工作具有特殊重要性。必须坚持把解决好"三农"问题作为全党工作重中之重不动摇，进一步统一思想、坚定信心、落实工作，巩固发展农业农村好形势，发挥"三农"压舱石作用，为有效应对各种风险挑战赢得主动，为确保经济持续健康发展和社会大局稳定、如期实现第一个百年奋斗目标奠定基础。把加强规划管理作为乡村振兴的基础性工作，实现规划管理全覆盖。以县为单位抓紧编制或修编村庄布局规划，县级党委和政府要统筹推进乡村规划工作。按照先规划后建设的原则，通盘考虑土地利用、产业发展、居民点建设、人居环境整治、生态保护和历史文化传承，注重保持乡土风貌，编制"多规合一"的实用性村庄规划。

随着国家《乡村振兴战略规划（2018—2022 年）》的印发实施，当前，山东、四川、山西、河北、河南、湖南、江苏、吉林等省份先后发布了实施乡村振兴战略的意见或规划，市、县一级乡村振兴规划也在紧锣密鼓的研究编制中。根据"中央统筹、省负总责、市县抓落实"的工作机制及"党政一把手是第一责任人，坚持五级书记抓乡村振兴"及"县委书记要下大气力抓好'三农'工作，当好乡村振兴'一线总指挥'"的具体工作要求，说明县一级处在落实乡村振兴战略承上启下的关键环节，县域乡村振兴，是乡村振兴的战略核心，是乡村振兴的主战场。

《新时代乡村振兴规划研究与路径探索》一书，以习近平总书记关于做好"三农"工作的重要论述为指导，按照"产业兴旺、生态宜居、乡风文明、治理有效、生活富裕"的总要求，重点着墨于如何在县域经济发展中全面部署乡村振兴战略，探讨编制乡村振兴规划的技术路线、实施路径、发展模式、新业态等思路举措，聚焦乡村振兴战略在县域内如何落地生根，并注重现实理论与个案实证论述研究，既有政策理论上的深层次解读，也有对现实问题的破解之策。习近平总书记在谈到城市规划时指出，规划科学是最大的效益、规划失误是最大的浪费、规划折腾是最大的忌讳。该指示不仅适用于城市规划，也同样适用于乡村振兴规划。本书对于从事乡村振兴的规划界人士、各级乡村振兴党政工作者及基层工作者均具有很强的指导性和实用性。

另外，本书还结合了北京九鼎辉煌旅游发展研究院十几年来在美丽乡村、休闲旅游与乡村旅游、田园综合体、农业特色小镇、农业公园、现代农业产业园、乡村旅游扶贫等方面丰富的实战经验，是一部理论与实践紧密结合的著作。

乡村振兴，道阻且长，行则将至。乡村振兴，规划先行，聚焦落地。描绘好战略蓝图，科学有序推动乡村产业、人才、文化、生态和组织振兴。我坚信，让亿万农民走上共同富裕道路，让亿万农民过上美好生活的美丽中国梦终将实现。

第十三届全国政协农业和
农村委员会副主任

2019 年 3 月

/ 前 言 /

自习近平同志 2017 年 10 月 18 日在党的十九大报告中提出乡村振兴战略以来，我国"三农"工作发展进入了一个全新的时期，围绕乡村振兴战略的各类研究也已全面展开。本书从认知乡村振兴、浅议乡村振兴、乡村振兴的规划编制、乡村振兴的特色突破、发展模式及业态落地五个角度对乡村振兴进行了解读。

《新时代乡村振兴规划研究与路径探索》全书共五篇 12 章。

第一篇，时代背景篇。包括第一至三章，主要分析了乡村振兴战略的提出对我国建设社会主义强国、提高人民生活水平、传承乡村文化等方面的意义，并论述了目前出口导向型经济向内需驱动型经济转型、新四化建设、供给侧结构性改革等时代背景催生了乡村振兴战略的提出。同时，用二十个字的总要求、七个坚持的实施原则、七个必须的发展道路及三步走的时间表，高度概括了乡村振兴战略的核心内容。

第二篇，问题分析篇。包括第四、五章，主要分析了国内外乡村发展及治理过程中所产生的很多共性问题。着重分析了我国城乡发展不平衡、土地、生态治理、文化传承与创新、乡村社会关系、乡村振兴实施主体等方面的问题；简要介绍了美国、日本、德国、瑞士、韩国等国家在乡村治理中所采取的一些措施及可借鉴的成功经验。

第三篇，规划研究篇。包括第六至九章，是本书的创新重点，着重解读了《国家乡村振兴战略规划（2018—2022 年）》的要点，提出县域乡村振兴规划的编制流程、规划要点、核心内容及技术路线，并进一步指出在县域规划尺度下，乡村振兴规划是实现"多规合一"的有效路径方法，总结出在"多规合一"原则下，乡村振兴规划的内容体系。在规划单位多"摸索前进"的时期，本篇内容为更加科学地制定乡村振兴规划提供建议和方法，进而促进乡村振兴规划的技术规范在行业内早日达成统一。

第四、五篇包括第十至十二章，着重总结了乡村振兴实施路径、十大发展模式及新业态，是本书的研究重点。

第十章探讨的实施路径，通过国内各类乡村发展的实践经验，挖掘归纳出其引导"乡村的振兴"的突破点。总结分类过程，融入了产业兴旺、生态宜居、生活富裕、乡风文明、治理有效五个方面，同时在地理区位特点、资源特点、历史文化特点、经济发展方式特点、管理措施、发展历史、存在问题等方面进行关注，以其最突出的先天优势或者以其最有效的振兴手段为分类的依据。

第十一章的十大模式，在充分研究我国各地较为成功有效的乡村振兴政策机制及工作方法的案例基础上，总结归纳了涵盖产业兴旺、生态宜居、乡风文明、治理有效、生活富裕、城乡融合、人才振兴、生态振兴、文化振兴、组织振兴10个方面的典型模式，这10种模式虽具备很多共性，但也各有侧重。

第十二章，从新业态的内涵、建设要求、发展模式等方面，总结了时下最为创新典型的九种乡村发展新业态，包括美丽乡村、田园综合体、农业特色小镇、国家现代农业产业园、农业科技园区、国家农村产业融合发展示范园、农业公园、中国特色农产品优势区、全国一村一品示范村镇等。

第四、五篇作为本书的研究重点，其写作目的在于为我国各县域落实乡村振兴战略提供理论指导，业态落地建议及发展模式借鉴，让乡村振兴的主体有路子可以跟随、有模式可以借鉴、有业态可以落地实施，对各地方落实乡村振兴的发展方向存在的困惑问题进行解答。

希望本书对地方各级党委、政府、企事业单位、规划咨询机构和专家学者在开展乡村振兴相关工作的过程中，能够提供一定的帮助。

/ 目　录 /

第一篇

时代背景篇——认知乡村振兴

党的十八大以来，在以习近平同志为核心的党中央坚强领导下，我们党坚持把解决好"三农"问题作为全党工作的重中之重，持续加大强农惠农富农政策力度，扎实推进农业现代化和新农村建设，全面深化农村改革，农业农村发展取得了历史性成就，为党和国家事业全面开创新局面提供了重要支撑。5年来，我国粮食生产能力跨上新台阶，农业供给侧结构性改革迈出新步伐，农民收入持续增长，农村民生全面改善，脱贫攻坚战取得决定性进展，农村生态文明建设显著加强，农民获得感显著提升，农村社会稳定和谐。农业农村发展取得的重大成就和"三农"工作积累的丰富经验，为实施乡村振兴战略奠定了良好基础。

党的十九大作出中国特色社会主义进入新时代的科学论断，提出实施乡村振兴战略的重大历史任务，是以习近平同志为核心的党中央着眼党和国家事业全局，深刻把握现代化建设规律和城乡关系变化特征，顺应亿万农民对美好生活的向往，对"三农"工作作出的重大决策部署，是决胜全面建成小康社会、全面建设社会主义现代化国家的重大历史任务，在我国"三农"发展进程中具有划时代的里程碑意义。

第一章 新时代实施乡村振兴战略的重大意义

在中国特色社会主义新时代，乡村是一个可以大有作为的广阔天地，迎来了难得的发展机遇。必须立足国情农情，顺势而为，切实增强责任感使命感紧迫感，举全党全国全社会之力，以更大的决心、更明确的目标、更有力的举措，推动农业全面升级、农村全面进步、农民全面发展，谱写新时代乡村全面振兴新篇章。

一、乡村振兴对我国建设社会主义强国的影响

乡村振兴是全面建设社会主义现代化强国的必然要求。习近平总书记指出，农业强不强、农村美不美、农民富不富，决定着全面小康社会的成色和社会主义现代化的质量。乡村振兴战略，作为与科教兴国战略、人才强国战略、创新驱动发展战略、区域协调发展战略、可持续发展战略、军民融合发展战略并列的党和国家未来发展的国家战略，是关系全局性、长远性、前瞻性的国家总布局，是国家发展的核心和关键问题，是关系到我国是否能从根本上解决城乡差别、乡村发展不平衡不充分的问题，更关系到中国整体发展是否均衡，是否能实现城乡统筹、农业一体的可持续发展的问题。农村经济的蓬勃发展是我国经济整体发展的飞跃点，是经济建设的力量源泉，是政治建设的群众基础，是文化建设的主要表现，是社会建设的组成部分，是生态文明建设的重要体现。乡村振兴是社会主义现代化建设不可缺少的一部分，社会主义现代化强国的实现，不仅要靠工业和城市的现代化，也包括农业农村的现代化，没有农业农村的现代化，国家现代化就不完整、不全面、不牢固，探索乡村振兴道路是建设社会主义现代化强国的必然选择。

二、乡村振兴对维护社会秩序、繁荣社会经济的重要性

习近平总书记指出：全面建成小康社会，最艰巨最繁重的任务在农村、特别是在贫困地区。没有农村的小康，特别是没有贫困地区的小康，就没有全面建成小康社会。农业农村农民问题是关系国计民生的根本性问题，必须

始终把解决好"三农"问题作为全党工作重中之重。只有实施乡村振兴战略,把"三农"问题彻底解决好,才能为全面建成小康社会补齐短板。只有让包括广大农村地区特别是贫苦落后地区农村的所有人共享经济社会发展的繁荣成果,实现城乡协同发展,才是真正意义上的实现小康。乡村振兴战略适应我国发展的阶段性特征和中国特色社会主义进入新时代的历史要求,推动建立以城带乡、整体推进、城乡一体、均衡发展的义务教育发展机制,健全覆盖城乡的公共就业服务体系,推动城乡基础设施互联互通,完善统一的城乡居民基本医疗保险制度和大病保险制度等,不断提高城乡基本公共服务均等化水平,不断增强乡村居民的幸福感和获得感,为维护社会秩序、繁荣社会经济提供有力支撑。

三、乡村振兴为人民生活水平提高带来的希望

实施乡村振兴战略是实现全体人民共同富裕的必然选择。中国特色社会主义进入新时代,中国社会主要矛盾的"历史性变化"对中国将来的发展提出了新要求、新指引。在新的历史时期,必须坚持以人民为中心的发展思想,不断促进人的全面发展、全体人民共同富裕。我国有 5 000 多年的悠久历史,乡村是中华民族传统文明的发源地,在经济社会发展中一直占有重要地位,乡村的富庶是盛世历史的重要标志。我国城镇化水平不高、农村人口总量庞大的现实国情决定了没有农业农村现代化,就不会有国家的现代化,也不可能实现全体人民共同富裕的社会主义本质目标。乡村振兴,生活富裕是根本。实施乡村振兴战略,不断拓宽农民增收渠道,全面改善农村生产生活条件,促进社会公平正义,有利于增进农民福祉,让亿万农民走上共同富裕的道路,汇聚起建设社会主义现代化强国的磅礴力量。

四、乡村振兴对乡村文化传承与繁荣的重大意义

党的十九大报告把乡村振兴战略作为党和国家重大战略,这是基于我国社会现阶段发展的实际需要而确定的,是符合我国全面实现小康,迈向社会主义现代化强国的需要而明确的,是中国特色社会主义建设进入新时代的客观要求。乡村不发展,中国就不可能真正发展;乡村社会不实现小康,中国社会就不可能全面实现小康;乡土文化得不到重构与弘扬,中华优秀传统文化就不可能得到真正的弘扬。只有立足乡村文明,汲取城市文明及外来文化优秀成果,在保护传承的基础上,创造性转化、创新性发展,不断赋予时代内涵、丰富表

现形式，才能为增强文化自信提供优质载体。只有推动城乡公共文化服务体系融合发展，增加优秀乡村文化产品和服务供给，活跃繁荣农村文化市场，才能为广大农民提供高质量的精神营养。

第二章　乡村振兴应运而生

党的十九大报告指出农业农村农民问题是关系国计民生的根本性问题，必须始终把解决好"三农"问题作为全党工作的重中之重。这一论断是基于深刻认识我国最大国情的基础上作出的，是基于深刻洞察我国社会主要矛盾的主要表现基础上作出的，是基于深刻认清"新三步走"战略实施的最大短板基础上作出的，彰显了以习近平同志为核心的党中央的英明决断。党的十九大报告提出实施乡村振兴战略，并写入党章，这在我党历史上是第一次。这既是横空出世，让人擦亮眼球世界为之一振；又是水到渠成，是解决好"三农"问题这一全党工作重中之重的一以贯之。

一、出口导向型经济向内需驱动型经济转型

出口导向型经济发展战略曾经使我国经济一直保持高速增长，目前，我国的消费总需求占据社会总需求的大部分，因而这也成为 GDP 增长的重要推动因素。然而近年来持续的"双顺差"，日益恶化的贸易条件、资源与环境巨大的双重压力、逐渐升级的贸易摩擦，以及我国经济发展对外依存度过高，使得中国在国际市场上的压力越来越大，我国经济增长模式的转型迫在眉睫，如何使我国经济由出口导向型转为内需驱动型发展成为一个急需解决的问题。当前国际经济环境发生了巨大的变化，全球的需求结构发生了转变，开始不断促使我国在转变经济发展战略的过程中，把经济增长方式转变到由出口导向型向内需驱动型发展的轨道上来。我国改革开放的历史证明，农村的城市化是拉动经济增长扩大内需的根本动力，它不仅能吸纳上亿劳动力充分就业，而且能造就一个庞大的需求市场。近些年国家为了拉动内需增长通过家电下乡、住房与汽车等消费升级等各项方法拉动农村市场需求，并进一步提出了促进居民文化、旅游、健身、养老、家政等服务消费方式发展的政策建议，都对拉动内需起到了促进作用。然而从目前的状态上分析，我国农村城镇化进程较缓，一定程度上制约了国民消费水平的扩张。城镇化进程的快速发展可以有效地促进消费的发展，提前进入城市的消费群体有较高的消费能力。城镇拥有我国最大的潜在内需，在未来的 20～30 年间，我国城镇化进程在保持现有的基础上，持续稳定的发展，每年将会有 1 000 万以上的人口进入城市，这就会极大地增加城市

的劳动力和提高城市聚集效益。实施乡村振兴战略对加快城镇化进程，促进国家经济由出口导向型经济向内需驱动型经济转型具有重大意义。

二、"新四化"建设持续推进

工业化、信息化、城镇化、农业现代化，是实现我国现代化的基本途径。"新四化"的提出有足够的依据：第一，中国仍然有剩余的农业人口，需要靠工业化来进一步消化；第二，中国的传统工业要依靠信息化来提高效率，才能与国际同行处于同样的竞争平台上；第三，城市必须容纳日益增加的参与工业化的农村人口，让农民工变成市民；第四，农业产出必须从"强调数量、解决温饱"转向"强调质量、满足品味"，适应消费者从小康走向富裕的需要。当前，中国经济社会结构中最大的问题是城乡二元结构仍然明显，收入分配中最突出的问题是城乡居民收入差距扩大，产业发展中最薄弱的环节是农业。与快速推进的工业化、城镇化相比，农业现代化滞后的问题仍很突出。然而，工业化、城镇化和农业现代化是现代化的基本内容，农业现代化如果跟不上工业化、城镇化发展步伐，也会导致工业化、城镇化发展受阻，因此，能否实现三者的同步发展，关系到现代化建设的成败。"四化同步"无疑将为农业现代化建设注入强劲动力。只有"新四化"同步发展，才是真正实现科学的发展，才能达到全面、协调、可持续的根本要求，才能实现社会生产力的跨越式发展。

三、供给侧结构性改革夯实现代经济体系根基

改革开放四十年来，中国经济持续高速增长，成功步入中等收入国家行列，已成为名副其实的经济大国。但随着人口红利衰减、"中等收入陷阱"风险累积、国际经济格局深刻调整等一系列内因与外因的作用，经济发展正进入"新常态"。中国供需关系正面临着不可忽视的结构性失衡。"供需错位"已成为阻挡中国经济持续增长的最大路障：一方面，过剩产能已成为制约中国经济转型的一大包袱；另一方面，中国的供给体系与需求侧严重不配套，总体上是中低端产品过剩，高端产品供给不足。此外，中国的供给侧低效率，无法供给出合意的需求。因此，强调供给侧改革，就是要从生产、供给端入手，调整供给结构，为真正启动内需、打造经济发展新动力寻求路径。党的十九大报告指出，我国经济已由高速增长阶段转向高质量发展阶段，正处在转变发展方式、优化经济结构、转换增长动力的攻关期，建设现代化经济体系是跨越关口的迫切要求和我国发展的战略目标。十九大明确以供给侧结构性改革为主线，推动

经济发展质量变革、效率变革、动力变革，提高全要素生产率。用改革的办法推进结构调整，减少无效和低端供给，扩大有效和中高端供给，增强供给结构对需求变化的适应性和灵活性，提高全要素生产率，使供给体系更好适应需求结构变化，使要素实现最优配置，提升经济增长的质量和数量，夯实现代经济体系的根基。其中，农业供给侧结构性改革从供给入手，改善供给结构，充分发挥多种形式农业适度规模经营的引领作用，实现农民增收，为乡村振兴奠定基础。

四、生态文明建设与经济发展携手并进

生态兴则文明兴，生态衰则文明衰。要实现中华民族伟大复兴的中国梦，就必须注重生态文明、建设美丽中国。生态文明建设关乎发展未来，建设绿色家园是全体人民的共同梦想。没有良好的生态环境，高质量发展无从谈起，美好生活也难以实现。加强生态文明建设、推动绿色发展，是实现高质量发展的题中应有之义。虽然近年来经济发展使我国从农业大国，逐步走向工业大国，进一步提高了人民的生活水平，但是我国经济基础薄弱、工业化程度低，在经济发展过程中发展经济与保护环境的矛盾普遍存在。过去国家为了经济飞速发展，不惜引进大量工业化程度较低的企业靠消耗自然资源，以牺牲环境为代价来拉动经济增长，但在发展的进程中逐渐发现离开自然资源，经济发展就如同"无源之水、无本之木"难以为继。为此十九大报告提出树立"绿水青山就是金山银山"理念，坚定走生产发展、生活富裕、生态良好的文明发展道路，坚持以生态保护红线、环境质量底线、资源利用上线和产业准入负面清单制度为标尺，从而优化生态环境，增强企业核心竞争力，提高经济发展质量，推动形成人与自然和谐发展的现代化建设新格局，让中华大地天更蓝、山更绿、水更清、环境更优美。

第三章 乡村振兴的核心内容解析

一、二十个字的总要求

(一) 产业兴旺

产业兴旺,就是农业生产发展的问题。坚持质量兴农、绿色兴农,构建现代农业产业体系、生产体系、经营体系,提高农业创新力、竞争力和全要素生产率。

乡村振兴,产业兴旺是前提。必须坚持质量兴农、绿色兴农,以农业供给侧结构性改革为主线,加快构建现代农业产业体系、生产体系、经营体系,提高农业创新力、竞争力和全要素生产率,加快实现由农业大国向农业强国转变。乡村产业兴旺发展的终极目标,终究要回到"人"的身上。即把产业发展落实到提高农村民生保障水平、不断提升农民群众生活质量上来,这是"让广大人民群众共享改革发展成果"理念的具体体现。作为乡村振兴的物质基础,产业兴旺发展既是支撑乡村振兴的源头,更是引领乡村振兴的潮头。只有产业振兴,农业才能为经济高质量发展作出更高水平的产品、市场、要素和外汇贡献,"农业强"的基本目标才会落到实处;只有产业兴旺,才能增强乡村吸引力,促进资本、人才等各类要素向乡村聚集,"农村美"的物质基础才会不断夯实;只有产业发展,才能激活经济,富裕农民,繁荣乡村,"农民富"的根本目标才会得以实现。

(二) 生态宜居

生态宜居,就是农村生态建设的问题。良好生态环境是农村最大优势和宝贵财富。推动乡村自然资本加快增值,实现百姓富、生态美的统一。

乡村振兴,生态宜居是关键。农业是生态产品的重要供给者,乡村是生态涵养的主体区,生态是乡村最大的发展优势,良好生态环境是农村最大优势和宝贵财富。近年来,农业生态环境保护扎实推进,绿色发展理念日益深入人心,制度的"四梁八柱"已经构建,一批样板模式显现出来,农业发展方式更绿了。农业农村污染治理攻坚战作为污染防治攻坚战七大标志性战役之一,农业农村部更是提出了"一控两减三基本"的目标任务:到2020年实现农业用水总量控制，化肥、农药使用量减少，畜禽粪便、秸秆、地膜基本资源化利用。这些都为建设生态宜居美丽乡村奠定了坚实基础。实施乡村振兴战略，必须尊重自然、顺应自然、保护自然，统筹山水林田湖草系统治理，加快推行乡村绿色发展方式，加强农村人居环境整治，建立市场化多元化生态补偿机制，增加农业生态产品和服务供给，推动乡村自然资本加快增值，实现百姓富、生态美的统一，构建人与自然和谐共生的乡村发展新格局。

（三）乡风文明

乡风文明，就是农民精神面貌的问题。提升农民精神风貌，培育文明乡风、良好家风、淳朴民风，不断提高乡村社会文明程度。

乡村振兴，乡风文明是灵魂。在乡村振兴战略五个方面的总体要求中，乡风文明有着至关重要的作用。首先，乡风文明能够有效吸引城市要素资源向乡村转移，进而促进产业兴旺。其次，乡风文明为美丽乡村建设提供优良的人文环境，实现生态宜居。再次，乡风文明是治理有效的重要条件和成效体现。最后，乡风文明是生活富裕的重要内涵，生活富裕不仅体现在物质生活的提升，也体现在包括乡风文明在内的精神生活的丰富。乡村振兴需要乡风文明，乡风文明是乡村振兴战略的重要组成部分，是乡村振兴之"魂"，实施乡村振兴战略，必须高度重视乡风文明建设。只有把乡村振兴与乡风文明建设有机结合起来，二者相向而行、良性互动、互相促进，才会深化乡村振兴内涵，增强乡村振兴动力和活力，乡村振兴战略的实施才会稳步推进。必须坚持物质文明和精神文明一起抓，提升农民精神风貌，培育文明乡风、良好家风、淳朴民风，不断提高乡村社会文明程度，从而在新时代焕发出乡风文明的新气象，进一步丰富和传承中华优秀传统文化。

（四）治理有效

治理有效，就是农村社会治理的问题。依靠基层党组织建设，坚持自治、法治、德治相结合，确保乡村社会充满活力、和谐有序。

乡村振兴，治理有效是保障。社会治理的基础在基层，薄弱环节在乡村。实施乡村振兴战略，加强农村基层基础工作，健全乡村治理体系，确保广大农民安居乐业、农村社会安定有序，有利于打造共建共治共享的现代社会治理格局，推进国家治理体系和治理能力现代化。改革开放以来，伴随我国新型工业化、信息化、城镇化、农业现代化快速发展，乡村社会正在经历极其重大的社会转型过程。青年劳动力人口以农民工的身份大量流动到城镇与城市，加速了乡村人口的老龄化进程；乡村社会的成员结构发生变化，在传统农民之外，新型职业农民、农民工、农业企业主、个体户等群体日益壮大。在这种情况下，原有乡村治理体系中的某些成分，已难以适应社会变化的要求。因此，在中国特色社会主义新时代，实施乡村振兴战略，必须进一步深化改革，从社会治理角度进行强有力的制度建设。因此，必须把夯实基层基础作为固本之策，建立健全党委领导、政府负责、社会协同、公众参与、法治保障的现代乡村社会治理体制，坚持自治、法治、德治相结合，确保乡村社会充满活力、和谐有序。

（五）生活富裕

生活富裕，就是农民生活状态的问题。2017年12月29日，中央农村工作会议首次提出走中国特色社会主义乡村振兴道路，让农业成为有奔头的产业，让农民成为有吸引力的职业，让农村成为安居乐业的美丽家园。

生活富裕是根本。农业强不强、农村美不美、农民富不富，关乎亿万农民的获得感、幸福感、安全感，关乎全面建成小康社会全局。实施乡村振兴战略，不断拓宽农民增收渠道，全面改善农村生产生活条件，促进社会公平正义，有利于增进农民福祉，让亿万农民走上共同富裕的道路，汇聚起建设社会主义现代化强国的磅礴力量。中国要强农业必须强，中国要美农村必须美，中国要富农民必须富。让农民有持续稳定的收入来源，经济宽裕，衣食无忧，生活便利，共同富裕，是实施乡村振兴战略的目标，是建立和谐社会的根本要求。要坚持人人尽责、人人享有，按照抓重点、补短板、强弱项的要求，围绕农民群众最关心最直接最现实的利益问题，一件事情接着一件事情办，一年接着一年干，把乡村建设成为幸福美丽新家园。

产业兴旺是前提，生态宜居是关键，乡风文明是灵魂，治理有效是保障，生活富裕是根本。这五个方面是相互作用、相互依存的关系。

"产业兴旺"是乡村振兴的经济基础。"产业兴旺"不能局限于一产农业的发展，而应着眼于接二连三、一二三产融合、功能多样的现代农业产业的发展与兴旺，体现现代农业三大体系，即产业体系、生产体系、经营体系有机结合的产业发展与兴旺。"生态宜居"是乡村振兴的环境基础。宜居的生态环境不仅是针对乡村百姓的宜居，而且也应是对城市居民开放、城乡互通的"生态宜居"。"乡风文明"是乡村振兴的文化基础。"乡风文明"既应该是蕴含具有明显中国特色的五千年历史传承的乡村农耕文明，又应该是能够体现具有现代工业化、城乡一体化发展和特征的现代文明，也就是说，是传统文明和现代文明相互融合与发展的"乡风文明"。"治理有效"是乡村振兴的社会基础。乡村的"治理有效"是国家治理体系现代化和"善治"的必然要求，它应该既体现治理手段的多元化和刚柔相济，即法治、德治、自治的"三治合一"；又体现治理效果能为广大群众所接受所满意，并且具有可持续性和低成本性。"生活富裕"是乡村振兴的民生目标。具体而言，就是要消除乡村贫困，持续增加乡村居民收入，同时缩小城乡居民在收入和公共保障方面的差距，实现乡村人口全面小康基础上的"生活富裕"。

乡村振兴战略"二十字"方针所体现的五大具体目标是相互联系的有机体，因此，不仅要科学把握这"二十字"方针的具体内涵，还要科学把握这"二十字"方针五大目标的相互关系：在乡村振兴战略的推进过程中，要把实现百姓"生活富裕"作为乡村振兴的根本目标；要把"治理有效"与"乡风文明"建设有机结合，通过"治理有效"促进"乡风文明"建设，通过"乡风文明"建设提高"德治"水平，实现"三治合一"的乡村"善治"格局；要把"产业兴旺"与"生态宜居"有机结合，使"生态宜居"既成为"生活富裕"的重要特征，又成为"产业兴旺"的重要标志。这是因为，乡村的"产业兴旺"是体现一二三产融合和功能多样的"产业兴旺"，其中乡村的休闲旅游和康养产业发展，无疑要以"生态宜居"为基础和前提。这"二十字"方针是既相对独立又相互作用、相互依存、相互配合的有机整体，必须全面把握，才能实现乡村全面振兴。

二、七个坚持的实施原则

实施乡村振兴战略，要坚持党管农村工作，坚持农业农村优先发展，坚持农民主体地位，坚持乡村全面振兴，坚持城乡融合发展，坚持人与自然和谐共生，坚持因地制宜、循序渐进。

(一) 坚持党管农村工作

党管农村工作是我们党的一个传统，是实施乡村振兴战略的一个重大原则。"党政军民学，东西南北中，党是领导一切的。"农村工作在党和国家的各项工作中始终具有战略性、基础性地位和作用，农民的状况如何，始终是中国革命和建设的根本问题。我们党能不能把广大农民群众吸引和组织在自己的周围，最大限度地发挥农民的积极性和创造性，决定着党的事业的成败。党中央也始终把农业、农民和农村问题列为各项工作重中之重，始终坚持党对农村工作的强力领导。坚持加强和改善党对农村工作的领导是"三农"发展的政治保障。必须加强和改善党对"三农"工作的领导，切实提高党把方向、谋大局、定政策、促改革的能力和定力，确保党始终总揽全局、协调各方，提高新时代党领导农村工作的能力和水平，确保农村社会稳定和农村经济健康发展。

（二）坚持农业农村优先发展

"三农"问题是关系国计民生的根本性问题。习近平总书记指出，任何时候都不能忽视农业、忘记农民、淡漠农村。党的十九大报告从全局和战略高度，明确提出坚持农业农村优先发展。这是一个重大战略思想，是党中央着眼"两个一百年"奋斗目标的目标导向和农业农村短腿短板问题的问题导向作出的战略安排，表明在全面建设社会主义现代化国家新征程中，要始终坚持把解决好"三农"问题作为全党工作重中之重，真正把它摆在优先位置。坚持农业农村优先发展，加大对农业农村发展的支持力度，补齐农业现代化这个"四化同步"的短板，努力让农业成为有奔头的产业，让农民成为有吸引力的职业，让农村成为安居乐业的美丽家园。

（三）坚持农民主体地位

农民是农业的主体，是乡村振兴的主力军。习近平总书记指出：农村经济社会发展，说到底，关键在人；要通过富裕农民、提高农民、扶持农民，让农业经营有效益，让农业成为有奔头的产业，让农民成为体面的职业。乡村发展的本质是人的发展。实施乡村振兴战略，应坚持以农民为主体地位不动摇，这是由乡村的独特属性和农业农村发展实际需要所决定的。在乡村振兴中坚持以农民为主体，绝不能让农民成为农村改革的旁观者，而是让其有切身的参与感，让农民成为改革红利的主要受益者。乡村振兴战略要培养更多爱农业、懂技术、善经营的新型职业农民，靠一批真正懂农业、爱农村的人去落实。

（四）坚持乡村全面振兴

实施乡村振兴战略，总要求是产业兴旺、生态宜居、乡风文明、治理有效、生活富裕，这是一个各方面协调发展的、乡村全面振兴的美丽图景。习近平总书记指出，实施乡村振兴战略要物质文明和精神文明一齐抓，特别要注重提升农民精神风貌。中央农村工作会议提出"到 2050 年，乡村全面振兴，农业强、农村美、农民富全面实现"的乡村振兴的战略目标，就是要推动农业全面升级、农村全面进步、农民全面发展，使乡村各方面建设全面推进、协调发展。

（五）坚持城乡融合发展

我国工农及城乡关系经历了从农业支持工业、农村支持城市，到以城带乡、以工补农的发展过程。进入新时代，将是城乡融合发展的新时期。中央农村工作会议指出，走好中国特色社会主义乡村振兴道路，必须重塑城乡关系，走城乡融合发展之路。要坚持以工补农、以城带乡，把公共基础设施建设的重点放在农村，推动农村基础设施建设提档升级，优先发展农村教育事业，促进农村劳动力转移就业和农民增收，加强农村社会保障体系建设，推进健康乡村建设，持续改善农村人居环境，逐步建立健全全民覆盖、普惠共享、城乡一体的基本公共服务体系，让符合条件的农业转移人口在城市落户定居，推动新型工业化、信息化、城镇化、农业现代化同步发展，加快形成工农互促、城乡互补、全面融合、共同繁荣的新型工农城乡关系。

（六）坚持人与自然和谐共生

实施乡村振兴战略，要坚持绿色生态导向，推动农业农村可持续发展和人与自然和谐共生，坚持因地制宜、循序渐进，走乡村绿色发展之路。良好生态环境是农村最大优势和宝贵财富。必须尊重自然、顺应自然、保护自然，推动乡村自然资本加快增值，实现百姓富、生态美的统一。要正确处理开发与保护的关系，运用现代科技和管理手段，将乡村生态优势转化为发展生态经济的优势，提供更多更好的绿色生态产品和服务，促进生态和经济良性循环。要积极开发观光农业、游憩休闲、健康养生、生态教育等服务；创建一批特色生态旅游示范村镇和精品线路，打造绿色生态环保的乡村生态旅游产业链。

（七）坚持因地制宜、循序渐进

乡村振兴是一项前人没有实现的战略，只能在不断实践中积累经验。中央提出的典型引路正是要通过发掘典型的乡村振兴经验，推动全面的乡村振兴。在乡村发展的实践中，各个乡村的资源禀赋不同、社会经济文化背景不同，在发展中会形成不同的经验，这些多样性的经验为乡村振兴提供了多种可能。由于各地乡村的差异很大，中国没有统一的乡村振兴模式可供模仿，因此乡村振兴需要有最大的包容性，允许各种形式的实验。比如乡村振兴并不排斥乡村的工业化发展，在一些条件允许的地方可以采取分散工业化的模式，通过工业的发展提振乡村的经济；乡村振兴也不排斥城市的发展，乡村要拥抱城市，既可以为城市提供多功能服务，也可以吸纳城市人口和城市经济，实现与城市的有机融合；乡村振兴既可以通过发展集体经济，实现农民的共同富裕，也可以实现农业的企业化经营，通过企业管理的方式，实现乡村的有效治理。要在不断实践中积累经验，从而探索出中国特有的乡村振兴之路。

三、七个必须的发展道路

走中国特色社会主义乡村振兴道路，必须重塑城乡关系，走城乡融合发展之路；必须巩固和完善农村基本经营制度，走共同富裕之路；必须深化农业供给侧结构性改革，走质量兴农之路；必须坚持人与自然和谐共生，走乡村绿色发展之路；必须传承发展提升农耕文明，走乡村文化兴盛之路；必须创新乡村治理体系，走乡村善治之路；必须打好精准脱贫攻坚战，走中国特色减贫之路。

（一）必须重塑城乡关系，走城乡融合发展之路

马克思认为，城乡融合是社会发展的必然趋势，是城乡发展的终极目标。回顾中国现代化的进程，如何处理工农城乡关系，从来都是贯穿中国工业化和城镇化进程的主题与主线。走中国特色社会主义乡村振兴道路，必须将工业与农业、城市与乡村、城镇居民与农村居民作为一个整体纳入全面建成小康社会和现代化建设的全过程中，重塑城乡关系，走城乡融合发展之路。要从根本上改变乡村长期从属于城市的现状，明确乡村在全面建成小康社会和现代化建设中的突出地位和在城乡关系中的平等地位。要从根本上改变以工统农、以城统乡、以扩张城市减少农村减少农民的发展路径，明确城乡融合发展是实施乡村振兴战略推进农业农村现代化的有效途径。要进一步理顺工农城乡关系，按照产业兴旺、生态宜居、乡风文明、治理有效、生活富裕的总要求，建立健全城乡融合发展体制机制和政策体系，统筹推进农村经济建设、政治建设、文化建设、社会建设、生态文明建设和党的建设。要坚持以工补农、以城带乡，推动新型工业化、信息化、城镇化、农业现代化同步发展，加快形成工农互促、城乡互补、全面融合、共同繁荣的新型工农城乡关系。

（二）必须巩固和完善农村基本经营制度，走共同富裕之路

巩固和完善农村基本经营制度是我们党各项农村政策的根基，对于我国走中国特色社会主义道路、解决"三农"问题有着重大战略意义。家庭承包是农民集体与农民集体成员之间天然纽带形成的共同利益驱动使然。公有制为主体、多种所有制经济共同发展，是中国社会主义初级阶段的一项基本经济制度。我国农村土地集体所有体现为农民成员组成的农民集体所有，农民集体的财产必须为农民集体成员谋福祉。显然，农村集体所有制是农民集体与农民集体成员之间的天然纽带，农村集体土地是农民生存之本、发展之源，耕地应该

由作为农民集体成员的农户家庭承包，其他任何主体都不能取代农户家庭的土地承包地位。要坚持农村土地集体所有，坚持家庭经营基础性地位，坚持稳定土地承包关系，壮大集体经济，建立符合市场经济要求的集体经济运行机制，确保集体资产保值增值，确保农民受益。

（三）必须深化农业供给侧结构性改革，走质量兴农之路

经过多年不懈努力，我国农业农村发展不断迈上新台阶，已进入新的历史阶段。农业的主要矛盾由总量不足转变为结构性矛盾，突出表现为阶段性供过于求和供给不足并存，矛盾的主要方面在供给侧。近几年，我国在农业转方式、调结构、促改革等方面进行积极探索，为进一步推进农业转型升级打下一定基础。但农产品供求结构失衡、要素配置不合理、资源环境压力大、农民收入持续增长乏力等问题仍很突出，增加产量与提升品质、成本攀升与价格低迷、库存高企与销售不畅、小生产与大市场、国内外价格倒挂等矛盾亟待破解。顺应新形势新要求，在推进农业供给侧结构性改革中，坚持质量兴农，走质量效益型发展之路，必定能加快培育农业农村发展新动能，开创农业现代化建设新局面。

中央农村工作会议提出，必须深化农业供给侧结构性改革，走质量兴农之路。坚持质量兴农、绿色兴农，实施质量兴农战略，加快推进农业由增产导向转向提质导向，夯实农业生产能力基础，确保国家粮食安全，构建农村一二三产业融合发展体系，积极培育新型农业经营主体，促进小农户和现代农业发展有机衔接，推进"互联网＋现代农业"，加快构建现代农业产业体系、生产体系、经营体系，不断提高农业创新力、竞争力和全要素生产率，加快实现由农业大国向农业强国转变。

（四）必须坚持人与自然和谐共生，走乡村绿色发展之路

作为中国特色社会主义乡村振兴道路的七根支柱之一，"坚持人与自然和谐共生，走乡村绿色发展之路"是一条基础线、潜力线、生命线，它决定着"三农"能否持续发展的问题。其意义有三：一是涤荡原有发展的弊端。我国农业农村在不断发展的同时，农村环境也不同程度出现了污染。走乡村绿色发展之路，能涤荡原有发展的弊端，优化生态环境，实现生态文明与物质文明和谐发展。二是凝聚永续发展的力量。永续发展以自然资源的永续利用和良好的生态环境为基础。绿色发展能保护好、积蓄好、奠定好宜耕宜牧的土壤环境、宜饮宜灌的水体环境、宜呼宜吸的大气环境等，从而为农业永续发展提供不竭动力。三是开启高质量发展的钥匙。高质量发展是新时代赋予农村经济由量到

质的转型要求,是开启现代农业高质量发展的一把钥匙。坚持人与自然和谐共生,走乡村绿色发展之路,要以绿色发展引领生态振兴,统筹山水林田湖草系统治理,加强农村环境突出问题综合治理,建立市场化多元化生态补偿机制,增加农业生态产品和服务供给,切实实现百姓富、生态美的有机统一。

(五)必须传承发展提升农耕文明,走乡村文化兴盛之路

中央1号文件强调:"乡村振兴,乡风文明是保障。必须坚持物质文明和精神文明一起抓,提升农民精神风貌,培育文明乡风、良好家风、淳朴民风,不断提高乡村社会文明程度。"乡村文化是超越个性化的文化表现,是一个村庄农民群体共同遵守的价值准则,超越文化发展历史阶段,是特定村庄长久的相对恒定的发展价值,是乡村群体对本原自我的寻找与精神再现,是乡村有别于其他乡村的最本质的差别,也是乡村发展与存在的个性。乡村文化元素作为产业资源,通过相关元素的整合,实现文化产业植入、产业传导、产业创制,使乡村文化在乡村文化产业创新中得以传承与创新。要坚持物质文明和精神文明一齐抓,弘扬和践行社会主义核心价值观,加强农村思想道德建设,传承发展提升农村优秀传统文化,加强农村公共文化建设,开展移风易俗行动,提升农民精神风貌,培育文明乡风、良好家风、淳朴民风,不断提高乡村社会文明程度。

(六)必须创新乡村治理体系,走乡村善治之路

乡村治理是实现乡村振兴的重要保障和制度基础。不论是重塑城乡关系,还是巩固和完善农村基本经营制度;不论是深化农业供给侧结构性改革,还是促进绿色发展;不论是传承发展提升农耕文明,还是打好精准脱贫攻坚战,这些都离不开乡村治理,而乡村治理又必须充分发挥农民的主体地位作用。中国人多地少,农村人地矛盾突出,2015年2公顷以下的小规模农户占96%,所以乡村治理必须立足国情特点,走中国特色的乡村善治之路。善治,就是良好的治理。实现乡村善治,要在以下几个方面着力:一定要坚持以人民为中心的理念,立足于实现公共利益的最大化,让广大农民的利益得到充分满足。要加强政府与乡村社会的互动和协同合作,强化信息公开和村民参与,真正让人民当家作主,推动形成多元共治的局面。要推进治理方式和手段的多元化,因地制宜探索各具特色的治理模式。要建立健全党委领导、政府负责、社会协同、公众参与、法治保障的现代乡村社会治理体制,健全自治、法治、德治相结合的乡村治理体系,加强农村基层基础工作,加强农村基层党组织建设,深化村民自治实践,严肃查处侵犯农民利益的"微腐败",建设平安乡村,确保乡村

社会充满活力、和谐有序。

（七）必须打好精准脱贫攻坚战，走中国特色减贫之路

精准脱贫攻坚和乡村振兴战略都是我国为实现"两个一百年"奋斗目标确定的国家战略。前者立足于实现第一个百年奋斗目标——全面建成小康社会，后者着眼于第二个百年奋斗目标——到本世纪中叶把我国建成富强民主文明和谐美丽的社会主义现代化强国。精准脱贫攻坚和乡村振兴战略相互支撑、协调推进，利于"两个一百年"奋斗目标的实现。一方面，精准脱贫攻坚是我国当前减贫的主要任务和基本形式，它与城乡融合发展、共同富裕、质量兴农、乡村绿色发展、乡村文化兴盛和乡村善治一起，共同构筑中国特色社会主义乡村振兴道路。另一方面，只有包括贫困乡村在内的全国农村共同实现了乡村振兴战略的目标和任务，我国乡村振兴战略规划才能够圆满完成。

将乡村振兴战略的思想和原则融入精准脱贫攻坚中。到 2020 年实现现行标准下农村贫困人口脱贫，是精准脱贫攻坚的最直接的目标和任务。在贫困地区，现阶段尤其要集中精力打好精准脱贫攻坚战。合理的做法是，各贫困乡村要结合自身的条件，根据脱贫攻坚的任务，将乡村振兴战略的思想和原则融入具体的脱贫攻坚的计划和行动之中，统筹脱贫攻坚与乡村振兴之间的有机衔接，奠定乡村振兴的制度和物质基础。按照产业兴旺、生态宜居、乡风文明的原则，安排贫困乡村的脱贫攻坚计划，提高脱贫的质量和可持续性。同时，乡村振兴战略也为巩固脱贫成果提供重要保障。与尚未脱贫的贫困乡村相比，已脱贫尤其是最近几年刚脱贫的乡村，应该成为全国实施乡村振兴战略支持重点，以促进巩固脱贫成果。多数刚脱贫的乡村，产业发展的基础都不够牢固，基础设施和公共服务仍有较大缺口，乡村治理体系和治理能力还比较弱。特别需要通过实施乡村振兴战略，补牢产业发展基础、改善基本公共服务、提高治理能力，巩固和扩大脱贫成果。

四、三步走的时间表

按照党的十九大提出的决胜全面建成小康社会、分两个阶段实现第二个百年奋斗目标的战略安排，中央明确了实施乡村振兴战略时间表。

到 2020 年，乡村振兴取得重要进展，制度框架和政策体系基本形成。到 2020 年，乡村振兴的制度框架和政策体系基本形成，各地区各部门乡村振兴的思路举措得以确立，全面建成小康社会的目标如期实现。到 2022 年，乡村振兴的制度框架和政策体系初步健全。国家粮食安全保障水平进一步提高，现

代农业体系初步构建，农业绿色发展全面推进；农村一二三产业融合发展格局初步形成，乡村产业加快发展，农民收入水平进一步提高，脱贫攻坚成果得到进一步巩固；农村基础设施条件持续改善，城乡统一的社会保障制度体系基本建立；农村人居环境显著改善，生态宜居的美丽乡村建设扎实推进；城乡融合发展体制机制初步建立，农村基本公共服务水平进一步提升；乡村优秀传统文化得以传承和发展，农民精神文化生活需求基本得到满足；以党组织为核心的农村基层组织建设明显加强，乡村治理能力进一步提升，现代乡村治理体系初步构建。探索形成一批各具特色的乡村振兴模式和经验，乡村振兴取得阶段性成果。

到 2035 年，乡村振兴取得决定性进展，农业农村现代化基本实现。农业结构得到根本性改善，农民就业质量显著提高，相对贫困进一步缓解，共同富裕迈出坚实步伐；城乡基本公共服务均等化基本实现，城乡融合发展体制机制更加完善；乡风文明达到新高度，乡村治理体系更加完善；农村生态环境根本好转，生态宜居的美丽乡村基本实现。

到 2050 年，乡村全面振兴，农业强、农村美、农民富全面实现。

第二篇

问题分析篇——浅议乡村振兴

　　农业农村农民问题是关系国计民生的根本性问题。没有农业农村的现代化，就没有国家的现代化。当前，我国发展不平衡不充分问题在乡村最为突出，主要表现在：农产品阶段性供过于求和供给不足并存，农村一二三产业融合发展深度不够，农业供给质量和效益亟待提高；农民适应生产力发展和市场竞争的能力不足，农村人才匮乏；农村基础设施建设仍然滞后，农村环境和生态问题比较突出，乡村发展整体水平亟待提升；农村民生领域欠账较多，城乡基本公共服务和收入水平差距仍然较大，脱贫攻坚任务依然艰巨；国家支农体系相对薄弱，农村金融改革任务繁重，城乡之间要素合理流动机制亟待健全；农村基层基础工作存在薄弱环节，乡村治理体系和治理能力亟待强化。

　　乡村振兴是个复杂的巨系统过程，是一项伟大而艰巨的任务，只有直面乡村在几十年时代变迁中遗留下的真实问题，梳理清楚乡村振兴的障碍因素，明确乡村振兴中的薄弱环节，才有可能在此轮乡村振兴中，找到更有效的实施路径和方法。

第四章　我国乡村发展存在的问题

农业农村农民问题是关系国计民生的根本性问题。没有农业农村的现代化，就没有国家的现代化。当前，我国发展不平衡不充分问题在乡村最为突出，主要存在以下问题：

一、城乡发展不平衡的问题

当前，我国的主要矛盾已经转变为"人民日益增长的美好生活需要和不平衡不充分的发展之间的矛盾"。这当中城乡发展的不平衡、农业农村发展的不充分问题表现得尤为突出。

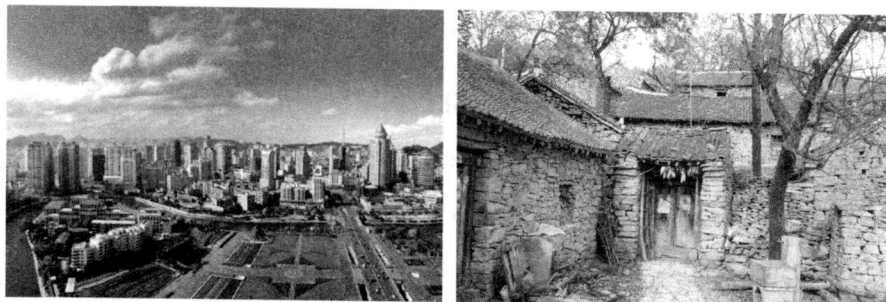

图 4-1　我国城乡发展不平衡

（一）城乡二元经济问题突出

城乡二元结构始终是制约城乡融合发展的主要障碍。近年来，我国现代农业发展进程加快，农业劳动生产率不断提高，城乡二元经济问题呈逐年持续改善趋势，但改善程度十分有限。更为严峻的是，部分地区城乡二元经济问题还呈现恶化趋势。

（二）城乡要素自由流动尚未建立

我国要素市场改革明显滞后，要素在城乡之间的流动受到诸多限制，要素价格扭曲和市场分割现象仍然存在，严重制约城乡融合发展水平的提升。比如：农民进城的门槛依然较高；城乡金融市场存在严重的藩篱，资金缺乏有效的双向流动；土地财政以及城乡二元土地市场刺激了城市蔓延扩张，土地城镇化速度显著快于人口城镇化速度。

图 4-2　我国农民进城务工状况

（三）推进城乡基本公共服务均等化任务艰巨

近年来，城乡基本公共服务标准差距依然较大，其中教育发展不均衡和卫生发展不均衡是主要短板。一方面，农村义务教育教师素质不断提高，城乡义

图 4-3　农村基础教育落后状况

务教育教师素质差距不断缩小，农村人口受教育水平不断提高，农村妇女健康
和保健水平不断提高，农村医疗人力资源数量不断增加，但由于起点较低，进
展缓慢，因而，整体提高程度较小，农村人力资源数量和质量依然较差。另一
方面，城乡人口受教育水平、城乡医疗人力资源配置差距有所扩大，由此减缓
了教育均衡发展和卫生均衡发展实现程度的提高，并最终制约了城乡基本公共
服务均等化程度的提高。

（四）新农村建设提升空间巨大

虽然我国的新农村建设取得了巨大的成就，但按照城乡融合发展的要求依
然存在诸多薄弱环节。在村庄布局、乡村基础设施、生态环境、乡村文化保护
和传承，以及村庄治理方面均存在相当大的改善空间。要继续推进新农村建
设，使之与新型城镇化协调发展、互惠一体，形成双轮驱动。

图 4-4 我国新农村建设提升空间巨大

二、乡村的土地问题

新中国成立后，农村土地制度经历了四次较大演变：第一阶段是土地改革
阶段。从 1947 年开始，到 1952 年结束。这一阶段的任务，就是从封建土地所
有制向农民土地所有制的根本变革，土地的使用权和所有权合一。第二阶段是
农业合作化阶段。从 1952 年开始，到 1956 年基本告一段落。这一阶段的主要
任务，是从农民个体土地所有制变为农民集体土地所有制。第三阶段是"人民

公社化"阶段。从 1958 年开始至 1978 年基本结束，延续了二十余年。历史证明，这是一个不成功的实践，是我国农地制度的一次畸形变革。第四阶段是农民家庭联产承包责任制阶段。1979 年以后，我国总结了历史的经验教训，对农村土地产权的制度安排作了一次重大的调整，将土地使用权分离出来交还给农民家庭承包经营。家庭联产承包责任制的实行，无疑是中国土地制度变迁成功的范例。在一定程度上适应了经济主体的内在要求，从而解放了生产力，促进了农业的发展。但从 20 世纪 80 年代末开始，家庭联产承包责任制的缺陷开始显现，特别是随着我国社会主义市场经济的发展，其弊端更加突出，现已成为制约农民增收的瓶颈。

（一）土地所有权与土地经营权的矛盾

我国《宪法》《民法通则》《土地管理法》和《农业法》等重要法律都明确规定我国农村的土地属于农民集体所有，从这一点来说，农村土地产权是规定为"集体所有"；在《民法通则》中被界定为乡（镇）、村两级集体；而在《农业法》和《土地管理法》中则是乡（镇）、村或村内农业集体经济组织。由于没有具体规定农村土地所有者是谁，导致所有者缺位或"虚位"。同时，土地使用权的主体、地位、界限、获取与转让的法律程序、法律形式及法律保护手段也都没有明确的法律规定。法律规定的不清晰及农民的多种理解使得农村土地关系极为混乱，村干部进行"寻租"，农民对土地使用权存在很强的不稳定感，进而对土地长期投入预期不足，直接影响着农民对土地的经营热情和农业生产的发展。除此之外，农村土地权利残缺，其中最有实质意义的是处分权集体不能行使。

（二）土地承包经营与土地利用效率之间的矛盾

土地承包经营与土地利用效率之间的矛盾，使得土地的生产要素功能不能充分发挥，制约农民增收。规模化生产和专业化分工是现代农业的基本要求。规模化生产将促进农业机械和现代农业技术的推广与应用，从而大幅度提高农业劳动生产率和边际效益。农业的经营规模达到一定的程度，会促进专业化分工的发展。专业化分工优化了生产组织内部的资源配置，同样是提高农业劳动生产率和边际效益的有效途径。但是，在我国现阶段的农业生产中，规模经济和专业化分工的优势受到了过于分散的农地产权制度安排的制约。我国现行的《土地管理法》是针对当时乱占滥用耕地的严重情况而制定的，偏重于土地使用的审批管理，对土地经营和流转的管理以及土地有偿有期限出让转让和抵押等缺乏必要的规定。《土地管理法》虽然规定："国有土地和集体所有的土地的使用权可以依法转让。土地使用权转让的具体办法，由国务院另行规定。"但到目前为止，国务院只对城镇国有土地如何依法进入市场问题制定了条例，即《城镇国有土地使用权出让和转让暂行条例》，对农村集体所有的土地使用权如何进入市场，至今尚未制定出相关法规。在现行土地制度下，除了国家低价征用集体土地以外，集体所有的土地是不能通过市场而流动的。虽然农户也在进行不同形式的流转实践，但从整体上看，农地还是没有真正流转起来，现代意义上的集中经营更是很少发生。

（三）土地征收、征用制度对农民利益的侵害较严重

土地征收、征用制度对农民利益的侵害较严重，影响了农民增收。现行《土地管理法》关于土地征收范围的界定不够适当。一是法律关于土地征收范围的规定过宽，把不应该引入征收程序的部分建设用地如把商业性建设用地纳入征地范围，损害了农民权益；二是关于土地征收范围的规定又过窄，对于应该引入征收（或征用）程序的生态林建设用地则没有纳入其规定的征收（或征用）范围。同时，我国的征地补偿范围仅包括了直接损失，没有包括间接损失，尤其是没有包括农民的择业成本和从事新职业的风险金，这些都导致了农民日后的生活困难。

三、乡村发展与生态治理的问题

农村生态环境是农村政治、经济、文化教育和生活服务的场所，是农村经济社会稳定、持续、健康发展的重要物质条件。加强农村生态环境保护，提升农村环保质量，是做好"三农"工作、保障农村社会、经济稳定持续协调发展的要求，是实现建设社会主义新农村目标的重要保障。

（一）环境保护意识不足

农村广大群众对生态环境保护的认识不足，加之广大干部、群众对农村环境建设的重要性不了解、认识不高，导致对进行农村生态环境保护的热情不高。同时农民收入水平较低、整体素质还不高，接受新生事物速度较慢，建设农村生态环境的意识比较淡薄。再有各级对社会公众的教育和宣传不够深入，公众对加强农村环保的意义关注不够，没有形成全社会积极参与和支持建设农村生态环境的局面。

图 4-5 我国农民环保意识有待提高

(二) 环境设施落后导致生活垃圾污染严重

环境设施建设能够对农村居民的日常环保行为形成潜移默化的影响，以促进环保理念深入人心，但是，由于农村经济的发展要远远落后于城市，因此，城市的各种环境设施也就难以在农村中出现，大量的生活污水随意排放，生活垃圾乱倒，从而导致河水污染、河道堵塞，不仅导致农村生态环境污染严重，同时也对农村居民的身体健康构成了巨大的威胁。有些农村居民虽然对于环保有所认知，也希望减轻农村环境污染，但却由于农村环境设施欠缺，也只能将

图 4-6 我国农村生活垃圾污染严重

自家生活垃圾随意丢弃，由此对农村生态环境造成严重污染。此外，随着农村经济发展，很多城镇都建立了工业区，生产污水及垃圾大量排放，但却没有建立相应的垃圾处理中心，致使大量污染严重的工业废水渗透到地下，对农村的耕地种植产生巨大危害，有些甚至还会导致垃圾中的有害物质渗透到耕地中，给人们的后续生产和生活造成严重危害，制约了整个农村地区的经济发展水平提升。

（三）农村生态环境保护技术仍有待革新

对于农村生态环境建设，需要有先进的环保技术支撑，只有这样才能够促进生态环境保护方法的不断创新，以提高农村生态环境质量。但是，当前虽然对于农村环境技术发展有所投入，也取得了一定的成就，但仍有较大缺陷，相关的科研力量较为薄弱，而且对于农村环境如畜禽养殖、农药化肥应用的现状及基本规律都缺乏充分的掌握和分析，由此也就无法采取针对性的措施进行环境污染治理，从而导致农村生态环境呈现出不断恶化的趋势。先进的科学技术是促进农村生态环境保护质量提升的重要途径，为此应加大对农村环保科技发展的投入力度，以确保科学技术创新发展，更好地满足农村生态环境保护需求。

四、乡村文化传承与创新的问题

乡村文化传承与创新是农村全面建成小康社会的必然选择。农村文化是农村的优势所在，是农民在农业生产与生活实践中逐步产生并丰富起来的。它能

图 4-7 我国乡村文化传承与创新寻求新突破

反映乡村居民的行为处事、价值理想以及对社会的认知，反映着人们的道德情感、社会心理、风俗习惯、是非标准、行为方式、人生追求等，以言传身教、潜移默化的方式影响着人们。因此，传承与创新乡村文化，能够为乡村全面发展作出贡献，从而实现农村全面建成小康社会。

（一）思想认识的相对滞后

目前乡村文化相对于城市文明来说，具有明显的滞后性。城市发展的巨大吸引力，使得大量农村精英涌入城市，造成农民向城市看齐，同时，一些乡村居民对于外来文化有排斥心理，拒绝接受，这使得乡村文化呈现一种畸形化的状态。基层政府对乡村文化的认知也存在问题，有些村庄单纯追求利益，盲目开发、过度开发，忽视生态环境，导致大量的乡土文化消失毁灭。

（二）乡村文化现状不容乐观

文化公共产品供给缺乏，文化生活单调，农村消极文化现象普遍存在。各种不良文化乘虚而入，腐蚀乡村优秀的传统文化，各种邪教快速传播，封建迷信活动日益猖狂，这些都侵害着农民的价值观念。而且乡村文化可持续发展能力不断减弱，乡村文化传承主体断裂，面临着城市文化同化和外来文化侵袭的双重挑战，乡村文化急需传承与创新。

（三）乡村文化发展机制存在瓶颈

乡村文化运行机制缺乏规范，农村基础工作人员大都不懂农村文化，工作效率低下。农村文化投入机制低效欠缺，农村文化投入力度远远不够，文化基础设施极度落后，公共文化机构运作困难，文化产品、文化服务供给十分匮乏。没有利于农村文化中介组织成长的环境，难以施展其文化资源配置方面的作用，农民缺少参与农村文化活动和建设的积极性。

五、乡村治理与乡村社会关系的问题

我国是一个农业大国，农村的治理状况直接关系到国家的治乱兴衰。从历史变迁的角度看，我国的乡村治理历经了多个发展阶段，并在特定阶段发挥着积极的作用，尤其是改革开放以来，以村民自治为核心的乡村治理的发展极大地促进了农村基层民主的发展，对我国的政治体制改革产生了深刻影响。然而伴随着快速发展的乡村经济和历经深刻变动的乡村利益格局，我国乡村治理也面临着诸多新的困境和挑战。

图4-8　我国基层乡村治理面临新挑战

（一）乡村债务沉重，公共产品供给不足

由于小农经济的局限及部分地区超越地方经济水平大搞"形象工程"等原因，导致目前我国部分地区乡村债务非正常扩张；国家通过税费改革及配套改革脱卸了农村基层组织的治理责任，使乡村社会陷入了基础设施缺失、农民负担沉重、乡村债务恶化的严重困境。乡村债务加重不仅影响乡镇政府的正常运转，也加重了农民的负担，对农村经济社会稳定发展会产生不良影响。

（二）各治理主体间利益冲突加剧、农村公共权力需要规范

当前我国部分村民委员会履行职责不力，自治能力不强，村党支部与村民委员会的权力范围和自治的权力范围划分不明，导致"两委"之间的冲突加剧，部分村镇政务不公开、不透明，民主监督缺失；我国乡镇政权治理能力不足，乡镇与县级政府在事权和财权方面的职责权限划分模糊，"两委"关系难以协调等阻碍了乡村治理改革进程。

（三）治理体制及基层民主建设有待完善

当前我国农村基层民主建设的法律制度不够完善，无法建设出一个和谐健康、公平公正的基层民主体制；群众民主权力未得到充分实现、农民合法权益没有受到真正保护、农民参与民主政治活动质量不高、《村民委员会组织法》规定的权力结构包含了村干部腐败的可能性。当前我国基层政权机

构的人员冗杂，乡镇干部精简流于形式，乡镇基层政权功能日益弱化，基层政权信任缺失严重，这些因素影响和制约了农村基层民主政治建设的进程。

（四）农民政治参与程度较低，素质有待提高

由于受到小农思想的严重束缚，大多数农民只考虑眼前利益，文化水平低，民主政治意识薄弱，影响了民主政治建设的进程。当前我国农村农民非制度化的政治参与如宗族势力参与、贿赂、越级上访等严重影响了乡村秩序及乡村治理的成效。

（五）影响乡村治理的其他不利因素

乡村繁荣表象下的危机，不仅是治理技术与治理体制的危机，更是乡村生态、文明与文化的危机，呈现出"复合性危机"趋势。当前灰色势力构成了当前乡村治理的非正式基础，对乡村治理构成了严重的威胁。

六、谁来振兴乡村的问题

实施乡村振兴战略，目的是通过加快推进农业强农村美农民富，构筑全面建成小康社会的牢固基础，夺取新时代中国特色社会主义伟大胜利，建设富强民主文明和谐美丽的社会主义现代化强国。但乡村振兴的着力点在哪儿？乡村振兴依靠谁？谁来支撑或推动乡村的振兴？笔者认为，作为党中央制定的一项大战略，乡村振兴绝非某个人或某一群体能胜任之事，它需要全党、全国、全民的共同参与，它需要全社会各系统、各群体、各阶层的齐力推进。

（一）党中央是乡村振兴战略的"设计师"和"总舵手"

按照党的十九大提出的决胜全面建成小康社会、分两个阶段实现第二个百年奋斗目标的战略安排，中央已经明确实施乡村振兴战略的目标任务是：到2020年，乡村振兴取得重要进展，制度框架和政策体系基本形成；到2035年，乡村振兴取得决定性进展，农业农村现代化基本实现；到2050年，乡村全面振兴，农业强、农村美、农民富全面实现。实施乡村振兴战略，要坚持产业兴旺、生态宜居、乡风文明、治理有效、生活富裕的总要求；实施乡村振兴战略，要统筹推进农村经济建设、政治建设、文化建设、社会建设、生态文明建设和党的建设，走中国特色社会主义乡村振兴道路；实施乡村振兴战略，要坚持党管农村工作，坚持农业农村优先发展，坚持农民主体地位，坚持乡村全

面振兴，坚持城乡融合发展，坚持人与自然和谐共生，因地制宜、循序渐进；实施乡村振兴战略，要以农业强、农村美、农民富为目标，着力让农业成为有奔头的产业，着力让农民成为有吸引力的职业，着力让农村成为安居乐业的美丽家园。这些都为实施乡村振兴战略规划好了宏伟蓝图和路线图，指明了发展方向和奋斗目标。

（二）地方党委政府要发挥好乡村振兴的"助推器"作用

地方各级党委政府应自觉增强"四个意识"，以党中央国务院制定的乡村振兴战略为指导，结合各地实际，研究出台更加具体、更加细致的乡村振兴计划，尤其要在精准施策、精准推进上下功夫。发挥财政"四两拨千斤"的重要作用，加大财政支持力度，强化农村基础设施建设力度；打好脱贫攻坚战，有效改善重点贫困地区人民或特困群体的生产生活条件；既要注重各地均衡发展，又要注重培育特色产业、特殊文化、特殊品牌；既要城乡统筹、城乡融合，又要以城带乡、城乡共建、城乡一体；既要注重经济发展，又要保护生态环境，既要"金山银山"，又要"绿水青山"；强化对乡村振兴工作的领导，培养一支懂农业、爱农村、爱农民的"三农"工作队伍；要强化对新型职业农民的培训，造就一大批具有现代农业知识和实际操作技能的新型农民，为乡村振兴输送新鲜血液、增添新生力量。

（三）基层党员干部要发挥好乡村振兴的"领头羊"作用

"火车跑得快，全靠车头带。"作为新农村建设的"领头羊"、乡村振兴的"排头兵"，村"两委"班子肩负的责任重大、使命光荣。因此，县、乡两级要把培养造就一个党性强、悟性高、敢担当、作风硬、群众服的党支部和主动作为、创新实干、尽心尽责的村委会当成头等大事，下大力气配好班子、建好队伍。村"两委"主要成员尤其是村党支部书记要心系群众，着力改善乡村面貌、推动乡村发展，切实为群众谋福利、增福祉；要坚持问题导向，及时发现问题、客观正视问题、妥善解决问题；要有敢为人先的精神，面对矛盾不推诿不回避，面对困难不等不靠、主动化解；要有改革创新精神，立足实际、适应形势、发挥优势，找到经济发展、乡村振兴、群众致富的发力点和突破口。

（四）广大人民群众要发挥好乡村振兴的"主力军"作用

新时代赋予新任务，新时代蕴含新使命。乡村在新时代承载着无可替代的历史任务、时代使命，正所谓"小康不小康，关键看老乡""中国梦归根到底是人民的梦""中国要强农业必须强，中国要美农村必须美，中国要富农民必须富"。乡村振兴，离不开乡村基本要素即农业、农村、农民的积极参与和使命担当。在奔向乡村振兴的大道上，广大人民群众要对党的政策更加坚定、对党的承诺更加期待、对加快发展更加自信，积极投身于农业发展、农村改革，自觉转变发展理念、改变乡村面貌，激发内在生机和活力，主动担负起与乡村振兴主力军地位相匹配的新时代的历史使命。

第五章　世界乡村治理问题分析

一、世界乡村治理概念及内涵

"治理"源自于古典拉丁文或古希腊语的"引导领航"（steering）一词，原意是指统理（govern）、引导或操纵之行动或方式，经常与"统治"（government）一词相互交叠使用。长期以来，"治理"一词主要被限用于与"国家事务"相关的宪法议题和法律活动，以及（或）限用于处理各类利害关系人的特定机构或专业单位。其中，世界银行在 1989 年首次使用了"治理危机"（crisis in governance）一词，但现今治理已经超越政府运作范围，而扩展到强调权力关系、组织制度和公共事务管理等层面。

全球治理理论的主要创始人之一詹姆斯·罗西瑙（James N. Rosenau）在其代表作《没有政府统治的治理》和《21 世纪的治理》等文章中明确指出：治理与政府统治不是同义语，它们之间有重大区别。他将治理定义为一系列活动领域里的管理机制，它们虽未得到正式授权，却能有效发挥作用。与政府统治相比，治理的内涵更加丰富。它既包括政府机制，同时也包括非正式的、非政府的机制。

在关于治理的各种定义中，全球治理委员会的定义具有最大的代表性和权威性。该委员会在《我们的全球之家》的研究报告中对治理做出了如下界定：治理是各种公共的或私人的机构管理其共同事务的诸多方式的总和。它是使相互冲突的或不同的利益得以调和并且采取联合行动的持续的过程。它有四个特征：治理不是一整套规则，也不是一种活动，而是一个过程；治理过程的基础不是控制，而是协调；治理既涉及公共部门，也包括私人部门；治理不是一种正式的制度，而是持续的互动。

从以上关于"治理"的论述，可以看出，"治理"概念相对于以前的那种强调权威由上往下、命令的贯彻与服从以及具有公权力政府行为的"统治"来讲，它跳出了政府作为主体的框架，而赋予各种民间组织活动更多的空间，于是治理的范围较政府行政宽泛了许多。至于它和一般的"管理"概念相比较，则又不仅仅限于"技术"层面，多了一些原则性的思考。

因此，在全球治理报告书的目标里，公民社会组织（CSOs）必须担负更大的责任来协助政府进行治理工作，其中各种非营利民间组织又成为了最具草根性的社会自治团体。于是，可由非政府组织（NGO）共同分享和传递重要信息，运用象征和符号、故事和行动来使改革目标让全球更多民众予以了解，并通过集体压力协助弱势团体对相关的政府、企业或国际组织产生影响力，以此来说服或迫使特定政府和其他权力对象改变其原有的立场和政策。

二、世界乡村治理过程中存在的问题

（一）赋予农业新价值的乡村治理：欧洲可持续发展的传承

如何减少并避免全球化的冲击并非只是发展中国家的面对问题，许多发达国家也在积极运用全球化治理的观念来化解农业与乡村部门的损失。欧洲国家的一项重要农业政策就是说服农民在耕种过程中，改变过去密集种植和带有大量化学成分助长的耕种习惯，融入到可持续发展经营理念之中。特别是在强调可持续发展的现代思维里，农村经济早被视为是整个国家可持续发展的重要内容。农民的角色与价值不再只是农作物生产者，更被赋予维护世人所赖以为生的土地与提供更高质量作物的使命。

在欧洲研究中心任教的 Michael Keating 便认同上述对环境价值与乡村发展必须超越农业本身的看法。他指出当发达国家农业产值不断萎缩时，农业结构便需要不断地进行调整以重建它的价值，而随着环境问题日益为世人重视，农业唯有建立在维护环境的价值里才能凸显它的重要性。尽管有关乡村的观点与意见已经逐渐为世人所重视，但是解决乡村发展问题时，既不能将社会议题抛弃在经济问题之后，也不能将两者分开来处理。同时，乡村政策应该超越农业本身，它横跨多种领域与议题。

Michael Keating 观察到欧洲乡村发展通常建立在中央与地方政府"合作协调"（coordinating）的机制上，各国政府已经普遍授权地方政府以及由下往上的策略与机制来促进乡村发展。对于推动乡村政策，则更强调"公私伙伴关系"（pubic-private partnership），以及维护公众参与的机制。即使政府不再垄断公共事务，并建立种种制度性方案如"公办民营""公私合产""公私协力"等方式来让民间参与，但是非营利民间组织在经营管理能力上往往也还不够成熟，无法完全承担参与共同治理的责任。因此，政府还须通过不同的指导与训练过程，让非营利民间组织具备基本的"治理能力"（当民间非营利组织不再只扮演"监督"施政的角色，它们可能与政府进行大规模合作，提供原本由政府负担或政府不愿提供的公共服务，那么它们的"治理能力"需要更加公开地和透明地受到大众监督）。这样，非营利民间组织对于公共事务欲分享"治理权"的诉求才具有正当性。

（二）乡村治理是乡村权力的调整：加拿大纽布朗斯维克省的案例

乡村治理必然要涉及一系列乡村权力结构的调整。加拿大纽布朗斯维克省（Neww Brunswich）自从 1995 年《地方自治法案》通过以来，便积极筹备一个由 9 人组成的"自治法审查咨询委员会"去检验当今地方政府的权力结构与服务内容。从 1996 年 2 月到 1997 年 3 月，历经 13 个月的资料收集与访问"地方服务地区"（Local Service Districts，LSDs）委员会后，自治法审查咨询委员会发现省与 LSDs 间在权力、服务与权责方面经常产生冲突。

地方政府经常抱怨省级政府无法依照地区居民的意愿提供具体的服务，同时，地方的决策权经常不被重视。而上级政府在财政预算日益紧张、不得不缩减过去所提供的服务项目时，经常面临究竟要缩减哪些政府服务项目或哪些地区预算的问题。因此，长久以来，地方政府与省级政府经常处在一种紧张与对立的状况，而地方政府之间也因为要争取经费，而陷于相互竞争和无法合作的困境。因此，纽布朗斯维克省提出一种崭新且具实验性质的乡村地区治理模式，试图让双方彼此之间能达到双赢的目的。

新型乡村治理模式并不是要撤并或削弱现有的地方行政机构及其职能，而是要鼓励地方政府积极演变成为更具效率且彼此相互依赖的新型乡村政府。在此机制下，新型乡村政府具有下列几项特色：①新型乡村政府虽被赋予政府的职责，但并非完全自治，也无须再雇用人员与增加机构；②为了保护某些地区的独特性，认同、允许原有的 LSDs 成为特区或保留地（wards），这些特区保存有自己的税法与规划不同的服务项目；③每个新型乡村地区允许有 5～7 个保留地，如此将减少原有 LSDs 数量与提升行政效率；④设立非正式 LSDs 咨询委员会，来督导新型乡村政府行政与服务，各个保留区也可通过非政府咨询委员会来处理行政事务；⑤每个保留区选举一个代表，并撤销原有 LSDs 行政议会以降低政府层级与相关行政支出；⑥新型乡村地区或保留地代表的选举，也配合加拿大全国三年一度的大选来产生；⑦地方税制并没有改变，但必须能够支付地方治安与交通服务开销；⑧为让更多市民参与决策，将举办社区重大咨询与决策会议；⑨人民请愿权并没有改变，但是必须确定区分不同地区层级，以符合法定人数的要求。

（三）多元文化主义与充权的社会运动：美国阿拉斯加州的案例

多元族裔共存的乡村人口结构原本就孕育着分歧的文化价值、生活习惯与认知体系，然而在都市化与大众文化的影响下，乡村原有的多元文化价值与体系几乎彻底被瓦解。因此乡村治理不仅考虑到地方权力结构调整的问题，更需强调"多元文化主义"的特色与"社会充权"的行动能力。1998年，美国阿拉斯加州率先成立了"乡村治理与充权委员会"，在其174号行政命令里，赋予该委员会直接向州长与议会负责的权力，需弄清楚由州政府授权的地方政府与部落治理间的权责关系，并增加对地方自主的权限与控制，以及鼓励尊重不同主张、传统与文化的特色。同时，更需检查与改善目前所提供的各项公共服务，包括：公共安全、司法、经济发展、自然资源管理、教育与公共健康服务。

在他们的"愿景声明"（vision statement）里，确认所有居民皆有权让地区更具"自主能力"与获得基本的公共服务以及肯定这些多元文化、不同生活形态与社区类型所赋予的"生命力"。在这份报告里，不仅凸显出阿拉斯加州乡村地区独特的多元文化、族裔治理与社区发展特性，同时也通过在充权的过程中许多成功的小故事来跟所有居民做经验分享。其中包括：如何与居民沟通，让居民放下戒心（例如：第一杯咖啡的故事、让居民先了解计划并赢得信赖）；如何与居民构建一个适合当地需要的健康服务网络（例如：健康预防、健康防护网与建立自尊、危机管理以及居家安全照顾等）；如何重建乡村的经济体系来解决失业问题（例如：原住民渔猎技术与生活教育的训练）；如何与社区居民共同管理自然资源（例如：告知居民国际保护组织对他们捕猎鲸鱼的看法，与居民共同制定狩猎与巡逻的规则）等。

三、国内外典型案例分析

乡村治理是全球治理在乡村地区的具体应用。随着全球治理理论的不断丰富与完善，乡村治理的实践形式也在居民生活中逐渐呈现出多元化和自治性。

（一）国外（美、日、德、瑞、韩5国）典型案例

1. 城乡共生型：美国乡村小城镇建设

城乡共生型模式以遵循城乡互惠共生为原则，通过城市带动农村、城乡一体化发展等策略来推动乡村社会的发展，最终实现工业与农业、城市与农村的双赢局面，其中以美国乡村小城镇建设为典型。美国是世界上城市化水平最高的国家，在乡村治理过程中，非常推崇通过小城镇建设来实现农村社会的发展。

（1）美国小城镇建设带动乡村发展治理策略背景。20世纪初，美国城市

人口不断增加，城市中心过度拥挤，导致许多中产阶级向城市郊区迁移，极大地推动了小城镇的发展。再加上汽车等交通工具的普及、小城镇功能设施的齐全以及自然环境的优越，进一步助推了小城镇的成长和发展。美国小城镇的发展与政府推行的小城镇建设政策也有着密不可分的关系。

1960年，美国推行的"示范城市"试验计划的实质就是通过对大城市的人口分流来推进中小城镇的发展。在小城镇的建设上，美国政府非常强调富有个性化功能的打造，结合区位优势和地区特色，注重生活环境和休闲旅游的多重目标。

小城镇有着良好的管理体制和规章制度，能够对全镇的经济社会进行统筹监管，保证小城镇发展的有序与稳定。由于美国城乡一体化已经基本形成，因此，美国小城镇建设能够很好地带动乡村的发展。

（2）美国城乡共生型经验总结。城乡共生型模式产生于特殊的社会人文环境，多见于经济发展程度较高的发达国家，以农村完善的公共服务体系和发达的城乡交通条件为基础，能够全面提升国家的现代化水平。在城乡共生模式下，政府在追求经济目标的同时，更加重视乡村生态、文化、生活的多元化发展。

图5-1 美国乡村街景

2. 因地制宜型：日本造村运动

因地制宜型模式是指在乡村治理中，以挖掘本地资源、尊重地方特色为典型特点，通过因地制宜地利用乡村资源来发展和推动农村建设，最终实现乡村的可持续性繁荣发展，其中以日本的造村运动最为典型。

（1）治理背景。第二次世界大战后，日本政府为了提升社会发展的速度，实行了一套城市偏向政策，注重发展城市工业，片面追求经济发展，以求快速推动整个国家的繁荣。在这种策略引导下，势必会导致城乡发展的不均衡，造成农村发展的落后。

为了振兴农村，实现城乡一体化目标，大分县前知事平松守彦率先在全国发起了立足乡土、自立自主、面向未来的造村运动。在政府的大力倡导与扶持下，各地区根据自身的实际情况，因地制宜地培育富有地方特色的农村发展模式，形成了为世人称道和效仿的"一村一品"。

日本"一村一品"成功之道。第一，日本政府根据本国的地形特点、自然条件状况，培育了独具特色的农产品生产基地，譬如水产品产业基地、香菇产业基地、牛产业基地等。第二，为了提升农产品的附加值，政府采取对农、林、牧、副、渔产品实行一次性深加工的策略。第三，充分发挥日本综合农协的作用，在农产品的生产、加工、流通和销售环节建立产业链，促进产品的顺利交易。第四，通过完善教育指导模式，开设各类农业培训班，建立符合农民需求的补习中心，提高农民的综合素质和农业知识。第五，政府对农业生产给予大量补贴和投入，支持农村发展。造村运动振兴了日本农村经济，促进了日本农业现代化的实现。

（2）日本造村运动经验总结。因地制宜型模式在具体的乡村治理实践中，非常讲究具体问题具体分析的思路，通过整合和开发本地传统资源，形成区域性的经济优势，从而打造富有地方特色的品牌产品。从当前农村发展的现状来看，很难找到适用于各地区的标准化乡村治理模式，因此，因地制宜型的乡村治理能够充分发挥本地优势，有利于提升乡村社会的整体效益。

图 5-2　日本乡村风貌

3. 循序渐进型：德国村庄更新

循序渐进型模式是将乡村治理看做一项长期的社会实践工作，在这个过程中，政府通过制度层面的法律法规调整，对农村改革进行规范和引导，逐渐地将乡村推向发展与繁荣，其中以德国的村庄更新为典型。

（1）背景。德国的乡村治理起步于 20 世纪初期，其中对于村庄更新是政府改善农村社会的主要方式，历经了不同的发展阶段。1936 年，政府通过实施土地改革，由此开始对乡村的农地建设、生产用地以及荒废地进行合理规划。1954 年，村庄更新的概念正式被提出，在《土地整理法》中政府将乡村建设和农村公共基础设施完善作为村庄更新的重要任务。在此之后，德国的巴登威滕堡州、巴伐利亚州都陆续出台了村庄更新的发展计划。1976 年，德国在总结原有村庄更新经验的基础上，不仅首次将村庄更新写入新修订的《土地整理法》，而且试图保持村庄的地方特色和独具优势来对乡村的社会环境和基础设施进行整顿完善。到了 20 世纪 90 年代，村庄更新融入了更多的科学生态发展元素，乡村的文化价值、休闲价值和生态价值被提升到和经济价值同等的重要地位，实现了村庄的可持续发展。德国村庄更新的周期虽然漫长，但是所发挥的价值和起到的影响都是深远的，对于乡村治理来说，这种对村庄循序渐进的发展步骤更能使农村保持活力和特色。

（2）德国村庄更新经验总结。循序渐进型模式是针对经济社会的快速发展，政府需要不断调适现行的乡村治理目标、方式和手段，以求实现农村社会的整体效益，这是一个长期的发展过程。在循序渐进型的乡村治理模式下，政府通过宏观上的规划制定和综合管理，依靠制度文本和法律框架促进农村社会的有序发展。

图 5-3　德国乡村风貌

4. 生态环境型：瑞士乡村建设

生态环境型模式是指政府在乡村建设中，通过营造优美的环境、特色的乡村风光以及便利的交通设施来实现农村社会的增值发展，提升农村的吸引力，其中瑞士的乡村建设最为典型。随着社会化和城市化的发展，瑞士的农村和农民不断减少，但是瑞士政府依旧将乡村发展作为推动国家前进的重要组成部分，努力实现乡村社会的繁荣。

瑞士政府对于乡村建设的主要做法是，十分重视自然环境的美化和乡村基础设施的完善。瑞士政府通过制定相关激励政策，对农业发放资金补助，向农民提供商业贷款，帮助农民改善农村环境。

（1）瑞士田园风光增加休闲旅游收益。通过国家财政拨款和民间自筹资金的方式，政府为乡村建设学校、医院、活动场所以及修建天然气管道、增设乡村交通等基础设施，以此完善农村公共服务体系，缩小城乡之间的差距。在政府对乡村的持续性改造下，使得村庄风景优美，生机盎然；乡村静谧，环境舒适宜人；乡村基础设施完善，并且交通便利。现阶段，瑞士的乡村将农村与周边的自然环境协调起来，以环境优美著称，有着独具特色的田野风光，因而成了人们休闲娱乐和户外旅行的好去处。

（2）瑞士生态环境型经验总结。生态环境型模式是以绿色、环保理念为依托，强调将乡村社会的生态价值、文化价值、休闲价值、旅游价值以及经济价值统筹结合，从而改善乡村生活质量，满足地方发展需求。生态环境型模式在工业发达、城市化水平较高以及乡村建设已经达到领先地位的发达国家比较适用，也是农村现代化的样板。

图 5-4 瑞士乡村风貌

5. 自主协同型：韩国新村运动

自主协同型模式是以低成本推动农村跨越式发展，主要通过政府努力支持与农民自主发展相配合，共同推动与实现乡村治理的目标，其中以韩国的新村运动为代表。

（1）治理背景。和日本造村运动的背景相似，韩国新村运动也是在国内重点发展工业经济，壮大城市发展，由此导致了城乡两极分化、农村人口大量外流、贫富差距悬殊的情形下开展的。

20世纪70年代，韩国政府为了改善城乡关系、推动农村发展，增加农民收入，决定在全国实行"勤勉、自助、协同"的新村运动。自主协同型的韩国新村运动模式具有科学的发展策略。

（2）韩国乡村治理策略与执行。第一，针对农村基础设施破旧的现状，政府在乡村积极兴建公共道路、地下水管道、乡村交通、河道桥梁，以此整顿农村生活环境，提升农民生活质量。第二，通过改变现在的农业生产方式，推广水稻新品种，增种经济类作物，建设专业化农产品生产基地，提升村民的经济收入。"农户副业企业"计划、"新村工厂"计划以及"农村工业园区"计划也都是政府为了优化农业产业结构，增加农民收入创建的重要举措。第三，培育和发展互助合作型的农协，通过对各类农户提供专业服务和生产指导，以此促进城乡实现共赢。第四，在各个乡镇和农村建立村民会馆，用于开展各类文化活动，激发农民的参与性和积极性。第五，政府在农村中开展国民精神教育活动，提高乡民的知识文化，创造性地让农民自己管理乡村和建设农村。新村运动的实施改变了韩国落后的农业国面貌，重新焕发了乡村的活力，实现了农业现代化的目标。

（3）韩国自主协同模式经验总结。自主协同型模式是在城乡差距十分大的国家或地区非常实用的一种乡村治理模式。一方面，政府为了维护自身的合法地位，塑造良好的政府形象，需要对农村进行整治和改造；另一方面，长期处于贫困处境的农民，也非常愿意通过自身的努力改变落后的现状，改善生活质量和增加经济收入。

（二）国内（沪、津、豫、桂、闽5省市区）典型案例

自2013年全国开展美丽乡村创建活动以来，各地积极开展美丽乡村建设的探索和实践，涌现出一大批各具特色的典型模式，积累了丰富的经验和范例。每种美丽乡村建设模式，分别代表了某一类型乡村在不同的自然资源禀赋、社会经济发展水平、产业发展特点以及民俗文化传承等条件下，建设美丽乡村的成功路径和有益启示。美丽乡村建设模式涵盖了美丽乡村建设"环境

美""生活美""产业美""人文美"的基本内涵。

1. 上海市松江区泖港镇

主要是在大中城市郊区，其特点是经济条件较好，公共设施和基础设施较为完善，交通便捷，农业集约化、规模化经营水平高，土地产出率高，农民收入水平相对较高，是大中城市重要的"菜篮子"基地。

松江区泖港镇地处上海市松江区南部、黄浦江南岸，是松江浦南地区三镇的中心，东北距上海市中心50千米，北距松江区中心10千米。该镇的发展不倚仗工业，而是依托"气净、水净、土净"的独特资源优势，大力发展环保农业、生态农业、休闲农业，成为上海的"菜篮子""后花园"，服务于以上海为主的周边大中城市。

该镇注重卫生环境的治理，在新农村建设中，开展村庄改造和基础设施建设，使全镇生态环境和市容卫生状况显著改善。2010年，该镇成功创建国家级卫生镇，2011年成为上海市第一家创建成功的市级生态镇。截至2012年6月，市容环境质量已连续18个季度保持全市郊区108个乡镇第一名。泖港镇作为上海市的"菜篮子"，把工作重点放在发展农业上是极其明智的选择。该镇以创建高产田为抓手，大力发展环保农业；以"三净"品牌为优势，大力发展农副经济；以节能环保为标准，淘汰落后工业产能。此外，泖港镇还鼓励兴办家庭农场。泖港镇2007年起走上了以家庭农场为主要经营模式的农业发展道路，如今已基本实现了家庭农场的专业化、规模化经营。具体做法：一是规范土地流转，实行家庭农场集中经营；二是完善服务管理，提高家庭农场运行质量；三是推动集约经营，优化家庭农场运行模式。截至2012年上半年，泖港镇已有1 354.93公顷土地交由家庭农场经营，占全镇粮田面积的87%。同时，随着家庭农场的集约化、规模化、机械化程度的提高，特别是由此带来的土地产出效益和农民收入的提高，农户承办家庭农场的积极性也空前高涨。

为顺应时代发展，满足大城市休闲度假的市场需求，泖港镇借助自然资源优势，发展生态旅游。近年来该镇开发和引进了大批中高档旅游项目，从旅游项目空白镇发展成农村休闲旅游镇。同时，以乡土民俗为核心，以市场需求为导向，充分整合生态农业、生态食品、农业观光、农业养殖、村落文化、会务培训、疗养度假、农家餐饮等各类乡村旅游资源，实现了农村休闲产业的功能集聚。目前，乡村旅游已成为该镇农业经济新的增长点。据不完全统计，仅2013年就先后接待游客约15万人次，实现旅游总收入近3 000万元，利润总额达500多万元，带动农副产品销售1 500多万元，解决了300多名当地农民的就业问题。同时，旅游景点的建造和对周边环境的改造，也使泖港的环境越来越优美。

图 5-5　松江区泖港镇实景

2. 天津大寺镇王村

主要在人数较多，规模较大，居住较集中的村镇，其特点是区位条件好，经济基础强，带动作用大，基础设施相对完善。

天津市西青区大寺镇王村北邻西青经济技术开发区，东邻天津微电子城。该村距天津港 10 千米，距天津国际机场 15 千米，距市中心 15 千米，交通四通八达。全村 580 户，人口 1 862 人，占有土地 266.67 公顷。王村是天津新农村发展的一颗耀眼的明星。王村被天津市政府命名为天津市"示范村"，2012 年，荣获"美丽乡村"称号。王村经过近几年的发展实现了农村城市化。村里生活环境和谐有序，基础设施完善，家家户户住进新楼房，电脑、电话、汽车走进农家，村民过着"干有所为、老有所养、少有所教、病有所医"其乐融融的城市化生活。

十几年前，王村 90％的村民仍然住着低矮潮湿的危陋平房，单调、简陋、陈旧、窘迫、拥塞是绝大多数王村人的居住状况。为了改变这一现状，彻底解决村民的住房问题，村领导制订了 5 年村庄建设规划，推倒全村危陋平房，建成公寓和别墅，让全体村民住上了新楼房。此外，为了实现农村城市化，使百姓生活在舒适、整洁、文明、优美的环境中，村领导组织制订了彻底改造村内生活环境的规划，并筹措资金，组织力量先后完成了许多工程、项目的改造和提升，村庄环境得到很大改善。王村在完善社区服务中心、商业街，开发建设峰山菜市场、卫生院等公共服务设施的同时，还先后建成了占地 2 万多平方米的音乐喷泉健身广场、2 400 平方米的青少年活动中心以及 1 000 多平方米的村民文体活动中心，室内网球场、羽毛球场、乒乓球场、拉丁舞排练场、农民书屋、村民学校、党员活动室、文化活动室、舞蹈排练厅、棋牌室样样俱全，全部按照最高标准建设，设施完善，而且所有场馆都不对外营业，全部作为百姓的福利，让乡亲们无偿使用。完善的基础服务设施，极大地方便了村民生活。

图 5-6　天津大寺镇王村实景

3. 广西壮族自治区恭城瑶族自治县莲花镇红岩村

主要在农村脏乱差问题突出的地区，其特点是农村环境基础设施建设滞后，环境污染问题严重，当地农民群众对环境整治的呼声高、反映强烈。

红岩村位于广西桂林恭城瑶族自治县莲花镇，距桂林市 108 千米，共 103 户 407 人，是一个集山水风光游览、田园农耕体验、住宿、餐饮、休闲和会议商务观光等为一体的生态特色旅游新村。红岩新村成功地建起 80 多栋独立别墅，共拥有客房 300 多间，餐馆近 40 家，建成了瑶寨风雨桥、滚水坝、梅花桩、环形村道、灯光篮球场、游泳池、旅游登山小道等公共设施。

以前的红岩村环境卫生较差，近几年，随着新农村建设工程的开展，红岩村脏乱差问题得到极大改善。在村内环境卫生得到改善的基础上，红岩村围绕新农村建设"二十字"方针，大力发展休闲生态农业旅游，成效显著。红岩村积极启动生活污水处理系统建设工程，现已成为广西第一个进行生活污水处理的自然村，使村里生态旅游业有了新的发展。从 2003 年 10 月至今，已接待了中外游客 150 多万人次，成为开展乡村旅游致富的典范。先后荣获"全国农业旅游示范点""全国十大魅力乡村""全国生态文化村""中国乡村名片"等荣誉称号。

图 5-7 莲花镇红岩村实景

4. 福建省漳州市平和县三坪村

主要在我国的农业主产区，其特点是以发展农业作物生产为主，农田水利等农业基础设施相对完善，农产品商品化率和农业机械化水平高，人均耕地资源丰富，农作物秸秆产量大。

三坪村是国家4A级风景区"三平风景区"所在地，该村共有8个村民小组2 086人，2012年，该村农民人均纯收入11 125元。三坪村全村共有山地4 024公顷，毛竹1 200公顷，种植蜜柚833.33公顷，耕地146公顷。该村在创建美丽乡村过程中充分发挥森林、竹林等林地资源优势，采用"林药模式"打造金线莲、铁皮石斛、蕨菜种植基地，以玫瑰园建设带动花卉产业发展，壮大兰花种植基地，做大做强现代高效农业。同时整合资源，建立千亩柚园、万亩竹海、玫瑰花海等特色观光旅游，构建观光旅游示范点，提高吸纳、转移、承载"三平风景区"游客的能力。

为了改善当地村民居住环境，提升景区周边环境品位，三坪村实施"美丽乡村"建设工程，建设中的"美丽乡村"已初具雏形，身姿靓丽，吸人眼球。2013年，平和县斥资1 900万元，全力打造闽南金三角令人神往的人文生态村落。其建设内容包括铺设村主干道1千米、漫步道2千米，河滨休闲景观绿道1.3千米，以及开展村中沿街立面装修、污水处理、绿化美化、卫生保洁等。

几年来，三坪村特有的旅游文化和"富美乡村"的创建成果，吸引着众多的游客，也影响着当地村民的精神生活，带动当地旅游产业的发展，走出了一条美丽创造生产力的和谐之路。该村先后获得"国家级生态村""福建省生态村""福建省特色旅游景观村""漳州市最美乡村"等荣誉称号，是漳州市新农村建设的示范点和福建省新农村建设的联系点，连续五届蝉联省级文明村。

图5-8　福建省漳州市平和县三坪村实景

第三篇

规划研究篇——乡村振兴规划先行

习近平总书记在参加十三届全国人大一次会议山东代表团审议时强调，推动乡村振兴健康有序进行，要规划先行、精准施策。2018 年 9 月，中共中央、国务院印发了《国家乡村振兴战略规划（2018—2022 年）》，并发出通知，要求各地区各部门结合实际认真贯彻落实。5 月 31 日，中央政治局会议在审议《国家乡村振兴战略规划（2018—2022 年）》时指出，各地区各部门要树立城乡融合、一体设计、多规合一理念，抓紧编制乡村振兴地方规划和专项规划，做到乡村振兴事事有规可循、层层有人负责。

制定乡村振兴规划，明确总体思路、发展布局、目标任务、政策措施，有利于发挥集中力量办大事的社会主义制度优势；有利于凝心聚力，统一思想，形成工作合力；有利于合理引导社会共识，广泛调动各方面积极性和创造性。县域乡村振兴，作为我国乡村振兴战略的主战场，是乡村振兴落地实施的关键。描绘好战略蓝图，注重规划先行，统筹谋划，才能凝聚多方力量，扎实有序推进乡村振兴。

第六章　国家乡村振兴战略规划要点解读

一、充分发挥国家规划的战略导向作用

习近平总书记在党的十九大报告中明确要求，创新和完善宏观调控，发挥国家发展规划的战略导向作用。

各部门各地区编制乡村振兴战略规划，应该注意发挥《国家乡村振兴战略规划（2018—2022年）》（以下简称"国家乡村振兴规划"）的战略导向作用。习近平新时代中国特色社会主义思想，特别是以习近平同志为核心的党中央关于实施乡村振兴战略的思想，是编制乡村振兴战略的指导思想和行动指南，也是今后实施乡村振兴战略的"指路明灯"。国家乡村振兴规划应该是各部门、各地区编制乡村振兴规划的重要依据和具体指南，不仅为我们描绘了实施乡村振兴战略的宏伟蓝图，也为未来五年实施乡村振兴战略细化实化了工作重点和政策措施，部署了一系列重大工程、重大计划和重大行动。各部门、各地区编制乡村振兴战略规划，既要注意结合本部门本地区实际，更好地贯彻国家乡村振兴规划的战略意图和政策精神，也要努力做好同国家乡村振兴规划工作重点、重大工程、重大计划、重大行动的衔接协调工作。这不仅有利于推进国家乡村振兴规划更好地落地，也有利于各部门各地区推进乡村振兴的行动更好地对接国家发展的战略导向、战略意图，并争取国家重大工程、重大计划、重大行动的支持。对已经出台了本地区的乡村振兴规划的个别地区，为提高地方乡村振兴规划的编制质量，因地制宜地推进乡村振兴的地方实践及时发挥指导作用，需要再进一步做好地方规划文稿和国家规划的对接工作。

发挥国家规划的战略导向作用，还要拓宽视野，注意同相关重大规划衔接起来，尤其是注意以战略性、基础性、约束性规划为基础依据。2018年中央1号文件指出，要"加强各类规划的统筹管理和系统衔接，形成城乡融合、区域一体、多规合一的规划体系"。举个例子来说，国家和省级层面的新型城镇化规划，应是编制地方乡村振兴战略规划的重要参考。党的十九大报告要求，"以城市群为主体构建大中小城市和小城镇协调发展的城镇格局，加快农业转移人口市民化"。2018年1月30日，习近平总书记在主持中央政治局第三次

集体学习时强调，要建设彰显优势、协调联动的城乡区域发展体系，实现区域良性互动、城乡融合发展、陆海统筹整体优化，培育和发挥区域比较优势，加强区域优势互补，塑造区域协调发展新格局。在乡村振兴规划的编制和实施过程中，要结合增进同新型城镇化规划的协调性，更好地引领和推进乡村振兴与新型城镇化"双轮驱动"，更好地建设彰显优势、协调联动的城乡区域发展体系，为建设现代化经济体系提供扎实支撑。

二、实施乡村振兴战略的首要任务

产业发展是乡村振兴的经济基础，是激发乡村活力的基础所在，直接关系农业发展、农村劳动力就业与农民增收。在当前乃至 21 世纪中叶，把我国建成富强民主文明和谐美丽的社会主义现代化强国前，发展仍然是解决中国一切问题的基础和关键。发展首先是产业发展，是经济发展。在党的十九大报告中，习近平总书记提出了实施乡村振兴战略的总要求是"产业兴旺、生态宜居、乡风文明、治理有效、生活富裕"，"产业兴旺"位居其首。2018 年 3 月 8 日，习近平总书记在参加山东代表团审议时提出，实施乡村振兴战略要从产业振兴、人才振兴、文化振兴、生态振兴、组织振兴 5 个方面着手，产业振兴同样被放在首位。就多数乡村地区而言，如果产业不兴，即便再有"生态宜居、乡风文明"，广大农民也不可能"看着美景跳着舞"，就能实现乡村振兴，实现农业强、农村美、农民富。因此，至少就全国总体和多数地区而言，把推进乡村产业兴旺作为实施乡村振兴战略的"首要任务"，是比较符合实际的。

具体来说，产业兴旺的重要性与标志主要体现在两点：一是稳固的农业基础地位和国家粮食安全。习近平总书记强调，要确保国家粮食安全，把中国人的饭碗牢牢端在自己手中。历史经验告诉我们，一旦发生大饥荒，有钱也没有用，因而必须从治国理政的高度把握粮食安全的重要性。2016 年 4 月 25 日，习近平总书记在小岗农村改革座谈会上强调，不管怎么改，都不能把农村土地集体所有制改垮了，不能把耕地改少了，不能把粮食生产能力改弱了，不能把农民利益损害了。因此，要调动和保护好农民种粮和政府抓粮"两个积极性"，夯实乡村产业之基。二是实现三产融合发展和农民就业增收。三产融合发展是新时代农业发展必然趋势，也是拓展农民就业创业、增加农民财产性收入的重要渠道。近五年，我国主要农产品产量均超过 6 亿吨，但农村第一产业就业人数持续减少，而农民家庭第三产业收入增长较快，这意味新时代拓展农民就业创业渠道，要在二三产业上做文章。农村一二三产业融合发展，可吸引城市资本和生产要素进入农业、农村，激活农村土地、住宅和金融市场，形成休闲农业、创意农业等新业态以及农村电商及个性化定制等新模式，拓展农民就业创业渠道，增加财产性收入。

三、如何下好乡村振兴这盘大棋

2018 年年初，习近平同志在中共中央政治局第三次集体学习时强调指出，乡村振兴是一盘大棋，要把这盘大棋走好。7 月 5 日，习近平同志对实施乡村振兴战略作出重要指示，强调：把实施乡村振兴战略摆在优先位置，坚持五级书记抓乡村振兴，让乡村振兴成为全党全社会的共同行动。深入学习贯彻习近平同志关于乡村振兴的重要论述和指示精神，走好乡村振兴这盘大棋，需要牢牢把握以下几个方面。

制度机制是保障。走好乡村振兴这盘大棋，关键是制度框架要"稳"。一是巩固和完善农村基本经营制度。落实农村土地承包关系保持稳定并长久不变政策，衔接落实好第二轮土地承包到期后再延长 30 年的政策，让农民吃上长效"定心丸"。二是深化农村土地制度改革。探索宅基地所有权、资格权、使用权"三权分置"，严格实行土地用途管制，严格禁止利用农村宅基地建设别墅大院和私人会馆。三是深入推进农村集体产权制度改革。探索农村集体经济新的实现形式和运行机制。坚持农村集体产权制度改革正确方向，发挥村党组织对集体经济组织的领导核心作用。维护进城落户农民土地承包权、宅基地使用权、集体收益分配权。四是完善农业支持保护制度。加快建立新型农业支持保护政策体系，深化农产品收储制度和价格形成机制改革，改革完善中央储备粮管理体制，落实和完善对农民直接补贴制度，健全粮食主产区利益补偿机制。

摆脱贫困是前提。走好乡村振兴这盘大棋，必须把打好精准脱贫攻坚战作为优先任务，推动脱贫攻坚与乡村振兴有机结合、相互促进。一是瞄准贫困人口精准帮扶。因地制宜、因户施策，探索多渠道、多样化的精准扶贫精准脱贫路径，提高扶贫措施的针对性和有效性。二是聚焦深度贫困地区集中发力。以解决突出制约问题为重点，以重大扶贫工程和村到户到人帮扶为抓手，以新增脱贫攻坚资金项目为依托，着力改善深度贫困地区生产生活条件。三是激发贫困群众内生动力。树立扶贫先扶志、扶贫要扶智理念，逐步消除精神贫困；更多采用生产奖补、劳务补助、以工代赈等机制，提升贫困群众发展生产和务工经商的基本技能，实现可持续稳定脱贫。四是强化脱贫攻坚责任和监督。科学确定脱贫摘帽时间，完善扶贫督查巡查、考核评估办法，对弄虚作假、搞数字脱贫的坚决严肃查处，做到脱真贫、真脱贫；推行村级小微权力清单制度，开展扶贫领域腐败和作风问题专项治理。

全面振兴是要义。走好乡村振兴这盘大棋，需要推动乡村产业、人才、文化、生态和组织等各个方面全面振兴。一是紧紧围绕发展现代农业，围绕农村一二三产业融合发展，构建乡村产业体系，推动乡村生活富裕。加快构建现代农业产业体系、生产体系、经营体系，提高农业创新力、竞争力、全要素生产率，提高农业质量、效益和整体素质。二是把人力资本开发放在首要位置，让愿意留在乡村、建设家乡的人留得安心，让愿意上山下乡、回报乡村的人更有信心，激励各类人才在农村广阔天地大施所能、大展才华、大显身手。三是以社会主义核心价值观为引领培育文明乡风、良好家风、淳朴民风，改善农民精神风貌，提高乡村社会文明程度，使乡村文明焕发新气象。四是坚持绿色发展，加强农村突出环境问题综合治理，实施农村人居环境整治行动计划，推进农村"厕所革命"，完善农村生活设施，打造农民安居乐业的美丽家园。五是建立健全党委领导、政府负责、社会协同、公众参与、法治保障的现代乡村社会治理体制，确保乡村社会充满活力、安定有序。

四、打好乡村振兴战略的"持久战"

实施乡村振兴战略，是一项长期的历史性任务，既是攻坚战也是持久战。要凝聚全党全国全社会强大合力，以足够的历史耐心，以踏石留印、抓铁有痕的劲头，以功成不必在我的气度，保持战略定力，坚持因地制宜、循序渐进、久久为功，朝着实现农业农村现代化和乡村全面振兴的目标不断迈进。

一是坚持稳中求进，确保农村改革发展健康推进。"三农"问题是关系国计民生的根本性问题。"三农"在国家发展中的基础性地位，决定了推动农村改革发展在方向上不能出现偏差，不能犯颠覆性的错误。处理好城乡关系及农村内部的生产关系，是解决"三农"问题的基本着眼点。农村改革已经进入深水区，面临险滩暗礁，要树立底线思维，做好应对各种情况的准备，防患于未然。处理好农民与土地的关系仍然是深化农村改革的主线。一时拿不准看不清的做法，要先行试点，进行全面评估。看准了具有普遍适应性的措施，要积极推动集成、扩面与推广，但不能急于求成。

二是坚持问题导向，确保现实问题得到解决。目前，"三农"工作在一些地方存在"说起来重要、干起来次要、忙起来不要"的现象。过去的经验教训表明，粮食生产一旦放松就会滑坡，农业农村工作一旦松懈形势就会逆转，并且长时间都缓不过劲来。要清醒地看到，当前我国面临着农业供给质量和效益低、城乡居民收入差距大、农村基础设施和民生领域欠账多、农村资源环境压力大、农村精神文明建设任重道远、乡村治理体系和治理能力亟待现代化等一系列带有长期性、复杂性的问题，解决起来不可能一蹴而就。要坚持问题导向，敢于担当责任，切实增强实施乡村振兴战略的紧迫感和使命感，将"三农"工作重中之重的地位体现在具体工作中，围绕农民群众最关心最直接最现实的利益问题，一件事接着一件事办，一年接着一年干，将乡村建设成为农民群众的幸福美丽新家园，让发展成果经得起历史检验。

三是坚持量力而行，确保成效实实在在。乡村振兴是党和国家的大战略，要健全投入保障制度，创新投融资机制，拓宽资金筹集渠道，加快形成财政优先保障、金融重点倾斜、社会积极参与的多元投入格局。公共财政要在资金投入上优先保障，更大力度倾斜，确保财政投入与乡村振兴目标任务相适应。实施乡村振兴战略不能超越发展阶段，不能吊高胃口，更不能为了追求短期政绩，乱开"空头支票"。要以实事求是的态度，持之以恒，一步一个脚印向前推进。要脚踏实地多"雪中送炭"，谨防浮躁之气，千万不能搞成运动战、突击战。

四是注重顶层设计，确保任务实施科学有序。"产业兴旺、生态宜居、乡风文明、治理有效、生活富裕"，是实施乡村振兴战略的总要求，涉及农村经济建设、政治建设、文化建设、社会建设、生态文明建设和党的建设各个方面。只有做好顶层设计，谋定而后动，才能有序推进。各地和相关部门要按照实施乡村振兴战略的总要求，做好自身规划，明确工作重点和政策措施，部署好工程、计划和行动，做到一张蓝图绘到底。要增强规划的前瞻性、约束性、指导性，发挥好规划的引领功能。根据各地资源禀赋和特点，因地制宜科学规划，突出地域特色，体现乡土风情，不搞统一模式。顺应村庄发展规律，充分考虑一般村庄、城郊村庄、特色村庄、搬迁撤并村庄等内在差异，因村制宜确定发展方向，不搞一刀切。

五、解读"产业兴旺""生态宜居""乡风文明""治理有效""生活富裕"

农业农村部部长韩长赋指出：乡村振兴不仅是经济的振兴，也是生态的振兴、社会的振兴，文化、教育、科技的振兴，以及农民素质的提升，我们要系统认识，准确把握。

乡村产业、生态、乡风、治理、生活，"五子"登科，内在要求是统筹推进农村经济建设、政治建设、文化建设、社会建设、生态文明建设，在"五位一体"推进中，建立健全城乡融合发展的体制机制和政策体系，加快推进农业农村现代化。

产业兴旺就是要紧紧围绕促进产业发展，引导和推动更多的资本、技术、人才等要素向农业农村流动，调动广大农民的积极性、创造性，形成现代农业产业体系，实现一二三产业融合发展，保持农业农村经济发展旺盛活力。

生态宜居就是要加强农村资源环境保护，大力改善水电路气房讯等基础设施，统筹山水林田湖草保护建设，保护好绿水青山和清新清净的田园风光。

乡风文明就是要促进农村文化教育、医疗卫生等事业发展，推进移风易俗、文明进步，弘扬农耕文明和优良传统，使农民综合素质进一步提升，农村文明程度进一步提高。

治理有效就是要加强和创新农村社会治理，加强基层民主和法治建设，让社会正气得到弘扬、违法行为得到惩治，使农村更加和谐、安定有序。

生活富裕就是要让农民有持续稳定的收入来源，经济宽裕，衣食无忧，生活便利，共同富裕。

推进乡村振兴，既要积极又要稳妥，要在制度设计和政策支撑上精准供给。必须把大力发展农村生产力放在首位，拓宽农民就业创业和增收渠道。必须坚持城乡一体化发展，体现农业农村优先的原则。必须遵循乡村自身发展规律，保留乡村特色风貌。

第七章 县域乡村振兴规划探索

一、县域产业兴旺规划的主要内容及要点

县域产业兴旺必须坚持质量兴农、绿色兴农，以农业供给侧结构改革为主线，加快构建现代农业产业体系、生产体系、经营体系，提高农业创新力、竞争力和全要素生产率，推动农业产业融合发展，加快推进农业农村现代化，让农业成为有奔头的产业，让农民成为有吸引力的职业，加快实现我国由农业大国向农业强国转变。

（一）构建新型产业关系

深化农业供给侧结构性改革，必须打破原有农业生产关系对农业生产力的束缚，充分解放农业生产力，释放农业生产力潜能。其重点是经营机制的改革，即农业关系的调整。

1. 推进土地集约化、规模化经营

农村土地是属于农民集体所有的重要资源，是农民生产生活的空间载体和增收致富的核心资产。产业兴旺的前提是作为生产资料和生产要素双重身份的土地供给及时、充足、流畅。因此，需要做足做活农用地、集体经营性建设用地、农村宅基地这三块地的改革，把保障农村土地权益放在首位。农村土地改革的措施有：通过承包地确权放活土地经营权；探索基地"三权分置"制度，适度放活宅基地和农屋使用权；允许农村集体经营性建设用地入市，建立城乡统一的建设用地市场；跨省域补充耕地制度，促进土地集约化利用；深化农村集体产权制度改革，激发乡村振兴活力。

2. 组建新型农业经营主体

组建种养大户、家庭农场等，发挥其基础性作用；组建农民合作社，发挥其纽带作用；组建农业龙头企业，发挥其引导示范作用；组建农业社会化服务组织，发挥其服务和支撑作用。

3. 培育新型职业农民

壮大队伍。培养三类人员——生产经营人员、专业技能人员、社会服务人员，实施四项计划——现代青年农场主培养计划、新型农业经营主体

带头人轮训计划、农村实用人才带头人培训计划、农业产业精准扶贫培训计划，培养造就一大批新型职业农民，使其成为乡村振兴战略的生力军。

探索模式。各地根据自身农业及社会经济发展的实际情况，推行诸如农民田间学校培育模式、现场传导型培育模式、典型示范型培育模式、项目推动型培育模式等；根据产业特点和实际情况，创新适合当地特点的教育培训模式，包括大力推行农技推广面对面等培训模式；探索"互联网＋培训"模式，实现在线学习、在线技术咨询、共享教学资源信息等。

（二）转变传统生产方式

以农业供给侧结构性改革为主线，调整优化农业生产力布局，推动农业由增产导向转型提质导向，转变农业生产方式，加快构建现代农业生产体系。

1. 推进生产产品市场化

中国农业长期处于自给自足的自然经济状态，农民市场意识相对不足。产业的兴旺离不开市场，紧随现代经济高速发展，市场规模不断扩张的趋势，应将农民培育成市场化主体，提升能力，创新农业发展模式；推动农业生产资料市场化的进程，包括推动土地、劳动力的市场化、建立完善的农村金融体系；加快市场信息服务，强化信息监测预警，构建市场化基础；加快农产品和各类要素市场体系建设，提高资源配置效率；完善农产品价格形成和市场调控机制，保供调优激活市场。

2. 推进农业科技创新驱动

科学技术是第一生产力。唯改革者进，唯创新者强。转变农业生产方式主要依靠科技创新来驱动。加强农业科技的研发和应用推广，一要做好技术攻关，聚焦动植物新品种选育、绿色增产与节本增效等领域的技术需求，加强基础理论研究以及技术攻关，持续提高农业核心竞争力。二要做好体系衔接，充分发挥"互联网＋农业"的技术支撑作用，利用大数据、云计算等信息技术系统设计和架构，强化国家农业科技服务云平台建设，加强农业科技创新体系、农业产业技术体系和农业技术推广体系的衔接。

3. 实施绿色兴农

乡村绿色发展是农业农村可持续发展的应有之义。实施五大举措助力绿色农业：一是绿色理念引领，把绿色发展理念贯穿到农业生产、产品加工、废弃物利用的全过程，生产并提供绿色、有机农产品，增加产品附加值，提升品牌化和产业化水平；二是绿色生产技术助力，普及一批先进适用的绿色农业技术，推动绿色生产方式落地生根，确保粮食和重要农产品供给；三是绿色市场需求导向，主攻农业供给质量，注重可持续发展，加强绿色、有机、无公害农产品供给；四是绿色发展新主体推动，通过发展多种形式适度规模经营，引导新主体推动绿色发展成为农业普遍形态；五是绿色制度构建与保障，构建绿色制度体系、绿色农业标准体系、绿色农业法律法规体系、绿色发展制度环境。

4. 实施质量兴农

依靠提高农产品质量增强农业竞争力，实现乡村产业兴旺。以环境净化为前提，以按标生产为依据，以科技创新为支撑，实施安全"管"出来。完善农产品质量和食品安全标准体系，加强农业投入品和农产品质量安全追溯体系，健全农产品质量和食品安全监督体系，实施优质"产"出来。调整农业结构，减少无效供给，优化产业布局，增加优质农产品，实施结构"调"出来。减少投入品的过量使用，减少资源环境的过高利用强度，实施投入"减"出来。

5. 推进品牌强农

加快推进品牌培育行动，以优势特色产业为依托，以区域公用品牌、企业品牌、产品品牌为重点，加快培育和创建一批有较大影响力的农业品牌。首先，树品牌，把园区建设作为主攻方向，品牌建设要与粮食生产功能区、重要农产品生产保护区、特色农产品优势区和现代农业产业园建设等相结合，将园区优势转化为品牌优势。其次，讲品牌，把宣传推介作为主动行为，通过展销平台推介品牌，通过批发市场主打品牌，通过信息化助推品牌，通过新闻媒体讲好品牌。再者，护品牌，把监管维护作为主要手段，形成政府主导、协会主推、企业主体的监管体系。最后，扶品牌，把构建机制作为主体职责，构建合作机制、扶持机制、服务机制等。

（三）推进以农为主多产融合

以农业为基础依托，以农业龙头企业、涉农工商资本等新型农业经营主体为主体，通过产业渗透、产业交叉、产业重组等融合方式，实现产业链条和价值链条延伸、产业范围扩大、产业功能拓展和农业就业增收渠道增加（图7-1）。

1. 推进农业内部有机融合

对传统农业区、林业区、畜牧业区、渔业区，以农牧结合、农林结合、农渔结合、循环发展为导向，调整优化农业种植养殖结构。通过发展以高效益、新品种、新技术、新模式为主要内容的"一高三新"农业，推进传统资源优化利用、农业废弃物资源化利用，从而激发农业生产潜能（图7-2）。

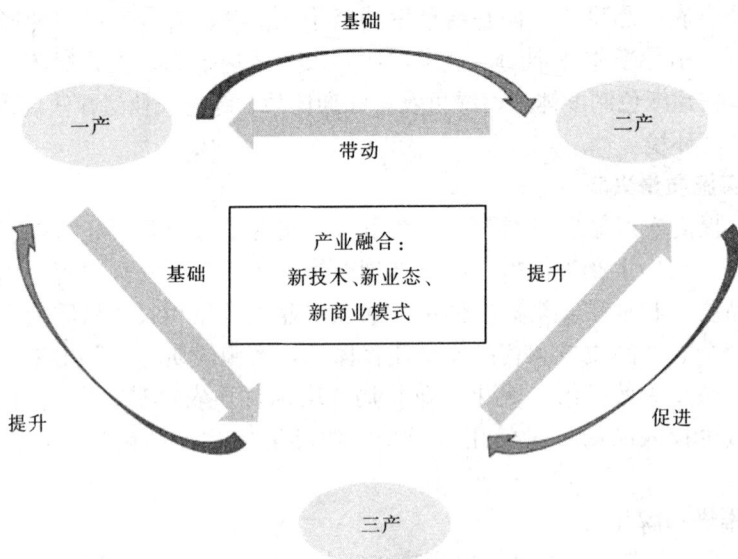

图 7-1　三产关系示意图

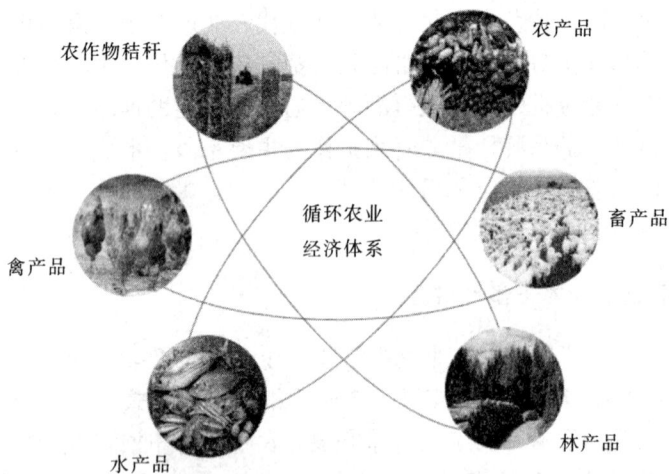

图 7-2　循环农业发展示意图

2. 推进农业产业链延伸融合

（1）以农业为基础的产业融合。以现代种养业为主导，向产前延伸开展良种繁育、农资供销等，向产后拓展加工储藏、物流销售、休闲观光等二三产业，形成三次产业互促并进、互利共赢的发展格局（图 7-3）。

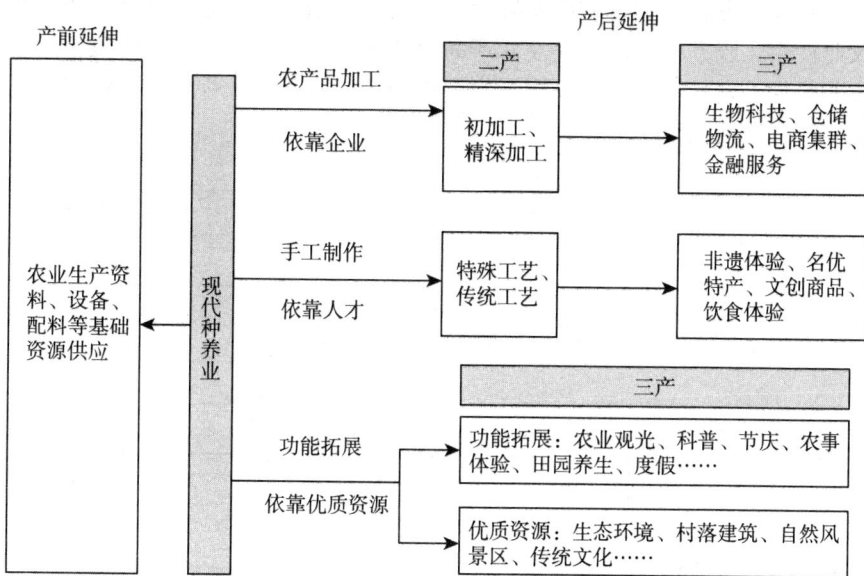

图7-3 以农业为基础的产业融合示意图

（2）以农产品加工业为纽带的产业融合。以农产品加工业为依托，将产业链向前后两端延伸，由单纯的加工向生产、流通、研发、服务等领域交融发展，实现产加销、贸工农一体化，拉长产业链、提升价值链（图7-4）。

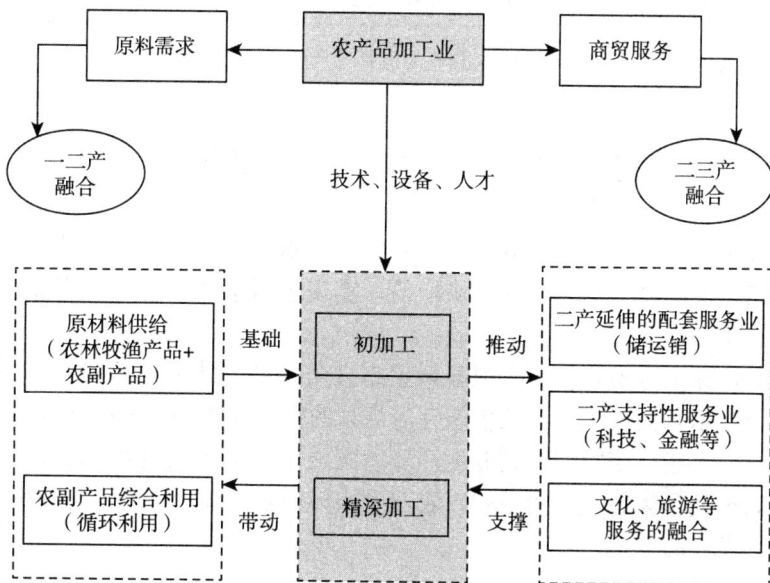

图7-4 以农产品加工业为纽带的产业融合示意图

（3）以服务业为引领的产业融合。依托农产品流通、电子商务、乡村旅游和农业社会化服务等三产，建立农产品原料生产、加工、销售、物流基地，拓展服务范围，延长产业链条，增加农业附加值。以旅游业为例，旅游引领的消费带动融合模式如图7-5所示。

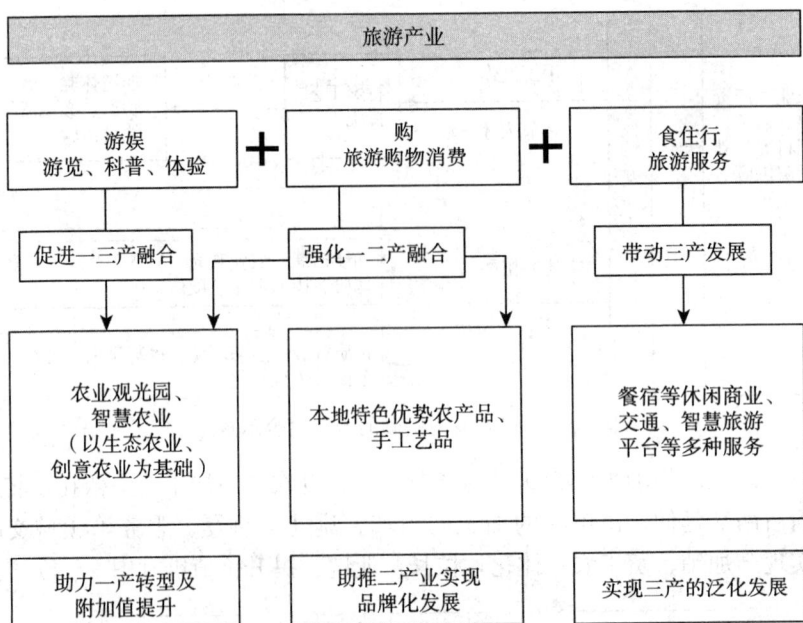

图7-5　以旅游业为引领的产业融合示意图

二、县域生态宜居规划的主要内容及要点

良好生态环境是农村的最大优势和宝贵财富。乡村振兴中必须尊重自然、顺应自然，推动乡村自然资本加快增值，实现乡村生态产业化与产业生态化，实现百姓富、生态美的统一。

为守住绿水青山，真正实现县域生态宜居，需要持续提升农村环境质量，坚持人与自然和谐共生。县域生态宜居规划的重点在于构建乡村环境建设的三大圈层——人居环境圈层、农业生产环境圈层、生态环境圈层（图7-6）。其中，人居环境是生态宜居的基础，农业生产环境是产业兴旺的动力，生态环境是可持续发展的前提。

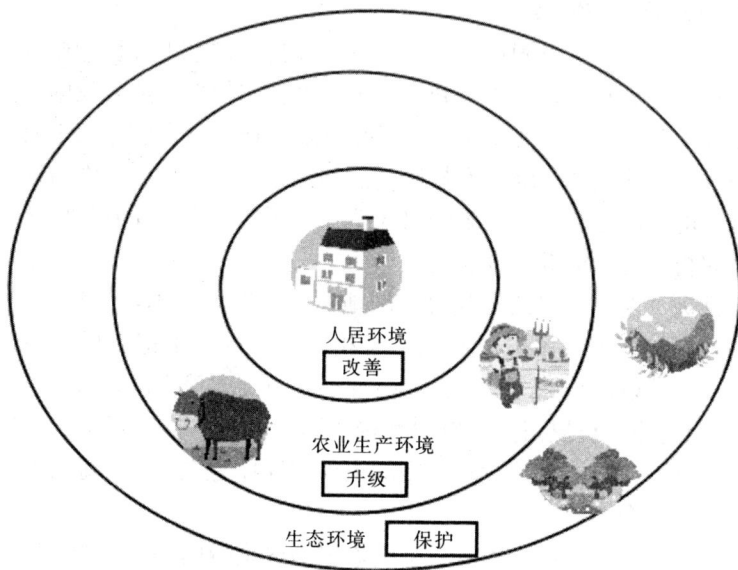

图7-6　生态、生产、生活三大圈层关系示意图

（一）改善人居环境，构建生活圈

以美丽乡村建设为导向，以农村社区建设规划为引领，结合区域村庄特点，因地制宜开展农村环境综合整治和农村基础设施建设，全力打造特色乡村风貌。

1. 治理卫生环境

推进农村生活污水治理。完善资金投入保障，推动城镇污水管网向周边村庄延伸覆盖，设立和完善生活污水的收集管网，加强生活污水源头减量和尾水回收利用，积极推广低成本、低能耗、易维护、高效率的污水处理技术，推进农村污水治理PPP项目，建立污水排放监督机制，提高村民对污水处理重要性的认识。

推进农村生活垃圾治理。排查整治非正规垃圾堆放点，强化对村民的宣传，实施垃圾分类，采用"户定点（分类）、村收集、乡镇转运、县处理"垃圾处理方式，最终建立健全符合农村实际、方式多样的生活垃圾收运处置体系。

大力开展农村户用卫生厕所建设和改造。合理选择改厕模式，按照群众接受、经济适用、维护方便、不污染公共水体的要求，普及不同水平的卫生厕所。

2. 完善基础设施短板

实施农村饮水安全巩固提升工程。参照《村镇供水工程设计规范》等，出台乡村供水管理机制，推进供水到户，配备完善水处理、消毒设施，延伸与维修管网，强化水质监测，实施水厂信息化试点建设，确保农村饮水安全。

加快农村电网改造升级。农村用电公共服务均等化，制定农村通动力电规划，完善配电自动化装置，实施线路改造、变压器增容，完善村庄公共照明设施，推动农村可再生能源开发利用。

全面推进"四好农村路"建设。因地制宜、以人为本，与优化村镇布局、农村经济发展和广大农民安全便捷出行相适应，进一步把农村公路建好、管好、护好、运营好。公路（进村路）按照国家道路建设标准，打通交通"最后一公里"；乡村路（村里路）因地制宜选择路面材料，推进乡镇和建制村主干道、村组道路、入户道路建设；休闲绿道生态环保为先，突出地方特色，主客共享，点线面结合。

实现互联网在农村的全覆盖。推动农村地区宽带网络和第四代移动通信网络覆盖；开展"光纤入户"工程和"数字乡村"建设，以村村通"信息高速公路"为目标，实现互联网在农村的全覆盖。

3. 建设特色乡村风貌

保护乡村历史文化要素，比如古井、古树、古居、古桥、古匾额，制定保护名录，建立保护机制，编制保护规划，筹拨保护经费。

改造民宅民居。实施农房风貌改造提升行动，培养乡村工匠队伍，对危旧房进行改造，对与景观不和谐的民房进行本土元素化的立面改造，对古宅进行"修旧如旧"修复和再利用。

美化绿化乡村景观。整治公共空间和庭院环境，禁止私搭乱建、乱堆乱放；以奖代补鼓励引导村民进行见缝插针式绿化美化。

4. 逐步改变落后的生产生活方式

树立榜样引领，选择卫生习惯较好的农户，加以鼓励和宣传，组织其他农户学习；制定激励措施，把保持文明的生活习惯同五好家庭、文明示范户评选等结合起来；完善村规民约，规范农民行为，定期进行检查评比，加强监督管理；提倡新生活方式，比如秸秆粉碎还田取代秸秆焚烧，设立集中养殖区域，改造养殖舍，实现禽畜与粪便分离等。

（二）升级农业环境，构建生产圈

治理农业环境突出问题，树立绿色生态循环农业发展理念，推进生产清洁化、废弃物资源化、产业模式生态化，全面提升农业绿色发展水平。

1. 综合治理农业环境突出问题

整治乡村土壤污染问题。详查农用地土壤污染状况，着力解决土壤酸化问题，修复重金属污染耕地，开展种植结构调整试点。

整治乡村水域污染问题。农村水环境治理纳入河长制、湖长制管理，加强渔业养殖污染治理，清理开放性湖泊、饮用水源地网围网箱养殖，推广生态养殖模式，加强养殖尾水排放监管。

2. 推进农业绿色发展

推进农业节水工程。积极发展滴灌、喷灌、微灌和水肥一体化，推广用水计量和智能控制技术，大力提倡合理利用雨洪资源、微咸水、再生水，提高农民有偿用水意识和节水积极性，推进农业水价综合改革，建立健全农业水价形成机制、精准补贴和节水奖励机制，明晰农业水权。

推进农业清洁生产。强化农业投入品管理，推进病虫害统防统治和绿色防控，规模化建设畜禽养殖场区粪污处理设施、大型沼气，开展有机肥代替化肥试点，推进废旧地膜、微灌材料和包装废弃物等回收处理，创建一批国家农业可持续发展试验示范点。

3. 构建农业生态循环体系

遵循"以水定地，优化种植结构；以地定畜，优化养殖结构；一水多用，优化渔业结构；变废为宝，发展循环农业"原则，构建具有本地特色的生态循环农业体系。按照"一年有起色、三年见成效、五年上台阶"发展思路，以小农水项目建设为契机，依托生态环境好、科技含量高、辐射带动强的农业生产基地，集成推广畜禽粪污综合利用、种养一体化等生态循环农业技术，实施农牧循环产业园区培育计划，建立一套成熟的种养结合生态循环农业模式。

（三）保护生态环境，构建生态圈

牢固树立社会主义生态文明观，践行"绿水青山就是金山银山"理念，严守生态保护红线，加强山水林田湖草生态系统保护，全方位、全地域、全过程开展生态环境保护。

1. 严守生态红线

对具有重要水源涵养、生物多样性维护、水土保持、防风固沙、海岸生态稳定等功能的生态功能重要区域，以及水土流失、土地沙化、石漠化、盐渍化等生态环境敏感脆弱区域，开展生态红线区域勘察调研，强化红线管控。

2. 统筹山水林田湖草治理

生态是统一的自然系统，是各种自然要素相互依存而实现循环的自然链条。人的命脉在田，田的命脉在水，水的命脉在山，山的命脉在土，土的命脉在树。牢固树立"山水林田湖草是一个生命共同体"的理念，按照生态系统的整体性、系统性以及内在规律，解决县域生态系统保护与治理中的重点、难点问题。

表 7-1　山水林田湖草具体治理措施列表

分类	治理措施
保	健全水生生态保护修复制度
	完善天然林保护制度
	实施生物多样性保护重大工程
	实施草原生态保护补助奖励政策
退	退耕还林、退耕还湖、退耕还湿、退耕还草、退牧还草等
休	扩大耕地轮作休耕制度试点
防	严防外来物种入侵
控	划定江河湖海限捕、禁捕区域
	开展水资源消耗总量和强度双控行动
	推进荒漠化、石漠化、水土流失综合治理
治	实施流域环境和近岸海域综合治理
	开展土壤污染治理与修复技术应用试点

3. 建立生态补偿机制

秉承"谁开发谁保护，谁破坏谁恢复，谁受益谁补偿，谁污染谁付费"的原则，加大财政转移支付中生态补偿的力度。

表 7-2　生态补偿举措列表

序号	生态补偿措施
1	探索发行生态补偿基金彩票
2	积极探索区域间生态补偿方式
3	加强生态移民的转移就业培训工作
4	增收生态补偿税
5	加大各项资源税费使用中用于生态补偿的比重
6	建立以政府投入为主、全社会支持生态环境建设的投融资体制
7	积极探索市场化生态补偿模式
8	探索建立区域内污染物排放指标有偿分配机制
9	建立自然资源和生态环境统计监测指标体系以及"绿色GDP"核算体系

（续）

序号	生态补偿措施
10	加强生态保护和生态补偿的立法工作
11	加强部门、地区的密切配合，整合生态补偿资金和资源

三、县域乡风文明规划的主要内容及要点

实现乡村文化振兴，要紧抓文化教育、文化设施、文化活动，提升农民精神风貌，培育文明乡风、良好家风、淳朴民风，重塑乡村文化内核，不断提高乡村社会文明程度。

县域乡风文明规划是在把握道德伦理、传统文化、民风民俗三大乡村文化内核的前提下，夯实乡村文化教育基础，加强乡村文化设施支出，提升乡村文化活动影响，实现乡村文化重振，延续乡土文化根脉。

（一）把握乡村文化三大内核

从乡村新型道德伦理关系、优秀传统文化、新型民风民俗三个方面，重构乡村文化，唤醒乡村文化基因。

1. 重建乡村新型道德伦理关系

培育和践行社会主义核心价值观，继承发扬农村传统文化，摒弃农村落后的封建迷信思想，增加农村文化场所，增强农村文化活力，满足广大农民多层次的精神文化需求。加强"社会公德、职业道德、家庭美德、个人品德"四德教育建设，推进"儒学下乡"，通过志愿者下乡、开展学习小组、评选模范家庭等手段，传承优秀传统文化。开展依法治村，推进依法决策、依法行政、依法竞争、依法发展，健全村民自治体系，加大普法宣传力度，推进依法治村示范创建工作，建设公共法律服务平台，将农村各项事务纳入依法治理的轨道，不断提高乡村法治化水平。

2. 传承和延续乡村传统优秀文化

弘扬具有乡村特色的传统农耕文化、山水文化、民俗文化等，在保护传承的基础上，创造性转化、创新性发展，不断赋予时代内涵。比如，以民俗博物馆、社科院文化与历史研究所等为依托，以非遗研究方面的专家学者和非遗传承人等作为研究员和兼职研究员，开设非物质文化遗产研究所。比如，村民自发或者村委会组织定期举办民俗节庆或赛事活动，弘扬在地习俗文化；再比如，加强村志村史的及时修订和编纂，让文物说话。

3. 构建新型民风民俗

通过制定村规民约、表彰善行义举、弘扬家风家训等措施，推进村民思想与时俱进，形成"新时代、新乡村、新风俗"。

(二) 夯实乡村文化教育基础

1. 推动教育主题的内外结合

针对乡村文化教育人才缺失的短板，重点培养自有教育队伍，激发内生活力，增加内部造血功能。比如，培养本地乡村教师，为基础教育提供坚实基础；培育乡贤队伍，吸引乡贤回归，培养乡贤模范，发挥乡贤作用，推动他们成为本地新生教育力量；倡导村民互动教育，促进文化交流。

同时引入外部力量，拓展多元教育渠道，融入新鲜血液，快速提升教育水平。比如，引入城镇师生，鼓励和支持城镇退休的教师、师范类学生等到乡村学校支教讲学，对口帮扶乡村教师，帮助提升教学水平，提高乡村教学质量；引进管理层，通过委派挂职干部和大学生"村官"选拔等措施，吸引外部管理人才，提高乡村管理水平；吸引社会公益组织，与公益组织合作，吸引社会志愿者来乡村投智，普及科学教育等知识。

2. 探索灵活多元的教育方式

办学校，针对青少年成立初等教育学校；针对成人教育成立各种扫盲班、农民技术培训学校等。设课堂，针对留守儿童开设"快成长"课堂，针对留守妇女开设"半边天"课堂，针对空巢老人开设"夕阳红"课堂，针对待业青年开设"致富经"课堂。开讲座，邀请外部专家进行科学新技能专题讲座。搞活动，定时举办乡村公益、乡村戏曲、文艺晚会、庙会、市集等活动。做培训，发动村中匠人对村民进行专业技能培训。强媒体，加强互联网等新媒体在乡村教育上的应用。

(三) 加强乡村文化设施支撑

乡村文化设施是乡村文化建设的载体。应在凸显在地文化激活文化设施生命力、推进主客共享提高文化设施使用率两大原则指导下，加强开放型文化公共空间、地标性文化设施、场馆型文化设施三类内容的开发。同时，要整合多渠道资金，建管并重，满足农民群众多层次、多方面的精神需求，支撑建设农村公共文化服务体系。

1. 建设文化设施

按照功能，建设三类文化设施。分别是建设开放型文化公共空间，如集散文化广场、宣传文化街、河边、村口、晒场、桥头、水埠、码头等，提供交流场所，改善乡村人际关系，重建乡村特色文化，优化乡村公共环境设施；建设地标性文化设施，如自然景观、街巷景观、精神图腾、牌坊、标志牌等，提高本地辨识度，树立村民文化自信，展示乡村文化底蕴；建设场馆型文化设施，如图书馆、村文化室、民俗文化展室、宗祠建筑、村史馆、学塾、农村书屋等，丰富农民业余生活，提供学习场所，储备未来乡村遗产。

按照地域，县、乡镇、村要有针对性地建立不同类别的公共文化设施。其中，县主要建设具备综合性功能的文化馆、数字化图书馆等，乡镇主要组建集图书阅读、广播影视、宣传教育、文艺演出、科技推广、科普培训、体育和青少年校外活动等于一体的综合性文化站，行政村主要设立文化活动室、乡村小型图书馆、村史馆等。

2. 建立标本兼治的长效管理机制

设置专职人员，建立健全文化场所管理规章制度，设立专人管理，并向管理人员支付一定的报酬，确保活动场所有人管、用心管。定期更新管理，加大对农村文化活动场所内容、设施等的即时更新力度，改善活动室内部设备，保证村民使用热情。

(四) 提升乡村文化活动影响

活动内容上，在保护、梳理和整合在地资源的基础上，重点开展科技教育、文化娱乐、传统习俗、乡风文明等活动内容，采取赛事、论坛、节庆等多元活动形式，实现乡村季季有主题、月月有活动。活动主体上，明晰当地政府及其相关机构监督支持、村委会组织统筹策划、乡村观光游客参与宣传、村民既宣传统筹策划又是参与主体的定位。活动宣传上，重点利用电台、电视、平面媒体等传统媒体推广平台，利用"三微"等新媒体线上营销推广平台，扩大宣传力度，提高影响力，活动前要预热报名，活动中采用新媒体直播，活动后继续报道，持续发酵。

四、县域治理有效规划的主要内容及要点

治理有效是乡村振兴的基础。必须把夯实基层基础作为固本之策，健全党委领导、政府负责、社会协同、公众参与、法治保障的现代乡村社会治理体制，坚持党组织领导下的自治、法治、德治相结合，打造共建共治共享的乡村治理体系，确保乡村社会充满活力、安定有序。

(一) 加强农村基层党组织建设

坚持党建统领，增强农村基层党组织领导核心地位，推进乡村治理现代化，确保村级治理在正确的轨道上运行和发展。

1. 加强基层党组织队伍建设

扩大覆盖面，注重从青年农民群体中发展党员，加大在农民合作社、农村企业、农村社会化服务组织、农民工聚居地中建立党组织的力度。优化结构，及时调整优化合并村组、村改社区、跨村经济联合体的党组织设置和隶属关系。

2. 抓好"领头羊"工程

选优配强，强化"从好人中选能人"导向，选优配强"两委"班子，特别是党组织书记。递进培养，加大农村干部学历教育和后备干部递进培养力度，提高村干部综合素质和致富带富能力。驻村帮扶，全面向贫困村、软弱涣散村和集体经济空壳村派出第一书记，调整充实驻村工作队。

3. 完善基层组织保障

完善制度保障，开展党员挂牌，设立党员责任区、结对帮扶、党员承诺践诺和志愿服务等活动，树立先进典型；健全落实农村党员定期培训制度，强化知识和技能培训。完善财政保障，建立村级组织运转经费正常增长机制，加大财政保障力度。

(二) 增强乡镇政府服务能力建设

1. 强化公共服务职能

巩固基本公共教育服务，推动劳动就业服务，做好社会保险服务，落实基本社会服务，做好基本医疗卫生服务，组织开展公共文化体育服务。

2. 扩大服务管理权限

强化乡镇政府对涉及本区域内人民群众利益的重大决策、重大项目和公共服务设施布局的参与权和建议权，重点包括农业发展、农村经营管理、安全生产、规划建设管理、环境保护、公共安全、防灾减灾、扶贫济困等管理权限。

3. 加强干部队伍建设

坚持德才兼备、以德为先的用人标准，选优配强乡镇领导班子，建立健全有利于各类人才向乡镇流动的政策支持体系，注重从乡镇事业编制人员、优秀村干部、大学生"村官"中选拔乡镇领导干部。

4. 改进绩效评价奖惩机制

以乡镇政府职责为依据，结合不同乡镇实际，建立科学化、差别化的乡镇政府服务绩效考核评价体系。

5. 强化监督管理

结合实际研究确定乡镇政府推行权利清单和责任清单工作，建立健全乡镇议事规则和决策程序，建立健全乡镇行政权利运行制约和监督体系，健全行政问责制度。

（三）加强乡村自治、法治、德治建设

1. 完善乡村自治制度

坚持自治为基，加强村党组织领导的充满活力的村民自治组织建设，把资源、服务、管理下放到基层，推动乡村治理重心下移，不断健全和创新基层自治机制。具体包括深化村民自治实践、推进基层管理服务创新、发展农村各类合作组织。

2. 推动法治乡村建设

坚持法治为本，树立依法治理理念，完善乡村法律服务体系，强化法律在维护农民权益、规范市场运行、农业支持保护、生态环境治理、化解农村社会矛盾等方面的权威地位。包括深入开展农村法治宣传教育，增强基层依法办事能力，全面推进平安乡村建设，努力提升基层综治工作水平。

3. 提高乡村德治水平

坚持德治为先，传承弘扬农耕文明精华，以德治滋养法治精神，让德治贯穿乡村治理全过程。具体包括强化道德教化作用，加强乡村德治建设，培养健康社会心态。

（四）完善农业合作经济组织建设

农业合作经济组织主要包括农民专业合作社、农民产业化联合体以及农业农村相关协会，围绕这三类组织采取针对性发展方针，深入探索乡村振兴样本，促进农业经济规模化、集约化发展。

1. 农民专业合作社发展要点

狠抓政策落实，推进合作社规范发展，创新合作社金融普惠措施，促进合作社产业发展，积极促进农业专业合作社在"产业扶贫""三产融合"中发挥更大作用。

2. 农业产业化联合体发展要点

建立分工协作机制，引导多元新型农业经营主体组建农业产业化联合体。健全资源要素共享机制，推动农业产业化联合体融通发展。完善利益共享机制，促进农业产业化联合体与农户共同发展。

3. 农业农村相关协会发展要点

制定相关标准、开展企业评级活动，引导行业发展标准化。利用灵活多样的宣传推介渠道，树立组织品牌形象，扩大农产品知名度，提升农业及相关产业规模化发展。落实政府政策引导，强化行业质量监管，约束企业行为，协调行业秩序，维护农民利益，维护市场消费者权益。

（五）推进农村民间文化组织健康发展

1. 强化政府引导与支持

完善法律法规，把农村民间文化组织管理纳入法制化轨道，营造有法可依，违法必究，执法必严的法治氛围。加大政策支持，简化登记注册流程，降低准入门槛；加大政策倾斜力度，鼓励农村社会组织通过提供多样化、多层次的公共服务，在文化传承、劳动就业、教育培训、济贫养老等方便发挥积极作用。加强保障支持，加大财政投入，设立专门的拨款账户避免层层盘剥，并在设施、场所等使用方面提供支持和方便。

2. 完善自身能力建设

制度化发展，建立组织章程并严格按章程开展活动。科学化管理，明确农村民间文化组织的法人地位，完善组织架构，稳定筹资渠道，健全监督机制。民主化监督，健全自律机制和竞争机制，完善内部监督机制。

五、县域生活富裕规划的主要内容及要点

生活富裕是乡村振兴的根本落脚点。把维护农民根本利益、促进共同富裕作为出发点和落脚点，不断提高农村公共服务、社会保障的标准和水平，补齐农村民生短板，加快推进城乡基本公共服务均等化，推动农村劳动力充分就业，不断增强农民获得感、幸福感、安全感，打造生活美家园好的富裕乡村。

（一）多渠道带动农民增收致富

拓展农民就业创业增收空间，确保农民收入持续增长。

1. 拓宽农民增收致富渠道

大力实施乡村就业创业促进行动，加快文化、科技、旅游、生态等乡村特色产业发展，振兴传统工艺，培育一批家庭工场、手工作坊、巧女工坊、乡村车间，鼓励在乡村地区兴办环境友好型企业，实现乡村经济多元化，拓宽农民增收渠道。

积极培育农村新产业新业态，依托旅游示范区、田园综合体、美丽乡村等

载体，发展乡村智慧旅游，将农家乐、特色民宿、休闲农庄等编织成网，提供便捷服务。发展农村电商，不断提高农产品网上销售比例，拓宽销售渠道。

进一步加大招商引资力度，对与乡村振兴相关的涉农招商引资项目出台更加优惠的政策，更好地增加农民就业和收入。通过财政补贴、政府购买服务、税收优惠等政策，鼓励、引导农民及返乡下乡人员创新创业，加快民营经济发展，增加农民资本和经营性收入。

2. 提升乡村就业创业服务水平

健全覆盖城乡的公共就业创业服务体系，提供全方位乡村公共就业创业服务。建设乡村公共就业创业服务网络平台，促进农村富余劳动力有序外出就业，鼓励就地就近转移就业，支持返乡创业。重点支持孵化基地（园区）建设，有针对性地开展创业创新人才培训，选拔培育一批优秀创意项目和创业者。培育以信用和价值规律为杠杆的多元化农村金融体系，为农民创业提供便利的融资和投资渠道。

（二）推动农村基础设施提档升级

加大农村基础设施建设投入力度，加快交通物流、水利、信息、能源等重大工程建设，补齐农村基础设施短板，推动城乡互联互通。

1. 健全交通物流设施体系

全面推进"四好农村路"建设，加快农村公路改造升级，推动农村公路枢纽的互通联结，强化县城与重点中心镇的交通联系，打通行政区域交接地段、边远村落的镇村公路连接。全面推进城乡客运公交化和城乡公交一体化建设，鼓励发展镇村公交，促进城乡公交与城市公交的紧密对接。整合优化现有物流要素资源，以邮政快递、商贸、供销、交通等物流设施为基础，加快推进农村"普惠邮政"工程，重点推进农村物流节点建设标准化、管理规范化、服务多元化，全面提升农村物流站点服务能力和水平，形成城乡互动、县乡村互联、畅通高效的物流网络体系，实现城乡交通物流服务均等化。

2. 提升水安全保障能力

巩固提升已建水厂，维修改造单村、联村集中供水工程，解决地质性缺水问题，进一步提高水质达标率和农村居民供水保证率。进一步推进重点防洪工程建设。加快推进雨洪资源利用工程。推进地下水超采区综合治理项目建设。

3. 实施数字乡村战略

引导移动、联通、电信和广电等电信运营企业加大农村网络建设投资，进一步提高农村地区光纤宽带接入能力。加大对农村移动通信基站铁塔建设的支持力度，扩大 4G 无线网络覆盖范围，推动 5G 网络布局和商用进程，基本实现农村地区移动宽带网络人口全覆盖。建设信息进村入户平台，完善农村消费信息服务、市场信息服务、"三农"政策服务、农村生活服务等系统和手机APP，推动现代信息技术在乡村振兴战略各个环节的应用和深入融合。推动远程医疗、远程教育等应用普及，建立空间化、智能化的新型农村统计信息综合服务系统。

4. 推进农村能源革命

推进农村能源结构调整、升级，将农村新能源建设与农民增收紧密结合起来，把农村能源生产供应与解决农村环境、改善生态结合起来，通过农业废弃物资源化处置，构建清洁高效、多元互补、城乡协调、统筹发展的现代农村能源体系。加快新一轮农村电网改造升级，推动供气设施向农村延伸，宜电则电、宜气则气，形成电网、天然气管网、热力管网等互补衔接协同转化的能源设施网络体系。

（三）推进城乡公共服务均等化

以构建覆盖城乡、普惠共享、公平持续的基本公共服务体系为目标，促进公共财政、公共设施向镇村倾斜，全面完善镇村服务功能，提升公共服务均等化水平。

1. 优先发展农村教育事业

加强城乡教育合作交流，开展名师送教下乡、名校长结对帮扶和名校长协作组织校际交流活动，建立以城带乡、整体推进、城乡一体、均衡发展的义务教育发展机制；深化县域内城乡义务教育一体化改革；深入实施农村学校"全面改薄"工程；大力发展农村学前教育；稳步提升农村高中阶段教育普及水平；大力发展面向农村的现代职业教育。

2. 健全农村医疗卫生服务体系

围绕"健康乡村"建设，完善农村卫生室布局，完善和优化乡镇卫生院管理。缩小城乡卫生资源配置差距，促进优质医疗资源向农村延伸，鼓励上下级医疗机构建立双向联动转诊制度，实现城乡基本公共卫生服务均等化。

3. 健全农村社会保障制度

推动城乡居民医保范围、筹资政策、保障待遇、医保目录、定点管理、基金管理"六统一"。将符合医疗救助条件的农村居民及时纳入救助范围。统筹城乡社会救助体系，加大重特大疾病医疗救助力度，深入实施临时救助制度，全面开展"救急难"工作，完善最低生活保障制度。完善城乡居民基本养老保险制度，建立基本养老保险待遇确定和基础养老金标准正常调整机制。加快推进医养结合，鼓励基层医疗机构设置养老服务站点、提供签约服务。

（四）高质量完成精准脱贫任务

紧密结合乡村振兴和精准脱贫两大战略任务，明晰县乡主体责任，采取有效扶贫方式，激发贫困人口脱贫内生动力，提升扶贫的效果与质量。

1. 坚持精准扶贫脱贫

围绕精准全链条，持续落实落细，夯实脱贫根基。采取多渠道、多样化的精准扶贫精准脱贫路径，扎实做好产业脱贫、就业脱贫、医疗保障与救助脱贫、金融脱贫、旅游脱贫、教育文化脱贫等"六大脱贫攻坚行动"。

2. 聚焦脱贫攻坚重点区域和重点群体脱贫解困

聚焦山区、滩区、湖区等重点区域，集中解决基础设施薄弱、公共服务滞后、特色产业不强等瓶颈问题。实施深度贫困地区"五通十有"提升工程。制定出台《关于进一步强化政策措施推进深度贫困区域精准脱贫的实施意见》，加大政策倾斜和扶持力度。锁定老弱病残等特殊贫困群体，构建"大救助"工作机制。持续强化政策保障，深化"三保障"扶贫措施，提高群众获得感。

3. 激发贫困人口内生动力

坚持扶贫同扶志相结合，采用生产奖补、劳务补助、以工代赈等方式，引导贫困群众通过自己辛勤劳动脱贫致富，树立起脱贫光荣、勤劳致富的正能量社会价值观，对脱贫成功的典型农户、典型村镇或典型模式进行经验总结，发挥其示范带动作用，营造脱贫光荣的社会氛围。

4. 强化脱贫攻坚责任和监督

完善扶贫攻坚的组织管理体系，健全组织领导、政策帮扶、监督考核、严格落实等机制，保障扶贫工作有序高效推进。

第八章 乡村振兴规划为"多规合一"的实现带来出路

一、县域各类规划与乡村振兴规划的并集与补集

(一)县域各类规划分析

1. 县域层面主要规划类型

我国规划类型众多,关系复杂,经济社会发展规划、城乡规划、土地利用规划、生态建设规划等规划从不同部门、不同侧重点约束着各类建设活动,推动着城市的发展。县域层面的规划主要有以下几个类型。

(1)国民经济与社会发展规划。国民经济和社会发展规划(以下简称"发展规划")是发改部门主导的,对县域一定时期内(通常为5年)经济与社会的发展各项内容做出具体安排的规划,是指导地方经济社会发展的阶段性纲领。其核心内容包括:回顾上一时期取得的成就与不足,分析新时期地方经济社会发展面临的形势,深入研究并提出新时期地方在推进新型城镇化、新型工业化、新农村建设、社会发展、资源保护利用以及生态建设等方面应达到的目标,并据此深入谋划实现上述目标的战略任务与途径。在县级层面发展规划按对象和功能类别一般又分为总体规划和专项规划。本书所指均为总体规划。

(2)主体功能区规划。主体功能区规划(以下简称"主体规划")是发改部门和环保部门共同主导的,对县域国土空间开发强度进行分类和界定并依据其自然资源条件和社会经济条件确定各部分核心功能的空间发展规划。其中,重点生态功能区的主体功能区规划,通常会将国土空间划分为城镇发展空间(对应集聚人口和工业)、农业生产空间(对应发展现代生态农业和新农村建设)、生态保护空间(对应提供生态产品和服务)三大类别。

(3)生态县建设规划。生态县建设规划(以下简称"生态规划")是环保部门主导的,探索如何更好地保护境内生态环境资源,实现县域生态环境质量的改善和经济社会生态协调可持续发展,建设生态文明的县域规划。生态县建设规划的核心内容在于科学合理地划分生态功能区,并围绕生态格局优化、生态环境保护、生态人居建设、生态产业发展和生态文化建设等问题提出相应的战略任务。

（4）旅游发展总体规划。旅游发展总体规划（以下简称"旅游规划"）是旅游局主导的，在综合分析县域旅游资源特点和社会经济技术条件基础上，提出旅游发展策略、改善旅游环境、提升旅游发展水平。其核心内容包括县域旅游资源与环境分析、旅游发展战略、旅游产品及项目规划、旅游线路规划和旅游市场营销等。

（5）土地利用总体规划。土地利用总体规划（以下简称"土地规划"）是国土部门主导的，在一定区域内，根据国家社会经济可持续发展的要求和当地自然、经济、社会条件，对土地的开发、利用、治理、保护在空间上、时间上所作的总体安排和布局，是国家实行土地用途管治的基础。其核心内容在于对不同地块土地利用性质的确定和划分，提出并确定城乡建设用地、基本农田、林业用地、交通设施用地等各项土地利用类型的规模指标和空间分布。同时根据土地基本用途和土地利用类型的不同，从县域层面划分合理的土地利用分区并提出相应的空间管治措施。

（6）城乡规划。县域层面的城乡规划相比于其他类型的规划种类和名目最为丰富。但是涉及区域层面的法定规划主要有县域村镇体系规划（以下如无特殊说明皆表述为村镇体系规划）和及其下位的城市总体规划（含城镇体系规划），均由建设部门主导。

村镇体系规划是政府调控县域村镇空间资源、指导村镇发展和建设，促进城乡经济、社会和环境协调发展的重要手段，根据《县域村镇体系规划编制暂行办法》，县域村镇体系规划应当与县级人民政府所在地总体规划一同编制，也可以单独编制，但现实来看，以单独编制为主。其核心内容是在城乡统筹发展思想指导下，研究城乡发展现状，预测县域城镇化水平并提出城乡发展战略，确定城乡居民点的空间、规模和职能三大结构，以及城乡公共服务设施和基础设施布局网络（简称"三结构—网络"），制定村庄整治和建设的分类管理策略等。

城市总体规划（以下简称"总体规划"）主要解决中心城区用地布局、公共设施和市政设施网络、交通网络、生态环境、水系、景观、旧城更新、空间管治等方面的规划问题。根据《城市规划编制办法》，在城市总体规划纲要阶段，应原则确定市（县）域城镇体系的结构和布局，应编制县域城镇体系规划。涉及整个县域层面的规划内容主要为与城市总体规划一同编制的县域城镇体系规划。其基本内容与村镇体系规划类似，但是覆盖的广度与深度不够，对农村居民点缺乏关注。

2. 县域各类规划的共性分析

（1）空间载体相同。以上各项规划的空间载体都是县域全部国土空间，所作的研究、确定的布局和规划的视野都是在县域的全部国土空间内展开。

（2）规划背景相同。各类规划都考虑国家、区域、县域推出的一系列宏观政策背景，准确把握各个层级所处的发展阶段及发展特色，并准确判断规划期限内地区各项相关内容的发展趋势。

（3）规划基础相同。不考虑规划编制的时间差异，各类规划都面临着同样的县域人口、经济、资源、环境的特征和发展概况，必须广泛的收集县域乃至区域的国土、交通、人口、设施、经济社会等一系列基础资料和数据，作为规划编制的基础。同时各项规划都必须遵循一定的经济社会发展理论，如集聚扩散理论、级差地租理论等，也必须借助于一定的辅助软件，如 office、CAD、GIS、SPSS、photoshop 等。

3. 县域各类规划的差异性分析

（1）规划管理的差异。发展规划由发改部门主导编制，报县级人民代表大会审议通过。主体规划也是由发改部门主导编制；生态规划由环保部门主导独立编制，报省政府审批；旅游规划由旅游局主导独立编制，报省政府审批；土地规划由国土部门主导编制，报省政府审批，在上级规划所分解和分配的用地指标的基础上自上而下编制；村镇体系规划和总体规划由建设部门主导独立编制，报省政府审批。

（2）规划类别的差异。发展规划、村镇体系规划和总体规划都属于综合型规划，包含了人口、产业、设施、建设等各个方面，涉及面较广，内容较为齐全。主体规划和土地规划属于基础型规划，为其他规划划定各个区域的开发强度和各项用地边界，是其他编制的基础。生态规划和旅游规划相比上述各项规划而言属于专项型规划，都是针对生态环境保护、旅游业发展等某一特定的专项内容编制的具体规划。

（3）规划目标的差异。发展规划的主要目标在于引导经济社会建设；主体规划编制的主要目标在于推进形成人口经济资源环境协调发展的国土空间开发格局；生态规划编制的主要目标在于建设生态文明；旅游规划编制的主要目标在于促进旅游业发展；土地规划编制的主要目标在于合理利用土地，保护耕地；村镇体系规划规划编制的主要目标在于统筹城乡发展，加强县域村镇的协调布局；总体规划编制的主要目标在于指导城市综合建设。

（4）规划实施的差异。在实施力度上，发展规划、生态规划和旅游规划都表现为指导性，即确立相关目标并提出实施途径；主体规划表现为约束性，即通过划分不同的主体功能区来限定各个区域发展的主体功能。土地规划表现为强制性，即一旦划定用地指标和边界，即具有法律效益，必须保证强制执行，不能随意更改；村镇体系规划和总体规划表现为指导性和约束性双向特征，即一方面两者是指导空间布局和经济社会发展的重要依据，另一方面经依法批准的城乡规划，是城乡建设和规划管理的依据，未经法定程序不得修改。在规划期限上，发展规划最短，一般以 5 年为一个周期，故称为"五年规划"；主体规划和土地规划的规划期限一般为 10～15 年；生态规划和旅游规划的规划期限一般为 10 年；村镇体系规划和总体规划的规划期限则一般为 20 年。在实施计划上，依次分别有年度政府工作报告、近期开发强度、近（中）远期指标规划、行动计划、年度用地指标、近期发展规划、近期建设规划作为指导。

　　总体来说，县域各种规划自成体系、内容冲突、缺乏衔接协调（表 8-1）。

表 8-1　县域层面主要规划对比分析列表

大类	细类	国民经济和社会发展规划	主体功能区规划	生态县建设规划	旅游规划	土地利用规划	城市总体规划
管理	主管部门	发展改革部门	发展改革部门	环境保护部门	旅游部门	国土资源部门	城乡规划部门
	规划类别	综合规划	综合规划	专项规划	专项规划	专项规划	综合规划
	规划特性	综合性	综合性	专项性	专项性	专项性	综合性
编制	编制依据	国民经济和社会发展建议	国民经济与社会发展规划、党代会	上层次生态环境功能区规划	国民经济和社会发展规划	上层次土地利用规划	国民经济和社会发展规划
	主要内容	经济社会发展战略目标与重点项目安排	明确四类功能定位、目标、方向和开发原则	划定四类功能区、明确保护与控制要求	旅游发展战略及旅游项目规划	耕地保护范围、用地总量及年度目标	项目空间布局、建设时序安排
	编制方式	独立	独立	自上而下、统一	独立	自上而下、统一	独立
审批	审批机关	本级人大	本级人大	本级人大	上级政府	省市人民政府（或国务院）	省市人民政府（或国务院）
	审查重点	发展速度和指标、重点项目	四类主体功能区	生态环境功能分区	旅游资源的开发	耕地占补平衡、各类用地指标	人口与用地规模
	法律地位	宪法	—	环境保护法	—	土地管理法	城乡规划法

（续）

大类	细类	国民经济和社会发展规划	主体功能区规划	生态县建设规划	旅游规划	土地利用规划	城市总体规划
实施	实施力度	指导性和约束性	约束性	约束性	约束性	强制性	约束性
	实施计划	本级政府年度工作报告	—	年度环境质量公报	近期建设计划	年度用地计划	近期建设规划
	规划年限	5 年	—	一般 10 年	一般 10 年	一般 15 年	一般 20 年
监督	监督机构	本级人民代表大会	—	本级人大	—	上级政府乃至国务院	本级人民代表大会审议、上级政府乃至国务院
	实施评估	政府年度报告及中期评估				执法监察	规划编修
	监测手段	统计数据	—	现状调查	现状调查与统计数据	卫星、遥感	报告、检查

（二）"多规合一"的提出

习近平总书记在 2013 年 12 月中央城镇化工作会议提出了"建立统一的空间规划体系、限定城市发展边界、划定生态红线、一张蓝图干到底"的要求，国家发改委、国土部、环保部和住建部四部委也于 2014 年 11 月联合下发了《关于开展市县"多规合一"试点工作的通知》，提出在全国 28 个市县开展"多规合一"试点。

什么是"多规合一"？"多规合一"是指推动国民经济和社会发展规划，城乡规划、土地利用总体规划、生态环境保护规划、基础设施和服务设施规划等各空间类规划的相互融合和衔接，融合到一张可以明确边界线的县（市）域图上，实现一个县（市）一本规划、一张蓝图，解决现有的这些规划自成体系、内容冲突、缺乏衔接协调等突出问题。

"多规合一"的核心是从发展战略上高度协调各项规划，最终为社会全面发展营造良好的环境。"多规合一"的根本目的，在于探索"以人民为本"的城市建设和发展新模式，促进综合规划的科学决策、民主决策和依法决策，统一规划愿景、统一各方思想、凝聚人民共识，形成社会各界建设与管理美好城乡的巨大动力。

目前试点地区试验效果初显，但效果并不尽如人意。全国也已经有部分多县市完成"多规合一"规划的编制，更有许多其他县市也在积极探索编制"多规合一"规划。

（三）乡村振兴规划给"多规合一"带来希望

乡村振兴规划是按照产业兴旺、生态宜居、乡风文明、治理有效、生活富裕的总要求，在重新审视新时代下乡村与城市、农业与产业、农村与乡村、农民与居民四大关系基础上，坚持城乡融合、"三生"融合，一二三产融合以及产居融合，统筹生态保护与建设、产业发展、基础设施与公共服务设施建设、土地利用、社会保障与体制改革、乡村治理、文化保护与传承，在充分尊重我国乡村多样性与差异性基础上，提出符合实际、富有当地特色的乡村振兴战略与建设实施路径。

从上文可知，"多规合一"规划与各类规划之间的关系是纵向上的上位规划与下位规划的关系。"多规合一"规划是向上承接国家、省级规划，向下统筹市县各类规划，明确市县发展目标和空间格局。习近平总书记在会见全国优秀县委书记时指出，县一级处在承上启下的关键环节，是发展经济、保障民生、维护稳定的重要基础。2018年的中央1号文件提出，实施乡村振兴战略要实行中央统筹、省负总责、市县抓落实的工作机制。由此可见，县域乡村振兴规划是落实"多规合一"的最理想空间。

"多规合一"不是简单的重新编制一个新的规划，而是在现有社会经济体制和法律框架下，理顺多个规划在编制和实施管理过程中各个环节、各个方面的关系，有效界定规划管控边界，统一技术内容，创新规划实施和反馈机制，建立信息化规划管理手段，实现一种多层次、全方位的融合。乡村振兴涉及产业发展、生态保护、乡村治理、文化建设、人才培养等诸多方面，相关领域或行业都有相应的发展思路和目标任务，有的县市已经编制了各种专项规划，但难免出现内容交叉、不尽协调等问题。通过编制县域乡村振兴规划，在有效集成各专项和行业规划的基础上，对县域内乡村振兴的目标、任务、措施作出总体安排，有助于统领各专项规划的实施，切实形成城乡融合、区域一体、多规合一的规划体系。显然，县域乡村振兴规划是实现"多规合一"的有效手段。

二、乡村振兴规划引领下的"多规合一"实现路径

目前国内各部门的相关规划都无法实现对城乡空间发展方向和管控措施的全面统筹，但是各部门的相关规划都在本部门的事权范围内发挥着重要的作用。因此，乡村振兴规划引领下的"多规合一"体系建立的核心目标是从战略高度对各部门的相关规划进行整合。首先树立多项规划协调工作的基本理念，其次创新多项规划统一调度的技术手段，最后建立多项规章统筹调整的政策法规。具体来说是要实现行政区域内各类规划的规划目标、技术体系、组织结构、运行机制、多方参与的"五个合一"。

（一）价值观念的合一

虽然县域各规划有各自的目标，各部门有各自的利益，但不管是重在经济发展、城乡融合、土地布局，还是重在环境保护，最终都要统一到乡村的整体发展上来，要以区域整体发展为依据，把县域乡村发展和人民福祉作为唯一的发展目标和价值追求。

（二）技术体系的合一

乡村振兴规划编制工作要建立在统一基础数据、统一技术标准和方法以及统一用地分类之上，形成"一张图"指导规划工作。在规划实施过程中，各部门的信息共享尤为重要，要通过统一的管理平台进行数据的更新维护，以实现空间资源的有效利用。

1. 统一规划编制期限和时序

（1）合理确定规划期限。针对各类规划编制期限不同的现况，首先应综合考虑相关法律法规和不同规划的期限要求及特点，对规划期限予以明确，可以参考按照近、中、远三个期限，明确"多规"的中期考核年限和远期考核年限，作为不同类型规划考核目标完成情况的统一节点，按照近实远控的原则实现规划目标、任务的协调衔接。此外，编制统一年限为五年一次。

（2）协调规划编制时序。遵循定位明确、功能互补、统一衔接的要求，按照"多规"体系，指导"多规"相关部门依循"事权划分、层级分明"的原则，编制本部门内的各级相关规划。首先，理清规划思路、编制形成顶层规划，成为统领经济社会全面发展的纲领。其次，规划部门的城市总体规划、国土部门的土地利用规划及环保部门的环境保护规划等，应在顶层设计上确立的发展思想、目标、确定空间布局、管制要求等，同步修编、联动审议。在此基

础上，推动其他各个部门开展专项规划。最后，在上级专项规划的指引下，推进各下辖行政单元开展相关规划的对接，实现复合联动的规划体系。

2. 统一规划空间布局约束框架

推进乡村振兴规划引领下的"多规合一"协调发展的先决条件是共同遵循地方发展框架。关键要引导各个部门共同参与蓝图的设想与规划，形成包括生态红线、永久基本农田、城镇增长边界等管控红线，确保各项规划既合得起又分得开。

（1）按照生态评价基础，划定生态红线。生态红线是指为保障国家生态安全和促进区域的可持续发展，维护国家生态安全的关键地区及人类社会生存发展必须进行严格管理与维护的关键生态保护区域的边界线。需从地方资源和生态环境出发，按照保护优先、协调发展、从严管理的原则，依法设立的各级各类保护区域、脆弱区、生态环境敏感区等划入生态红线范围。

（2）按照农业发展要求和地力条件，划定永久基本农田。贯彻落实中央最新政策要求，遵循耕地保护优先、数量质量并重的原则，按照布局基本稳定、数量不减少、质量有提高的要求，严格划定永久基本农田保护红线。划定过程结合土地二调资料，将集中连片、质量等级高和土壤环境安全的优质耕地优先划为永久基本农田。

（3）按照城市现状基础和发展导向，划定城镇增长边界。遵循集约节约、紧凑高效的原则，全面开展基础条件和需求分析，结合经济社会发展需求，测算一定时期城市发展规模，与生态红线、永久基本农田保护边界相结合，确定城镇增长边界，用于规划期内的城市发展控制区域。控制边界内不仅包括城镇建设用地布局区域，还包括城市潜在增长空间，即城市发展所需的生态用地、有条件建设区域，城市远期发展谋划的重大平台及重点项目，但目前未纳入建设用地规模的，可以考虑纳入该控制边界。在城镇增长边界内，也可进一步按照环境承载力和经济发展需求，划定重大产业区块控制边界。以资源环境承载力评价为基础，确立地方未来产业集聚发展的空间区域，改变工业企业布局分散、新项目大项目布局落地随意等问题。一般而言，产业区块要集聚集中，规模要与地方发展定位协调一致。

3. 统一规划技术对接标准

（1）统一基础数据统计口径。"多规合一"涉及规划主体多元、基础数据繁杂与数据统计口径不一等问题，给多规协调融合带来不便，解决此问题的关键是采用统一人口、经济社会与土地等相关基础数据的统计口径。例如：经济和社会数据应以基期年统计年鉴为基础。而对人口统计而言，常住人口比户籍人口更能准确反映地方实际人口规模，同时常住人口指标还可以更加精准地体现"多规"目标中涉及人均的结构性和比例性指标数据，因此建议"多规"规划应采用同一来源的常住人口数据。在土地利用数据上，由于国土部门的土地利用总体规划是根据土地详查资料和土地利用变更调查的更新成果不断更新的，其中土地利用变更调查的成果是在遥感影像的基础上经实地调查核实形成的，可信度较高，因此，建议"多规"中土地利用数据应使用国土部门土地利用总体规划的数据。

(2) 统一空间图件编制标准。统一用地分类是确保同种类型用地在面积和空间布局上对应的前提，针对城乡建设区内外不同的土地管控要求，建议在城乡建设区外使用国土部的《土地分类》标准，以增强对基本农田资源管控的要求，而在城乡建设区内采用《城市用地分类与规划建设用地标准》，以增强对建设用地的管控要求。同时，对《土地分类》标准和《城市用地分类与规划建设用地标准》之间对接的标准进行研究，加强"两规"的衔接性。针对"多规"使用的不同坐标体系，建议统一转化为1：2 000的国家大地坐标系，既满足国家启用新大地坐标系的要求，又便于更大空间尺度上的规划对接。

(3) 统一"两规"差异"斑块"。在实现空间图件用地分类内涵和使用范围对接的前提下，对于"多规合一"过程中，以城乡规划与土地利用规划为主的建设用地的"斑块"差异，在确保"总量控制"之下，建议以重点项目布局、现状用地性质等情况为依据，研究确定差异协调原则和方法，提出分类差异处理建议，对于争议较大的"斑块"，提请规划协调平台审议。在此基础上，对差异图斑的具体处理情况逐一建档，最终实现"多规"图层叠合，确保空间的无缝衔接。

4. 统一规划公共信息平台

(1) 统筹建设公共信息平台。依托已有的数字城市、智慧城市系统以及在国土、规划、发改与环保等各级各部门现存数据库的基础上，通过"提升已有、创建未有、链接所有"的方针，建设由一个公共信息主平台和多部门子平台构成的"1＋X"公共管理信息平台。平台将打造统一的后台基础数据库、统一的规划编制平台和统一的规划信息查询、审批办公系统三大主体功能，通过制定公共信息管理平台基础数据对接标准，实现各规划编制部门资源共享与整合，实现信息数据的快速导入。

(2) 协调各子系统的运作方式。各规划编制部门子系统均具有公共信息平台基础数据的访问接口和一个自身规划编制与业务办公的子平台，可通过接口直接获取规划基础数据，并在权限范围内对其他子系统上传的相关信息进行访问查询，实时地将规划编制、审批、项目选址与审批、土地储备、土地报批、环保监测和评价等信息录入数据库，供其他部门调用，真正实现各部门之间的信息联动。

（3）实现"一张图"管理模式。利用空间信息软件，将"多规"规划中所需使用的用地界限、规划信息、建设项目具体内容等多种信息数据整合到"一张图"上，并利用信息化手段，将"一张图"成果通过公共管理信息平台展现出来，在各业务部门中落实控制红线，并为后续联合办公（如项目立项、审批、选址、用地审核和项目后续管理等）提供可能性。同时，应以此为契机加快行政审批程序的改革，减少审批过程环节和缩短审批时间，实现"报得进，审得快，批得出"，提高政府的服务效能，远期真正实现"零审批"。

（三）组织结构的合一

通过政府牵头，加强领导，形成合力，有目标、有举措、有步骤地落实乡村振兴战略。规划中要明确事权层级、事权责任、事权管理和事权合作，纵向上建立自上而下的监督协调机制，横向上通过"一个平台"实现真正的跨部门合作。

1. 加强组织领导

为了保障"多规合一"工作顺利的推进，建议成立一个"多规合一"领导小组，以便指导工作的开展，协调解决"多规合一"重大问题和事项。

领导小组办公室主任由县（市）委书记、县（市）长或常务副县（市）长兼任，各地规划局、发改委、国土局、环保局等单位主要负责同志为办公室组成人员，具体负责"多规合一"工作组织协调和调度推进工作。

2. 强化工作指导

建议成立更高层面的"多规合一"规划指导组，如省（市）级层面指导组，可由省（市）住建厅、发改委、国土厅、环保厅等部门按照工作分工，自上而下对"多规合一"工作进行协同、指导和监督，确保"多规合一"工作科学高效完成。

3. 完善实施机制

进一步完善实施机制，通过对生态红线、开发边界等规划强制性内容立法和发布"多规合一"运行、管理、监督考核等层面规章条例，完善部门业务联动制度，优化建设项目审批制度，建立"多规合一"监控考核制度和"多规合一"动态更新维护制度，以期保障"多规合一"工作的顺利开展。

4. 明确资金保障

根据"多规合一"不同时期的工作任务和工作计划，保障财政等相关工作经费，并积极争取上级资金的补助，以期确保工作的顺利开展。

5. 制定监督措施

要求各级各部门要严守工作纪律，提高工作执行力和效率。政府督查室、监察局要加强督促检查，严格跟踪问效。对因工作不力、措施不到位而影响整体工作推进的单位和人员，采取约谈、通报等形式予以督促，对不能按时完成规划目标任务的，按照相关规定追究责任。

（四）运行机制的合一

在制定规划上，要使各部门协调整合形成一套完整的"一站式"运行机制，在规划编制阶段统一目标和指标，建立并联协同审批机制，在规划实施阶段，各部门及时反馈、不断更新、互相监督，最终完成规划的实施效果评价。

1. 组建规划协调小组

在目前的行政管理体制下，充分尊重各主管部门的法定规划职能，按照推进"多规合一"的目标，建立由县（市）委书记、县（市）长或常务副县（市）长兼任的，各部门共同参与的规划协调小组。协调小组的主要职责在于联合审议各类规划，监督各规划重要内容的实施，及时发现规划偏差，组织部门会议，敦促相关修改。

2. 建立规范化的规划修改流程

对于提交规划协调平台审议后确需修改的实施问题，要启动规划修改流程。对不涉及强制性内容同时不需修改其他同级规划的，经同级规划协调平台核准后允许修改并上报原审批机构备案。对涉及强制性内容或需联动其他规划修改的，必须组织具有资质的规划编制机构进行专题论证同时形成专题报告，将专题报告报经同级规划协调平台讨论核准后向原审批机构报送修改请示，经审议、公示后方可开展相应的修改工作。任何对"多规"相关内容的修改，都必须同步反馈至"一张图"的公共管理信息平台中，同时以更新后的"一张图"公共管理信息平台为蓝本，要求各部门其他相关规划协同修改，确保在"多规"体系内各项规划的无缝衔接。

3. 改革规划审批制度

为推动地方发展的权责一致，应积极探索下放部分规划的审批权限，使地方政府真正成为规划编制和实施的主体，增强主动性、积极性和能动性。具体而言，可以考虑将事关地方发展的"顶层规划"的审批权归属于上级政府，由其完成相关总体战略和管控审批，监管控制重要约束性指标，如耕地保有量、开发强度等；其他如城乡规划、土地利用规划及基础设施与公共服务等有关地方具体发展的规划都由地方各部门编制，并由地方政府审批，真正实现需求安排与实施操作相结合、相统一。规划中期或规划期末，上级政府可以组织开展重点指标、重大任务的监测评估，推动地方在合理框架内最大程度地实现自主发展。

4. 建立规划实施联动反馈机制

按照乡村振兴"多规合一"的规划体系，积极敦促各部门推动规划实施，监管各指标、任务推进情况及实施效果，对土地利用、城乡建设、环境规划等有关地方保护和发展的重要规划，要建立起常态化的评估制度。对规划实施评估结果，应及时反映至规划协调平台，对与规划预期有较大偏差的，应组织开展部门联合审议或问题备案，共同研讨解决途径或启动规划修编。

（五）多方参与的合一

目前，在我国城乡规划中，规划的参与程度在不同地区呈现出不同的水平，但是总体来说，参与程度和参与机制相对来说还是不够健全，导致规划的总体公众参与水平低。规划是公共政策，规划成果更是与我们每个人息息相关。"多规合一"不只是规划部门的工作，更需要政府部门、人大、社会以及公众的多方参与，共同监督。通过政府、村集体、农民、企业等多元主体参与，努力破解"在哪振兴、如何振兴、谁来振兴、依何振兴、持续振兴"等难题，真正实现乡村振兴。

三、乡村振兴规划引领下的"多规合一"内容体系

（一）乡村振兴规划总论

1. 认识乡村振兴规划

乡村振兴规划是经济社会发展规划和区域建设总体规划的一体化规划，为"多规合一"规划。

2. 规划编制流程

我国的规划编制工作，一般是三方参与。三方分别是政府主管部门、规划的委托方、规划的被委托方（编制方）。其中，政府主管部门是指规划区域所在地的乡村振兴主管部门；委托方是乡村振兴规划需求方，又称甲方。

3. 规划的范围、分类、期限及法律法规依据

（1）规划范围。适用的对象是以县域为基本单位的乡村区域，其范围涵盖县行政辖区内的全部乡村区域（乡镇、村庄及农村全部区域）。

（2）规划分类。根据乡村的空间尺度，本书将乡村振兴规划分为乡村振兴战略规划、乡/镇/聚集区规划、村庄规划、重点项目规划。又根据深入程度在乡村振兴战略规划之后增加一级乡村振兴总体规划。

（3）规划期限。建议与国家 2020 年、2035 年、2050 年的乡村振兴实施阶段相协调。

（4）法律法规。遵循《中华人民共和国城乡规划法》及国家相关法律法规、技术规范标准。

4. 乡村振兴规划技术线路

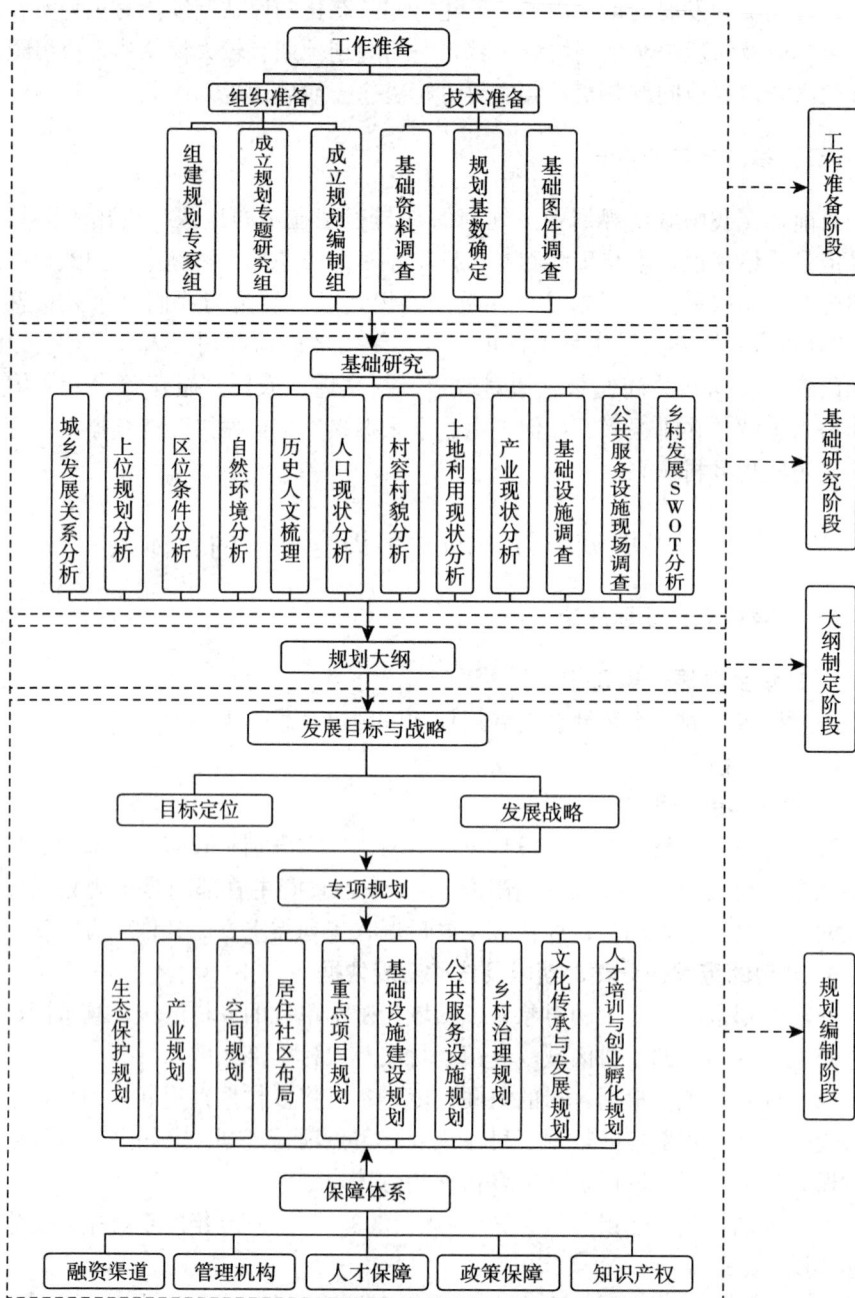

图 8-1 乡村振兴规划技术线路示意图

（二）乡村振兴规划综合分析

1. 现场调研

为保证乡村振兴规划科学、合理、可落地、可实施，要对场地现场踏勘、调研，一般包括乡镇调查，产业资源考察，村庄入户调研，重点企业考察访谈，自然资源与人文资源考察和问卷调研等。

2. 城市与乡村发展关系分析

分析城乡要素流动、城乡市场流动、城乡空间格局、城乡生态空间、产业梯度、城乡文化认同、城乡融合发展机制等。

3. 乡村发展现状分析

包括上位规划分析、区位条件分析（地理区位、经济区位、旅游区位、交通分析）、产业现状分析（一产、二产、三产）、自然环境分析、历史人文梳理、人口现状分析（户籍人口和常住人口）、村容村貌分析、土地利用现状分析、基础设施调查和公共服务设施现场调查等。

4. 乡村振兴研判

根据分析结果，确定乡村发展的机遇、优势条件、制约因素及需要突破的难点、挑战。

（三）乡村振兴规划战略定位

1. 总体定位

在国家乡村振兴战略与区域城乡融合发展的大格局下，运用系统性思维与顶层设计理念，坚持乡村可适性原则，确定乡村发展的总体定位。

2. 目标体系

在国家总体要求下，确定乡村振兴有关的产业、经济、人居及文化的具体目标。

3. 发展战略

依托现状条件，提出适用于本地区发展的战略。乡村振兴发展战略一般有城乡融合发展战略、农业产业发展战略、优势品牌产品优化战略、农村社区提升与布局优化战略、农业农村信息化战略、社区治理体系战略、文化复兴战略、基础设施与公共服务设施优化战略等。

（四）乡村振兴专项规划

1. 生态保护规划

统筹山水林田湖草生态系统，加强环境污染防治、资源有效利用、乡村人居环境综合整治、农业生态产品和服务供给，创新市场化、多元化生态补偿机制，推进生态文明建设，提升生态环境保护能力。

（1）生态保护与建设规划。依据生态敏感度评价、环境容量核算及生态功能评估，做好区域生态区划、环境污染防治规划、资源利用规划及乡村人居环境综合整治规划，构建生态安全战略格局，推进生态文明建设。

（2）农业生态环境治理与保护规划。坚守耕地红线，大力实施农村土地整治，开展土壤污染治理与修复技术应用试点；通过人工种养殖以及退耕还林、退耕还湿、退牧还草、退耕还草等工程的实施，修复林业、湿地、草原生态系统，维护生物多样性；实施循环农业示范工程，构建生态化产业模式；开展生态绿色、高效安全、资源节约的现代农业技术的研发、转化及推广利用；推动畜禽粪污、秸秆等农业废弃物的资源化利用及无害化处理；推进绿色防控技术的广泛应用，逐步减少化学农药用量，保护生态环境。

（3）乡村人居环境综合整治。以生态宜居为目标，因地制宜推进乡村村容村貌及环境卫生整治。保护保留乡村风貌，推进违法建筑整治，强化新房建设管控，开展田园建筑示范；完善农村生活垃圾"村收集、镇转运、县处理"模式。鼓励就地资源化，根据需要规划垃圾集中处理设施和垃圾中转设施；整县推进农村污水处理统一规划、建设、管理，优化、确定污水集中处理设施的选址和规模；确定乡村粪便处理的方式和用途，鼓励粪便资源化处理；深化"厕所革命"。推进农村无害化厕所建设及合理布局，并积极探索引入市场机制建设管理；实施农村清洁工程，开展河道清淤疏浚。

（4）资源利用规划。依托生态资源，结合旅游发展，规划建设一批特色生态旅游示范村镇、观光农业园、田园养生综合体及自然生态教育基地等。

2. 产业规划

充分考虑国际国内及区域经济发展态势，分析自身产业发展基础及现状、外部产业发展竞争环境、明确产业优势及特色，提出产业结构调整目标、产业发展方向和重点，提出一二三产业融合发展的主要目标和发展战略。

（1）现代农业发展规划。以绿色农业、农业现代化为目标，针对农业发展问题，从农业研发、农业生产、农业服务三大层面，做足前段，实现后延，构建农业产业体系、生产体系和经营体系。划定和建设粮食生产功能区、重要农产品生产保护区；支持新型经营主体和工商资本投入高标准农田建设；因地制宜，优化农业生产布局；深化农业科技体制改革，改善研究条件，打造现代农业产业科技创新中心，增强科技成果转化应用能力。实现科技引领下的农业增效；培育农产品品牌实现一村一品、一县一业；加快实施"互联网＋"现代农业行动，推进互联网农业小镇的建设，加强农业智慧化建设及应用；创新县乡农村经营管理体系，引进和孵化新型经营主体，积极发展多种形式适度规划经营。

（2）一二三产融合规划。以农业生产为基础，在提升农业现代化水平基础上，根据当地发展条件及外部需求，确定一二三产融合的实现路径及关联性产业组合，构建产业链或产业集群。

（3）产业布局规划。统筹规划县域乡村三次产业的空间布局合理确定农业生产区、农副产品加工区、产业园区、物流市场区、旅游发展区等产业集中区的选址和用地规模。

（4）产业服务设施规划。根据产业发展目标及产业体系构建综合配套产业生产服务设施（农业品种培育交易服务、农科技术研发转移服务、职业农民培训管理服务等）、经营服务设施（经营主体管理服务、科技融资服务、预警监管服务等）、产业服务设施（创业孵化平台、农产品流通与冷链管理等）。

（5）产业园区规划。在明确区域产业规划的前提下，为主导产业、跟随产业和支撑产业的发展规划若干专业的产业园区。

3. 空间规划

空间规划重新定义乡村振兴战略下的区域发展格局，是实现城乡空间有效融合，营造生产、生活、生态融合的空间，是重要节点和公共空间的布局设计。

（1）空间管制。划定永久基本农田保护区控制线、基本生态控制线、弹性增长边界控制线、刚性增长边界控制线、建设用地规模控制线五类控制线；划定禁止建设区、严格限建区、一般限建区、适宜建设区四区；划定生态敏感区、水源涵养区、文化保护区、耕地保护区、城镇发展功能区、农业生产空间功能区等空间。

（2）空间总体布局。明确县城域内城镇化区、聚集区、永久现代农村地区等发展结构空间结构框架与职能定位。

（3）用地结构调整及布局。根据空间总体布局及国民经济和社会发展目标，结合气候条件、水文条件、地形状况、土壤肥力等自然条件以及人口未来发展需求等，确定农地转用、生态退耕、土地开发和整理、耕地占补挂钩等用地结构调整计划及总体布局，以达到集约化、高效率利用。

4. 居住社区布局

（1）提出县域居住区域集中建设、协调发展的总体方案和村庄整合的总体安排，结合原有的城镇体系规划，构建县城区（县政府驻地）之外的乡镇，综合发展结构（非建制镇属性的特殊小镇、田园综合体等）、乡村居住社区（包括村庄）三级体系；预测各级体系的人口规模、建设用地规模及范围。

（2）根据经济实力、与城区的关系、产业发展、交通条件等指标，对乡镇综合体村庄社区三级布局进行分类发展指导。

（3）居住社区规划要尊重现有的乡村格局和脉络，尊重居住区与生产资料以及社会资源之间的依存关系，要确保村庄整合后村民生产更方便、居住更安全、生活更有保障。应特别注重保护当地历史文化、宗教信仰、风俗习惯、特色风貌和生态环境等。

（4）基于生态宜居目标，结合产居融合发展路径，提出乡村建设与整治的原则要求和分类管理措施，重点从空间格局、景观环境、建筑风貌、污染治理等方面提出村容村貌建设的整体要求。

5. 重点项目规划

打造一批重点项目，比如，农旅融合项目规划、田园综合体项目规划、共享农庄项目规划、休闲农业项目规划，形成空间上的落点布局。

6. 基础设施建设规划

以提升生产效率、方便人们生活为目标，对生产基础设施及生活基础设施的建设标准、配置方式、未来发展作出规划。主要包括交通系统、地下管线系统、给排水系统、能源系统、环卫系统、绿地系统、智慧系统等。

（1）交通系统。确定各级公路线路走向；水网地区明确航道等级和走向，确定县域汽车站、火车站、港口码头等交通站场的等级和功能（客运、货运），提出其规划布局；确定批发市场的物流点和规划布局。

（2）给排水系统。预测县域用水量（包括工农业生产用水、生活用水、生态用水），确定县域供水方式和水源（包括水源地和水厂的选址和规模）；确定排水体制，提出雨水、污水处理原则，划分排水分区，估算污水量，确定污水处理率和处理深度，并布局污水处理厂等设施；推进节水供水，打造协调生态水网。

（3）能源系统。根据地方特点确定主要能源供应方式；预测县域用电负荷（包括工农业生产用电、生活用电），规划变电站位置、等级和规模，布局输电网络；确定燃气供应方式，提倡利用沼气、太阳能、地热、水电等清洁能源。

（4）智慧乡村系统。做好数字乡村整体规划设计，加快乡村宽带光纤网络和第四代移动通信网络覆盖步伐，开发适应乡村的信息技术、产品、应用和服务，推动远程医疗、远程教育、远程控制、网络销售等的应用普及。

7. 公共服务设施规划

以宜居生活为目标，积极推进城乡基本公共服务均等化，统筹安排教育、医疗卫生、文化娱乐、行政管理与社区服务、商业金融服务、科技创新、社会福利、集贸市场等公共服务设施的布局和用地。公共设施的配置可参考《镇（乡）域规划导则（试行）》的规定，做适当调整。

8. 乡村治理规划

以乡村新的人口结构为基础，遵循市场化与人性化原则，综合运用自治、德治、法治等治理方式，建立乡村社会保障体系、社区化服务结构等新兴治理体制，满足不同乡村人口的需求。

9. 文化传承与发展规划

遵循"保护中开发，在开发中保护"的原则，对乡村历史文化、传统文化、原生文化等进行以传承为目的的开发，在与文化创意、科技、新兴文化融合的基础上，实现对区域竞争力以及经济发展的促进作用。

（1）文化保护。保持乡村的空间肌理与特色风貌；加强历史文化名城名镇名村、历史文化街区、名人故居保护，实施中国传统村落保护工程，做好传统民居、历史建筑、革命文化纪念地。农业遗产、灌溉工程遗产等的保护工作，抢救保护濒危文物、古树名木，实施馆藏文物修复计划；传承地域习俗、风情文化、传统工艺等非物质文化遗产。规划区中含有历史文化名镇、名村，以及重大价值的特色街区、历史文化景观、非物质文化遗产的乡村，应参照相关规范和标准编制相应保护开发规划或规划专题。

（2）文化创意。以文化创意为手段，以产业孵化为机制，通过"创意业态设计＋创意产品打造＋创意氛围营造＋创意机制保障"，实现文化的创新性活化。

（3）融入生产生活。突破文化的静态展示模式，通过业态的复合、文化意境的营造、节庆活动的举办等手段，将文化融入到居民的日常生活行为中，打造浸入式体验感。

10. 人才培训与创业孵化规划

统筹乡村人才的供需结构，借助政策、资金、资源等的有效配置，引入外来人才、提升本地人才技能水平、培养职业农民、进行创业创新孵化，形成支撑乡村发展的良性人才结构。

（1）人才培训。对照《国务院办公厅关于支持返乡下乡人员创业创新促进农村一二三产业融合发展的意见》等文件，细化政策，构建由政府、市场化培训机构、企业培训、院校培训、网络培训、能人培训等组成的多层次、多元化培训体系；加强对农民及返乡创业人员的及时技术指导及跟踪服务；建立国内外乡村人才交流平台，通过座谈会、大讲堂、现场交流等活动，引进国内成熟地区及国外的先进经验及管理模式。

（2）创业孵化。创设创新财税、金融、用地、用电、科技、信息、人才、社会保障等配套政策措施，构建全链条优惠政策体系，吸引创业创新人员及企业；依托现有开发区、农业产业园等各类园区以及专业市场、农民合作社、农业规模种养基地等，整合创建一批具有区域特色的返乡下乡人员创业创新园区；通过政府购买服务、以奖代补、先建后补等方式，制定奖补政策，支持乡村就业创业项目；通过深化"放管服"改革，简化市场准入，完善政府政策咨询、市场信息等公共服务，激活市场、要素和主体活力。

（五）保障体系

乡村振兴发展综合性很强，需要协调各方面的关系，需要各个部门的配合，只有统筹各部门的合作，乡村振兴规划才能顺利实施。乡村振兴支持保障体系建设的内容包括：管理与指导机构建设、乡村振兴融资保障、乡村振兴相关标准化建设、政策支持、人力资源支持、土地供给等。

（六）分期行动计划

基于以上总体目标及总体规划要求，形成制度框架和政策体系，确定行动目标；分解行动任务，比如深入推进农村土地综合整治，加快推进农业经营和产业体系建设，农村一二三产业融合提升，产业融合项目落地计划，农村人居环境整治三年行动计划等，制定部门及负责人，明确推进节奏及各阶段实现成果。同时制定政策支持、金融支持、土地支持等保障措施，最后安排近期工作。

（七）规划成果

乡村振兴规划可以按照上述规划体系一体化编制，也可以分为五个层次进行编制，按照顶层战略、总体布局、落地聚集区、村庄、重点项目建设的递进层级，分步提交相关成果（表 8-2）。

表 8-2　乡村振兴规划成果体系表

规划分类	规划文本主要内容
乡村振兴战略规划	在现状调研与背景分析的基础上，就生态保护、产业、空间、居住社区、基础设施、公共服务设施、乡村治理、文化传承与发展、人才培训与创业孵化等规划内容，从方向与目标上进行总体决策、不涉及细节指标
乡村振兴总体规划	就提出的生态保护、产业、空间、居住社区、基础设施、公共服务设施、乡村治理、文化传承与发展、人才培训与创业孵化等规划内容，重点结合土地、空间布局与重大项目，进行一定期限的综合部署和具体安排。在总体规划的分项规划之外，可以根据需要编制覆盖全区域的专项规划，包括农业产业专项规划、旅游产业专项规划、特色产业专项规划、水土保持与水利工程专项规划、生态宜居专项规划、环境整治专项治理规划等

（续）

规划分类	规划文本主要内容
乡/镇/聚集区规划	对包括田园综合体、现代农业产业园区、一二三产融合先导区、产居融合发展区等跨村庄的区域发展结构，在乡村土地利用、基础设施与公共服务设施建设、产业融合发展等方面提出规划方案
村庄规划	对村域产业发展、文化保护与传承、生态环境保护、空间布局、基础设施与公共服务设施、民居提升改造等，提出具体要求，并制定方案
乡村振兴重点项目规划	以落地建设为指导，对乡村振兴中具有引导与带动作用的产业项目、产业融合项目、产居融合项目、现代居住项目，比如现代农业园、现代农业庄园、农业科技园、休闲农场、乡村旅游景区等，给出具体的建设方案

除了规划文本成果，规划还包含图纸和附件。规划图纸一般包括区位分析图、产业现状分析图、资源分析图、村庄分布图、空间发展格局图、重点产业布局图、重点项目布局图、道路交通规划图、基础设施规划图、公共服务设施规划图等。规划图纸不局限于上述所示，可根据乡村发展的实际情况适当调整。

（八）规划评审与实施

1. 乡村振兴规划的评审

乡村振兴规划的研究及编制仅仅是乡村振兴规划流程中的前期工作。按照一般规划经验，在规划获得规划委托方、评审委员会、政府或立法机构认可后，才能付诸实施，但目前国家尚未出台相关政策法规明确乡村振兴规划的评审、报批和修订制度，本书建议完善乡村振兴规划评审体系，确保乡村振兴规划的客观性、准确性、前瞻性、科学性和可行性。

2. 乡村振兴规划的实施

乡村振兴规划实施的主要任务在于相关各要素的协调。由于乡村各产业及各要素呈现动态变化趋势，乡村振兴规划必须应对变化的客观现实并不断调整规划以适应现实。

第九章　乡村振兴规划的实施与保障

一、组织保障

发挥党总揽全局、协调各方的领导作用是有序推进乡村振兴的有力组织保障。把党管农村工作的要求落到实处，提高全县各级党委把方向、谋大局、定政策、促改革的能力和定力，运用市场化、法治化手段，真正把实施乡村振兴战略摆上优先位置，提高新时代农村工作能力和水平。

加强党的领导。健全党委统一领导、政府负责、党委农村工作部门统筹协调的农村工作领导体制。强化乡村振兴战略领导责任制，落实党政一把手是第一负责人、五级书记抓乡村振兴的要求，发挥县委书记"一线总指挥"作用，实行县抓落实、乡村组织实施的工作机制。切实加强各级党委农村工作部门建设，拓宽县级农业农村部门和乡镇干部来源渠道，做好党的农村工作机构设置和人员配置工作，形成人才向农村基层一线流动的用人导向。严格按照懂农业、爱农村、爱农民的要求，培养、配备、管理和使用"三农"干部，全面提升"三农"干部队伍的能力和水平。

坚持规划引领。坚持农业农村优先发展原则，科学制定配套政策和配置公共资源，把规划各项措施要求落到实处，做到乡村振兴事事有规可循、层层有人负责。各地各部门科学编制本地区乡村振兴规划和专项规划或实施方案，加强各类规划的统筹管理和系统衔接，加强省市县乡四级联动，建立规划实施和工作推进机制，形成城乡融合、区域一体、多规合一、全面覆盖的规划体系。

加强法治保障。各级党委和政府要善于运用法治思维和法治方式推进乡村振兴工作，在规划编制、项目安排、资金使用、监督管理等方面，提高规范化、制度化、法制化水平。研究制定促进乡村振兴的地方性法规或政府规章，及时修改或废止不适应的政策，充分发挥立法在乡村振兴中的保障和推动作用，推动各类组织和个人，依法依规实施和参与乡村振兴。加强基层执法队伍建设，强化市场监督，规范乡村市场秩序，有效促进社会公平正义，维护人民群众合法权益。

抓好评估考核。建立规划实施督促检查和第三方评价机制，将乡村振兴战略规划实施成效纳入各级党委、政府及有关部门的年度绩效考评内容，考核结果作为各级党政干部年度考核、选拔任用的重要依据，确保各项目目标任务完成落实。规划中明确的约束性指标以及重大工程、重大政策和重要改革任务，要明确责任主体和进度要求，确保质量和效果。

二、产权制度保障

稳步开展农村集体产权制度改革，以"股份合作"为纽带，盘活农村"沉睡"资产资源，探索建立符合市场经济要求的农村集体经济运营新机制。

推进农村集体产权制度改革。全面开展农村集体资产清产核资、集体成员身份确认，加快推进集体经营性资产股份合作制改革，建立集体经济运行新机制，形成有效维护农村集体经济组织成员权利的治理体系。坚持农村集体产权制度改革正确方向，强化农村集体"三资"管理，防治内部少数人控制和外部资本侵占集体资产。以市县为重点，加快农村产权流转交易市场建设推进力度。维护进城落户农民土地承包权、宅基地使用权、集体收益分配权，引导进城落户农民依法自愿有偿转让上述权益。深化供销合作社综合改革，深入推进集体林权、水利设施产权等领域改革。

推进农村"三变"改革。制定农村资源变资产、资金变股金、农民变股东改革工作的指导意见。鼓励有基础、有条件、农民群众有意愿的地方开展"三变"改革。支持基础较好、积极性较高的地区实施整县推进，制定财政资金变股金的操作办法，通过"资金改股金、拨款改股权、无偿变有偿"等方式，推动财政支农资金变股金。分类推进农村集体资源性、经营性和非经营性资产改革，积极探索农村集体经济新的实现形式和农民财产性收入增长机制。

三、人才保障

"功以才成，业由才广"。乡村振兴既要留得住绿水青山，也要留得住人才青年，必须破解人才瓶颈制约，强化人才支撑。要树立人才是第一资源的理念，把人力资本开发放在首要位置，畅通智力、技术、管理下乡通道，大力培育新型农民，加强农村专业人才队伍建设，发挥科技人才支撑作用，创新乡村人才培育引进使用机制，鼓励社会各界投身乡村建设，造就更多乡土人才，聚天下人才而用之。

推进乡土人才队伍建设。研究制定县域乡村人才振兴行动计划，充分用好乡村本土人才，积极发掘农村各类"乡土人才"，建立一支规模宏大、素质较高、结构合理，能够满足县域农村经济社会发展需要的乡土人才队伍。具体包括培育新型职业农民队伍、大力培育农村实用人才、壮大新乡贤队伍、引导农民工返乡创业、加强"三农"队伍建设等。

借力引智推动乡村建设。优化农村创新创业发展环境，建立有效激励机制，吸引各类人才投身乡村建设，凝聚乡村振兴人才合力。具体包括引进农业高端科技人才、优化整合农科教人才资源、鼓励社会事业人才服务基层、引导高校毕业生到基层等。

优化乡村人才发展环境。完善人才培养、引进、使用、激励等政策机制，营造优越的人才发展环境，鼓励引导各类人才扎根乡村、服务乡村。具体包括创新乡村人才培养机制，建立开放的人才引进机制，完善人才管理服务机制，优化人才使用激励机制等。

四、资金保障

兵马未动，粮草先行。实施乡村振兴战略，要健全投入保障制度，创新投融资机制，加快形成财政优先保障、金融重点倾斜、社会积极参与的多元投入格局，解决好"钱从哪里来"的问题。公共财政要以更大力度向"三农"倾斜，确保财政投入与乡村振兴目标任务相适应；要调整完善土地出让收入使用范围，进一步提高农业农村投入比例；要提高金融服务水平，推动农村金融机构回归本源，把普惠金融重点放在农村，把更多金融资源配置到农村经济社会发展的重点领域和薄弱环节，确保投入力度不断增强、总量持续增加。

强化资金保障。建立健全财政投入保障制度。坚持把农业农村作为财政保障和预算安排的优先领域，持续加大投入力度，确保财政投入只增不减。优化资金支出结构，突出绿色生态导向，增量资金主要向资源节约型、环境友好型农业倾斜，提高农业补贴政策效能。建立覆盖各类涉农资金的"任务清单"管理模式，支持县级政府将各级各类涉农资金向乡村振兴战略聚集聚焦，建立目标到县、任务到县、资金到县、权责到县的涉农资金管理体制，不断提高涉农资金管理效率和使用效益。落实改进耕地占补平衡管理办法，将高标准农田建设形成的新增耕地指标和城乡建设用地增减挂钩节余指标按规定跨区域调剂使用，所得收益通过支出预算全部用于"三农"工作。围绕财政保障、平台建设、产业引导基金等三个方面，统筹整合各级次、各渠道、各领域涉农资金，提高资金使用效能，集中力量办大事。发挥财政资金的引导和杠杆作用，充分发挥农发行政策贷款融资优势，创新投入方式，通过政府与社会资本合作、政府购买服务、担保贴息、以奖代补、民办公助、风险补偿等措施，引导和撬动更多金融资本和社会资本投向农业农村。推进农村信用体系建设，完善农村地方征信数据库，优化农村信用环境。围绕实施乡村振兴战略，积极支持设立乡村振兴发展基金。对各县市区在财政投入上实行差异化管理，对经济欠发达县市区给予一定政策和资金倾斜。

优化农村金融服务。支持融资性担保机构开展国土绿化贷款担保业务，支持金融机构开发适合林业特点的信贷产品，适当降低贷款门槛，提高抵押贷款比例，延长贷款周期。有序推进农村住房财产权抵押贷款试点，稳步扩大新型农村合作金融试点规模，探索创新信用互助模式。支持国家开发银行、中国农业发展银行等开发性、政策性金融机构，积极利用抵押补充贷款工具，依法合规为乡村振兴提供低息中长期信贷支持。探索建立农业巨灾风险分担机制和风险准备金制度，稳步推进特色农产品目标价格保险。进一步完善粮食等重要农产品收储政策。

五、用地保障

牢牢把握农村改革主线，处理好农民与土地的关系，依法有序推进农村承包地、宅基地"三权分置"，在国家授权地区推进农村集体经营性建设用地入市改革试点，实现农村土地资源有效配置、充分利用，强化乡村振兴用地保障。

推进农村承包地"三权分置"改革。落实农村土地承包关系稳定并长久不变政策，衔接落实好第二轮土地承包到期后再延长30年的政策。落实农村承包地"三权分置"制度，在依法保护集体所有权和农户承包权前提下，平等保护土地经营权。探索办法土地经营权证。农村承包土地经营权可以依法向金融机构融资担保、入股从事农业产业化经营。坚持以放活土地经营权为重点，发展土地流转型、土地入股型、服务带动型等形式的适度规模经营。完善牧区草原家庭经营责任制，委托开展草原确权登记颁证试点工作，积极推行草原规范流转。

盘活农村存量建设用地。在符合土地利用总体规划前提下，推进村土地利用规划编制工作，在确保村域范围内耕地数量不减少、质量不降低的前提下，允许县级政府通过村土地利用规划调整，按法定程序实施土地整治和城乡建设用地增减挂钩等，优化村土地利用布局，有效利用农村零星分散的存量建设用地。在同一乡镇范围内，允许通过村庄整治、宅基地和农村空闲建设用地整理，调整村庄建设用地布局。

预留部分规划建设用地指标用于单独选址的农业设施和休闲旅游设施建设。严格实施土地用途管制。依法有序推进农村宅基地所有权、资格权、使用权"三权分置"。推进集体建设用地建设租赁住房试点改革工作。做好国家农村土地制度改革试点工作。

完善乡村用地保障机制。新增建设用地计划优先满足农业农村发展需求，支持农村新产业新业态发展。对发展乡村旅游、休闲、养老、健康等特色产业使用建设用地的，允许实施点状供地。保障设施农业用地，从事冷链物流、烘干仓储、农产品加工、森林康养、休闲农业和乡村旅游等经营活动的新型农业。保障农村水利基础设施建设用地，村组直接受益的小型水利设施建设用地，仍按原地类型办理，不办理专用审批手续。

六、知识产权保障

在新一轮科技革命即将到来的时代，知识产权已日益成为社会财富的重要来源和国家竞争力的核心战略资源。15 年来，党中央连续发布 15 个中央 1 号文件都聚焦"三农"，而深化农业供给侧结构性改革、增强我国农业创新力和竞争力、加强农业知识产权保护和运用，在中央 1 号文件中多次提及。可持续的脱贫攻坚、乡村振兴，离不开知识产权的保护。知识产权成为发展农业产业、推动乡村振兴的重要力量。

综合运用知识产权，促进传统产业转型发展。促进乡村振兴，首先要推进产业振兴，需要加快推广应用一批农业技术、打造一批知识产权农业示范基地、发展壮大一批农业知识产权产业化龙头企业、培育一批农产品品牌，进一步做优、做特、做实、做强特色生态农业，进而做优特色产业、做实生态农业、做活乡村旅游业、做强农业加工业，让特色更特、优势更优，通过"知识产权＋特色种养殖业基地""知识产权＋特色农产品""知识产权＋电子商务""知识产权＋乡村旅游""知识产权＋新型职业农民"，促进乡村产业转型升级、优化升级。

综合运用知识产权，培育乡村自身品牌。品牌是商品经济发展不可绕过的重点，品牌化道路，离不开商标、地理标志等的知识产权保护，而特色农产品也是打造品牌差异的着力点。没有品牌，农产品就无法走上品质化、国际化道路。深入推进农业优质化、特色化、品牌化。实施产业兴村强县行动，推行标准化生产，培育农产品品牌，保护地理标志农产品，打造一村一品、一县一业发展新格局。

第四篇

路径探索篇——乡村振兴特色制胜

　　乡村振兴要按照"产业兴旺、生态宜居、乡风文明、治理有效、生活富裕"的总体要求，面临着到 2020 年乡村振兴的制度框架和政策体系基本形成；2022 年乡村振兴的制度框架和政策体系初步健全，乡村振兴取得阶段性成果；到 2035 年，乡村振兴取得决定性进展，农业农村现代化基本实现；到 2050 年乡村全面振兴的总体发展目标。2018—2022 年是实施乡村振兴战略的第一个 5 年，既要在农村实现全面小康，又要为基本实现农业农村现代化开好局、起好步、打好基础。

　　习近平总书记提出乡村振兴落实到具体措施上就是实现"五大振兴"，即乡村产业振兴、人才振兴、文化振兴、生态振兴和组织振兴。"五个振兴"既各自成篇，又相互联系、相互促进，构成了一个有机整体。当前，乡村振兴战略作为地方农业农村工作的重要抓手，在给乡村未来发展勾画出蓝图的同时，又都在积极探索可行的发展路径。有的通过与脱贫攻坚相结合，采取抱团发展的方式壮大村集体经济推进乡村振兴；有的通过产业扶持及乡村创业能人的示范带动促进乡村可持续发展。各地因情况不同，所实施的路径也有所不同，都在试图找出新时期乡村振兴的可行路径。

第十章　乡村振兴实施路径探索

乡村振兴是产业兴旺、生态宜居、生活富裕、乡风文明、治理有效的一个综合结果，不是某一个方面做好了就实现了乡村振兴，但某一个方面的实现，又往往有其他四个方面的推动，或者是直接导致了其他四个方面的实现。本章探讨的实施路径，是通过国内各类乡村发展的实践经验，总结每个县镇、乡村的振兴突破点。

显然任何一个乡村的振兴，都不是靠某一点做好从而就实现振兴的，而是多个手段、多种方面共同作用的结果。有些主要抓村容村貌，有些抓卫生，有些抓管理体制，一般发展越好的村庄，各方面都要抓好，但在振兴最初，一定先是找到了某个突破口，有些从优势入手，抓住了优势资源，找到了核心竞争力；有些从问题入手，找到了阻碍发展的关键问题，针对问题找到了解决方案，从而把整个乡村带进了振兴的正确方向中来。

路径总结分类过程，融入了产业兴旺、生态宜居、生活富裕、乡风文明、治理有效五种路径，同时在地理区位特点、资源特点、历史文化特点、经济发展方式特点、管理措施、发展历史，存在问题等方面进行总结，以其最突出的先天优势或者以其最有效的振兴手段为分类的依据。

一、理论引导型

（一）什么是理论引导型

理论引导型，顾名思义，由某个乡村振兴的科学理论引导乡村产业、乡村生产环境、乡村生活环境、乡风乡俗等朝着一个正确方向发展的乡村振兴发展类型。该理论可以是某个产业发展理论，可以是乡村体制管理与治理理论，亦可以是实现百姓生活富裕目标的核心理论。可以是某个理论，也可以是某个理论体系。

（二）理论怎样引导乡村振兴

理论的作用有两方面，一是指导发展实践，将过去错误的发展方向进行归正及指引；二是为村庄增加了名人效应，提供了"吸引物"，带来了客源，各方领导都要来学习，无形中为地方带来进步的压力，逐渐形成了一个倒逼的过程。同时，任何地方的发展，如若能带来人流量，那后续的很多消费、资金、信息、技术都会随之而来。

（三）发展措施

1. 选取科学的发展理论

想要通过"理论引导型"发展的乡村，首先就要选取科学的、具有前瞻性的、确确实实能够指导乡村振兴发展实践的理论，能够应用到乡村产业发展、百姓生活富裕、乡风文明建设等多方面的理论。理论引导型的乡村振兴，在实践过程中并不是仅局限在某一方面，而是要求实施主体具有开阔的思路模式，把理论应用到乡村发展的方方面面，而且既然是科学的理论，就具备应用到方方面面的潜力。

2. 关注理论的提出人是谁

同时，要关注理论是谁提出的，是否是地方领导发展的核心人物提出的，这也能够为乡村带来名人效应、吸引物质资源。

3. 将理论贯彻在发展的多个方面，做出典型

把理论生动的实践在乡村的产业发展、基础设施建设、乡风治理、管理体制建立、乡村景观吸引物塑造等方方面面。不断拓展理论转化通道，持续推进乡村休闲旅游提档升级。

（四）案例借鉴

安吉县天荒坪镇余村

安吉县天荒坪镇余村是天目山北麓一个小山村，村域面积 4.86 平方千米，农户 280 户，1 050 人。余村是"绿水青山就是金山银山"重要理念诞生地、中国美丽乡村精品示范村。十余年来，余村深入践行"两山论"，2017 年，余村垃圾收集率、污水处理率 100%，村集体经济收入 410 万元，村民人均纯收入 41 378 元，接待游客 50 万人次，旅游总收入 8 000 多万元。余村相继获得全国美丽宜居示范村、全国文明村、全国民主法治示范村、全国生态文化村等殊荣。

1. 破茧重生，"两山论"定方向

20 世纪八九十年代，余村开矿山、办水泥厂使村级经济飞速发展，成为安吉首屈一指的富裕村。但开山毁林令余村人付出了高昂代价，当时的余村粉尘蔽日，泥浆遍布，生态环境破坏严重，人员伤亡事故频发。在 2005 年，"绿水青山就是金山银山"理念的指引下，余村深入实施"千村示范、万村整治"工程，淘汰重污染企业，开展村庄整治，转型发展农家乐休闲旅游业，并重新

编制发展规划，把村庄划分成田园观光区、生态旅游区、美丽宜居区和精品外环线，对村民的生产、生活、生态空间进行科学合理布局。大力实施康庄工程，硬化道路、美化家园，实现了环境大提升、村庄大变样。

2. 提质升级，"千万工程"美乡村

2008 年，余村在"千村示范、万村整治"工程的基础上，率先开展以"村村优美、家家创业、处处和谐、人人幸福"为主要内容的中国美丽乡村建设，并被评为首批精品村。全面开展以"院有花香、室有书香、人有酿香、户有溢香"为主要内容的美丽家庭创评行动。率先建立村庄环境长效管理机制，推行包干负责、包片管理，巩固扩大美丽乡村创建成果。

余村不断拓展"绿水青山就是金山银山"转化通道，持续推进乡村休闲旅游提档升级，被命名为"浙江省农家乐特色村"。"旅游＋农业"、文化、研学、教育培训、健康养生等新产业、新业态、新产品竞相涌现，成功发展金宝农庄、荷花山漂流、春林山庄等品牌项目

3. 综合治理，改善环境提"颜值"

余村对生态环境治理越来越重视，2012 年起实施新一轮环境绿化、沿线亮化、道路硬化、庭院美化工程，全面系统改造提升村庄环境。大力开展"三改一拆""四边三化"为主要内容的区域环境综合整治，全部关停竹制品企业，改造老厂区、旧农房、破围墙，整治违章建筑和违法用地，率先推行生活垃圾分类管理，村庄环境面貌焕然一新。完成山塘水库治理，生态河道建设，率先实现生活污水处理全覆盖，率先推行限农药、减化肥、禁捕鱼、控狩猎、不焚烧等生态修复行动。

2015 年，余村率先推行垃圾不落地试点，向全省推广经验。持续深化治违、治水、治气、治土等攻坚战，努力实现"村山青、滴水净、无违建、零污染、靓美景"。通过全方位、全村域综合整治建设，余村绿水青山的"颜值"越来越高。

4. 美丽蝶变，生态红利惠全民

余村率先推行大物业长效管理模式，环境治理常态化、精细化水平进一步提升，实施浙江省森林小镇核心区建设，高标准建成矿上遗址公园、乡村游憩乐园、中药养生种园和慢行绿道竹园，获评国家 3A 级旅游景区、乡村旅游示范村。引进总投资 12 亿元的港中旅综合体项目，启动"两山"示范区建设，实施村强、民富、景美、人和四大类 52 个项目建设，开展国家 5A 级景区创建。

不断推动群众共享发展红利，组建休闲旅游股份公司，盘活整合村集体和村民资源、资产，建立以股权为纽带的经营综合体和利益共同体，推动村民就

近赚薪金、拿租金、分股金，增加财产性、经营性收入，扩大村集体经常性、稳定性收益，村民和村集体收入节节攀升。

图 10-1　安吉县天荒坪镇余村

二、区位依托型

（一）什么是区位依托型

"区位"一方面指该事物自身所处的位置，另一方面指该事物因自己所处空间位置而与其他事物之间产生的空间联系。区位依托型的乡村主要指那些处于有利区位优势的乡村，例如长三角、珠三角的乡村以及中西部其他发达城市群周边的乡村或者大中型发达城市的城郊乡村。

这类乡村利用良好的区位为其提供的交通、市场、产业、基础设施等方面的便利条件，促进乡村发展振兴。农业、农产品加工业、轻工业等产业发展优势明显，产业可向做精做强发展，可以利用现代物流、电子商务等多种营销方式扩大影响。

（二）区位如何对乡村发展产生影响

区位对乡村的影响主要表现在市场需求、交通距离、产业带动、政府管理效率、政策资金倾斜、农业生产技术、劳动力等方面。

在市场需求上，无论乡村是生产初级农产品、农产品深加工产品还是乡村旅游产品等，周边发达的城市消费群体市场都可以消化。

在物流交通距离方面，园艺业、乳畜业产品容易变质，要求有方便的交通运输条件，同时发达地区成熟的二产、三产发展基础，也能为乡村产业的兴旺提供较为齐备的生产资料、资本投入、技术信息等。在客源交通距离方面，周边城市的短途休闲旅游市场，也可以为乡村旅游的发展带来客源群体，为城乡的进一步深度融合提供条件。

同时，发达地区的政府整体管理效率相对较高，管理理念也会相对先进，这些都为乡村振兴带来先决的有利条件。龙头企业的引入，更利于将农民转化为职业农民，促进农业增效，农民增收，农民可以一边领取土地流转金，一边拿着职业农民打工的薪水。

（三）这种乡村怎样主动利用有利的区位优势

对于具有区位优势的乡村，在开拓发展路径的过程中，应首先确定自己的区位是属于区域型区位优势，还是城郊型区位优势。为了便于理解，笔者将其总结为大区位优势（区域型区位优势）和小区位优势（城郊型区位优势）。

1. 区域型区位优势

若乡村处于长三角、珠三角等东部经济发达地区，可首先在产业发展路径上进一步拓宽思路，依托乡村现有的产业发展资源类型，以市场为导向，引导支持专业的技术和管理理念的介入，通过有针对性的招商引资、龙头企业的扶持以及农民专业合作社的规模化建设，将发达区域的产业发展优势充分引入到乡村。

2. 城郊型区位优势

而对于具有小区位优势的乡村，应首先确定好自己的核心依托城市或城市群，找准市场需求，从农产品和乡村旅游产品服务上着手，做周边城市的"菜篮子"，做周边城市的"后花园"。这种乡村往往土地利用率高，要充分发挥土地的价值。利用良好的公共服务配套设施和区位优势，增加农产品的附加值，实施特色优势农产品出口提升行动，提高农产品国际竞争力。同时开放精品果园精品农场，供市区游客游览采摘。

（四）案例借鉴

江苏省张家港市南丰镇永联村

永联村，隶属于江苏省苏州张家港市南丰镇，永联村处于长三角经济圈内，交通便利，距离上海、苏州、无锡、常州等城市均在 1 小时车程内，距离苏南硕放国际机场 46 千米，距离最近的高速公路出口 10 千米，距离无锡火车站 80 公里，距离通沙汽渡客货两用航运码头 19 千米。

永联村位于江苏省张家港市南丰镇，村域面积 10.5 平方千米。该村是1970 年长江边的围垦村，直到 1978 年，还是全县最小、最穷、最落后的村。改革开放给永联村带来了生机和活力。2016 年，完成地区生产总值 103 263 万元，财政收入 7 786 万元，连续四届荣获"全国文明村"称号，还是"全国民主法治示范村""国家级生态村""中国最有魅力休闲乡村"。

1. 发展壮大集体经济，实现产业振兴

永联村立足钢铁产业，组建永钢集团并发展成全国民营企业 500 强。同步推进发展现代农业，实现了农业生产的集约化、机械化、信息化、现代化。利用村域内人口流量优势、产业要素优势，积极发展乡村旅游业，推进二三产业分离，充分发展服务业。

2. 践行旅游发展理念，构建优美生态

村域内区块分明，新型工业区、现代农业区、水网、河流、道路、居民区等自然畅通，实现配套宜居。加强环境综合整治，城镇管理整齐划一。永钢集团加强全过程节约管理，固体废弃物实现"零排放"，大力发展循环经济，实现了工业与农业的循环。

3. 推进城乡一体，营造宜居生活

永联村积极建设农民集中居住区永联小镇，全面完善城镇功能，并不断创新社会管理方式。以土地为纽带的基础上，创新以资本为纽带的共建共享实现形式。村民集体持有永钢集团 25% 的股份。村里还为村民统一办理农保转城保，实现了城乡保障均等。

4. 加强精神文明建设，培育精神文明

图 10-2　张家港市南丰镇永联村

坚持经济富裕、精神文明两手抓。成立社区学校，提升满足村民精神需求；搭建供需对接平台、建设爱心互助街；建设文化基础设施，鼓励发展村民文化活动，传承优良传统；建立村民议事厅，鼓励村民参会听会，大力推进村民自治，基层民主。

成都多利桃花源

多利桃花源位于成都徐堰河畔，距离市中心 30 千米，项目初期规划面积180 公顷，总占地面积逾万亩。根据规划，项目按照庭、院、园、田的四级空间体系，空间感上以农田为基础，以农业、旅游、社区和颐养为主要功能布局，小镇整体被农田包围，融于树木与园林之间，充分突显了川西林盘结构的原生态和点状散落式的村落形态布局。

多利桃花源"一核五园八片区"的小镇格局，将田园、林木、院落和水系有效融合，营造出了一种有机生态的居住环境，是一座基于农业旅游的、以"有机生活＋田园＋小镇＋文化"相互交融为特色的小镇。"一核"为小镇中心，"五园"包括运动公园、四季公园、示范农园、农博公园和休闲公园。小镇中心的功能主要包括业主餐厅、幼儿园、颐乐学院、运动中心、健康中心以及民宿和商业街等。

同时，项目提供了四种服务系统：健康医疗服务系统、文化教育服务系统、农业生产服务系统、居家生活服务系统。

1. 健康医疗服务系统

为每一个入住者建立完备的家庭健康档案，并定期提供健康检查和健康促进计划，以满足各年龄段业主的健康护理需求。尤其值得一提的是，绿城在乌镇雅园等项目实践过的老年颐养生活体系将以升华之势首入成都。

2. 文化教育服务系统

通过自然课堂、4 点半学校、动物牧场、颐乐学院等平台为全年龄段小镇居民提供各类文化、亲子娱乐、养生休闲服务。针对小镇里 0～16 岁的孩子，提供从幼儿到初中的教育，针对 60 岁以上的老人，可以在小镇里老有所学，颐养天年。

3. 农业生产服务系统

在多利桃花源，庭院和田园将成为每个家庭的标准配置，极大满足目标客群诗意栖居的田园情节。

4. 居家生活服务系统

这里将依托多利农庄的有机农业技术与标准，提供居家农艺服务，搭建农夫市集、农业硅谷、有机农业科普等，为小镇居民提供专业的农业顾问服务。同时，以小镇、业主餐厅、慢生活街区等配套为每一位小镇居民提供周到的居家生活服务。

精致适用的中式建筑、可以自种的农田、完善的生活体系、完整的物业服务体系、优质健康教育机构、颐养医养的健康理念，这些蓝城标签，加上多利农庄的有机农业科技、规范的蔬菜生产流程、高标准质量管理体系，使该项目达到了强强联合，1+1大于2的效果，并迅速成为全国农业与康养结合的优秀典范，被业界所推崇。

图 10-3　成都多利桃花源项目

三、特色现代农业型

（一）什么是特色现代农业型

现代农业的概念，涵盖了高效农业、精品农业、品牌农业、绿色农业、有机农业、科技农业、生态循环农业等近年我们大力提倡发展的农业发展模式类型，这些类型的内涵各有强调，又各有交叉，这里我们统称为特色现代农业。

现代农业不再局限于传统的种植业、养殖业等农业部门，而是包括了生产资料工业、食品加工业等第二产业和交通运输、技术和信息服务等第三产业的内容，原有的第一产业扩大到第二产业和第三产业。现代农业成为一个与发展农业相关、为发展农业服务的产业群体。这个围绕着农业生产而形成的庞大的产业群，在市场机制的作用下，与农业生产形成稳定的相互依赖、相互促进的利益共同体。

新技术的应用，使现代农业的增长方式由单纯地依靠资源的外延开发，转到主要依靠提高资源利用率和持续发展能力的方向上来。现代农业正在向观赏、休闲、美化等方向扩延，假日农业、休闲农业、观光农业、旅游农业等新型农业形态也迅速发展成为与产品生产农业并驾齐驱的重要产业。传统农业的主要功能主要是提供农产品的供给，而现代农业的主要功能除了农产品供给以外，还具有生活休闲、生态保护、旅游度假、文明传承、教育等功能，满足人们的精神需求，成为人们的精神家园。

（二）什么样的乡村选择现代农业型发展路径

已经具备一定农业产业发展特色的乡村，可以选取现代农业型发展路径，进一步扶持龙头企业，加大龙头企业在乡村发展中的影响力度，从土地流转、农技推广、农民雇佣、乡村资源共享、村民市场化服务管理等方面，对乡村的发展做出贡献。激发龙头企业在产品品牌塑造、产品类型多元化、销售渠道拓宽等方面更多的发挥积极性和带动能力。

（三）发展措施

1. 坚持特色引领

①抓优势产业规模化。培育水果、畜禽、蔬菜、茶叶、水产、花卉苗木、林竹、食用菌、中草药等优势产业，发挥自然资源优势，突出特色，坚持质量兴农、绿色兴农，进一步调整品种结构，优化产业布局，培育龙头企业，创建一批现代农业产业园，加快推进农业由增产导向转向提质导向，加快构建现代农业产业体系、生产体系、经营体系。②抓品牌农业建设。组织实施种业创新工程，积极推进农业标准化生产，提升"三品一标"农产品，扩大全国知名品牌的影响力。③抓农业合作。加强农业新技术、新品种、新机具和经营管理方式的推广应用，促进特色农业质量和效益双提升。④抓农产品质量安全。坚持从田间到餐桌全链条严监管、全过程可追溯，把食品安全监管工作落实到一企一业、一品一单，确保老百姓"舌尖上的安全"。

2. 促进小农户与现代农业经营体系对接

围绕小农户融入现代农业发展，突出"两手抓"：一手抓有效带动，一手抓有效服务。有效带动，就是通过"一村一品""一县一业"引导小农户从分散生产转向有组织有规模生产，促进农民增收。用工业化模式组织小农户生产经营。大力实施新型农业经营主体培育工程，完善政策支持体系，发展多样化联合与合作，把千家万户组织起来搞经营、闯市场，共享规模经营效益。有效服务，就是围绕小农户需求，培育各类专业化市场化服务组织，强化对小农生产的多元化专业化服务保障。加快构建生产组织、设施配套、产品营销三个体系，解决农户生产问题；加快推行多元担保、资源盘活、保险扩面三个模式，解决农户资金问题；强化农业科技、农业信息、农业生产三项服务，解决小农户生产经营保障问题，把小农生产引入现代农业发展轨道。

3. 加强产业融合思维

党的十九大提出要建立健全城乡融合发展体制机制和政策体系，促进农村一二三产业融合发展。城乡融合，构建新型工农城乡关系，实现城镇与乡村相得益彰。充分发挥政府和市场两方面作用，积极引导更多资金、人才、技术等要素向农村流动，为乡村振兴注入新动能。安排财政专项资金建立奖励制度，大幅增加农村人才薪酬收入，促进农村人才多起来、活起来。产业融合，以高质量发展为中心，以农业供给侧结构性改革为主线，以延伸产业链、拓展农业多种功能为重点，推动农产品加工业优化升级，推进农产品流通现代化，开发农业旅游、康养等多种功能，推进"互联网＋现代农业"，培育发展新产业新业态，促进农业全环节升级、全链条升值，不断提高农业创新力、竞争力和全要素生产率。

4. 以有效的服务组织为保障

实施乡村振兴战略，关键要有一支懂农业、爱农村、爱农民的"三农"工作队伍，不断为"三农"工作注入强大活力。一是深入实施科技特派员制度，选派大量的科技特派员活跃在农业农村第一线，鼓励科技人员以技术、资金、信息入股等形式，与农民和专业合作社、企业结成经济利益共同体。二是深入实施下派村支书制度。选派优秀党员干部担任驻村第一书记，实现了经济发展和党建基础"双薄弱"村全覆盖，为乡村振兴提供有力保障。

（四）案例借鉴

贵州湄潭县

自贵州省开始大力推进新农村建设以来，湄潭县紧扣中央要求，立足县情实际，积极探索创新，走出了一条以"四在农家，美丽乡村"创建活动为载体、农业产业化发展为支撑、村庄整治为重点、黔北民居新村建设为标志、基层组织建设为保障的，具有湄潭特色的美丽乡村、新农村建设之路。

1. 编制产业规划，注重产业园区建设

坚持以规划引领产业发展，成立现代高效农业园区管理委员会和茶叶园区管理委员会办公室，编制完成了《特色产业发展规划》《现代高效茶业示范园区总体规划》，整合各部门资金，着力推进茶叶、优质稻、精品水果、烟叶等"十大现代农业示范园区"建设。

2. 以龙头企业为主体，拉长链条、深耕品牌

2006 年 8 月，贵州南方嘉木食品有限公司在湄潭县绿色食品工业园区成立，以公司自主研发的低温低水分压榨—纯物理精炼技术生产高级营养茶叶籽油为主产业,先后建立了年产 3 000 吨茶叶籽油生产线和年包装 5 000 吨产品包装线。目前,旗下茶叶籽油、茶叶籽、茶油软胶囊、茶足爽洗浴用品、茶叶籽调和油、茶粕等产品已销往北京、上海、广州、香港等地。

2009 年 1 月,由遵义陆圣康科技开发有限公司投资 5 000 多万元,引进江苏江南大学高新技术兴建的茶多酚生产线在湄潭县建成投产。该项目是国家科技部认可的农业产业化高科技创新项目,可实现年销售收入 1.5 亿元,为农民增加收入 2 100 万元。

2010 年,湄潭县与厦门以晴集团科技有限公司就茶叶深加工循环经济生态科技园项目签订了投资协议,以晴集团科技有限公司将在湄潭总投资 10 亿元,建设以茶叶深加工为主的生态科技园区,并在园区内注册新的公司,投资建设年产 10 万吨茶叶籽毛坯油生产线,5 万吨茶叶籽精炼油生产线及其系列衍生产品,年产 500 吨茶叶生产线和相关配套设施。该项目在总体规划后,进行分期建设实施。该科技园建成后,茶叶籽油毛坯油和精炼油项目年产值可达约 60 亿元。

2017 年,湄潭投产茶园 3.73 万公顷,茶叶总产量达到 6.16 万吨,产值 42.7 亿元,茶产业综合收入破百亿元。

3. 茶旅一体:"种茶来卖"逐渐转变为"种茶来看"

近年来,湄潭县在加快茶产业发展的同时,提出"以茶促旅、以旅兴茶"的发展思路,以"四在农家""黔北民居"为载体,以良好的生态环境为依托,以绿色茶园长廊为背景,以茶文化为内涵,以"天下第一壶""万亩茶海"等

图 10-4　湄潭县茶园实景

为标志，通过政策扶持，每年定期举办茶叶开采节和茶文化节等活动，开辟发展了乡村茶文化休闲旅游产业，推出了"一城、一壶、一会、一所、一海、一村"茶文化旅游卖点，一批批的集制茶、品茶、观茶、茶艺表演为一体的涉茶企业正在壮大，谱写了乡村茶旅一体化发展的新篇章。湄潭县湄江镇核桃坝村生态专业村，每年接待来自全国各地的游客就有六七万人。

四、乡村旅游型

休闲农业和乡村旅游是目前普适性最高的一种乡村振兴产业业态，具有连接城乡要素资源、融合农村一二三产业的天然属性，可以在促进乡村产业兴旺、增加居民就业、改善生活环境、保护乡村传统文化等多方面起到事半功倍的效果。有巨大的市场空间，具备条件的地区应该稳步推进。

(一) 乡村旅游的内涵

乡村旅游的概念包含了两个方面：一是发生在乡村地区，二是以具有乡村性的自然和人文客体为旅游吸引物的旅游活动，二者缺一不可。现代乡村旅游是在20世纪80年代出现在农村区域的一种新型的旅游模式，尤其是在20世纪90年代以后发展迅速。现代乡村旅游对农村经济的贡献不仅仅表现在给当地增加了财政收入，还表现在给当地创造了就业机会，同时还给当地衰弱的传统经济注入了新的活力。乡村旅游的主要资源包括：自然景观、田园风光和农业资源。

乡村旅游有以下特点：一是以独具特色的乡村民俗文化为灵魂，以此提高乡村旅游的品位丰富性；二是以农民为经营主体，充分体现"住农家屋、吃农家饭、干农家活、享农家乐"的民俗特色；三是乡村旅游的目标市场应主要定位为城市居民，满足都市人享受田园风光、回归自然的愿望。

国内乡村旅游基本类型大致包括以下几类：以绿色景观和田园风光为主题的观光型乡村旅游；以农庄或农场旅游为主，包括休闲农庄、观光果园、茶园、花园、休闲渔场、农业教育园、农业科普示范园等，体现休闲、娱乐和增长见识为主题的乡村旅游；以乡村民俗、民族风情以及传统文化、民族文化和乡土文化为主题的乡村旅游；以康体疗养和健身娱乐为主题的康乐型乡村旅游。

(二) 乡村旅游如何促进乡村振兴

众所周知，"三农"包括农业、农村、农民。从相互关系上看，首先从农业角度看：农业可以说是为旅游业又开辟了一个新的战场，广阔农村，可以让旅游大有作为；同时乡村旅游的引入，可以增强农业产业活力，使得农业多产化。其次从农村角度分析：农村在为旅游业提供劳动力的同时，旅游业通过多种方式增加了农民收入和就业。再次从农民角度看：农民开展乡村旅游，为旅游发展提供了开展的空间，使旅游也不仅仅局限于景点、景区、城市，同时在旅游带动下，农民也能感受到乡村美化带来的各种便利，农村环境得到了改善，生态也变得更加宜居。

所以说，乡村旅游不仅是促进乡村振兴战略实施的有力抓手，更是系统解决"三农"问题最直接最有效的手段之一，有利于一揽子解决"三农"问题，促进乡村振兴。

（三）当前乡村旅游发展存在哪些问题

近年来，乡村旅游在促进消费、改善民生、推动高质量发展中产生的重要带动作用获得广泛认可，但也存在一些不平衡不充分的问题。

1. 乡村旅游产品亟待升级

乡村旅游的产品也要升级换代，不再是吃吃农家饭，住住农家院，当乡村成为旅游活动的一切载体，那么康体运动、健康养生、研学旅行等各类旅游特色产品都可根植于乡村环境中。因为旅游活动首先是要让游客感受到环境的差异性，相对于城市游客，乡村就是最为广泛的差异环境旅游资源，更不用说大多数乡村不仅民风淳朴且生态环境优良。所以现在已经不是要不要发展乡村旅游的问题，而是发展哪种类型的乡村旅游产品。

2. 各地同质化现象明显

目前各地发展休闲农业和乡村旅游积极性很高，遍地开花、盲目发展的势头较猛，同质化的问题突出，恶性竞争、亏本经营的不少。发展休闲农业和乡村旅游需要有独特的资源禀赋和基本条件，需要搞清楚自身的市场需求和目标群体，需要有创意的设计和巧妙的营销。因此，各地在发展中要认真研究，理性选择。

3. 特色挖掘不足导致的"千村一面"

乡村旅游热导致了大量盲目地开发，"野蛮生长"的乡村旅游，管理机制不完善，旅游活动缺乏特色，背离当地文化规划建设导致"千村一面"。这种一窝蜂式的开发，政府缺乏正确的规划和引导，经营者一味追求短平快，造成同质化严重，无视乡村和农民的发展需要，完全丢失了乡村旅游最初的味道。伴随资本涌入，"千村一面"的尴尬难掩，这些乡村虽然填补了乡村旅游资源的空缺，但难以肩负社会赋予的真正责任，究其背后的原因，最主要的一点就是没有属于自己的独立 IP。

（四）发展措施

1. 各方面多角度的提质升级措施

在乡村旅游从 20 世纪 80 年代发展至今，现在面临的核心问题就是乡村旅游产品业态的转型升级，从基础硬件设施上升级，从产品、产品质量上升级，升级手段包括硬件设施的建设、管理模式的提升，信息技术的同步以及多元化服务产品的升级换代等。

2018 年 10 月，国家发展改革委、文化和旅游部等 13 部门联合发布了《促进乡村旅游发展提质升级行动方案（2018—2020 年）》，对破解乡村旅游瓶颈问题进行了系统部署。

2. 以拓展农业多种功能的思路发展乡村旅游

以农耕文化为魂、以田园风光为韵、以村落民宅为形、以生态农业为基，依托村庄优势农业项目，拓展农业观光、休闲、度假和体验等功能，开发"农业＋旅游"产品组合，带动餐饮、住宿、购物、娱乐等产业延伸发展，促使农业向二三产业延伸，产生强大的旅游产业经济协同效益，促进当地群众增收，实现脱贫致富。

3. 强化乡村的独特性挖掘与创新

加强乡村生态环境和文化遗存保护，发展具有历史记忆、地域特点、民族风情的特色村镇，建设"一村一品""一村一景""一村一韵"的魅力村庄和宜游宜养的森林景区，依据自然资源，有规划地开发休闲农庄、特色民宿、自驾露营、户外运动等乡村休闲度假产品。

4. 市场导向、品牌战略

乡村旅游产品与其他旅游产品一样，是针对相应的市场需求而设计产生的，乡村旅游产品是否符合旅游者的需求是决定其开发是否成功的重要因素之一。乡村旅游开发要以市场为导向，进行充分的市场调查和分析，将市场需求和客观条件相结合，开发出各具特色、不同档次，适销对路的乡村旅游产品。

以市场为导向，首先必须树立市场意识，分析旅游者的旅游动机，开发出满足旅游者需求的乡村旅游产品。其次必须树立品牌意识，以品牌促进乡村旅游的发展。各地应根据自身的生态、文化、建筑、民俗等条件，创建并打响自身的特色化乡村旅游品牌。也可以根据市场情况创建、树立区域性品牌，以品牌促营销，以营销促发展。最后，为了能根据市场需求进行产品开发、提升与改进，乡村地区应定期对消费者和乡村旅游经营商进行调查。

5. 整体开发与择优开发相结合

乡村旅游资源既具有形式多样、丰富多彩的特点，又是区域旅游资源的一个组成部分。要把乡村旅游资源的开发利用纳入区域旅游开发的系统工程中去，从区域旅游的角度出发，进行统筹安排、全面规划，从而形成统一的区域旅游路线，促进区域经济的发展。

6. 将"大众创业、万众创新"作为引领乡村旅游发展的重要力量

人是组成乡村旅游资源最活跃的因素，在发展乡村旅游时要积极组织当地居民参加旅游服务，引领乡村旅游新时尚新潮流，积极开展乡村旅游"大众创业、万众创新"，引导贫困群众从事乡村旅游发展，带动休闲农业、乡村旅游、户外运动、工程建筑等产业发展，促进就业创业，实现农民增收创收。

（五）案例借鉴

江西省上饶横峰县

横峰县，位于江西省东北部，地处闽、浙、皖、赣四省要冲，距上饶市35千米，距省城南昌210千米，距上海624千米。土地总面积655平方千米，辖6乡2镇1办事处，岑阳镇是县政治、经济、文化中心，镇区面积84.4平方千米。全县有耕地0.81万公顷，林业用地4.13万公顷，大体是"七山半水二分田，半分道路与庄园"的格局。2001年被列为国家扶贫重点县。

横峰的项目规划布局以320国道为节点，自北向南分三大板块，即交通新经济板块、现代农业板块、休闲旅游板块，形成"龙头带动，两翼齐飞，三位一体"的经济新趋势。其中，几个乡镇极具特色，例如葛源镇。每到金秋时节，横峰县葛源镇的石桥梯田、前山瀑布等景区游客络绎不绝，依托秀美乡村建设火起来的乡村游让"葛源农庄"顾客盈门。横峰县自实施"秀美乡村、幸福家园"战略以来，乡村发生了巨变，许多秀美新村成为全县的热门旅游景点。在"秀美乡村、幸福家园"创建中，该县"整洁美丽、和谐宜居、连片打造"的总体要求，与全域旅游、精准扶贫相结合，做到文化有依存，卫生有保洁，村庄环境美，致富有产业，横峰百姓在秀美乡村建设中获益多多。与此同时，横峰县对葛源镇实施精准扶贫，对贫困村达到了扶贫全覆盖的效果。

1. 休闲农业与乡村旅游发展的"一线一核四区"总体布局

横峰县政府重视县内古镇保护利用及开发，打造特色村，深入挖掘葛源红色资源，提出了"以红带绿，以绿促红"发展思路，制定了"一核一线四区"的总体布局。"一核"即县中心城区着重发展区域型综合服务业、战略性新兴产业，主要承担综合性服务功能，完善集聚和辐射功能，打造产城融合的宜居宜业新城。"一线"横峰县以320国道线为纽带，建设320国道锦绣长廊。"四区"即北部以葛源镇为主的红色旅游核心示范区、南部以莲荷乡为主的休闲旅游区、东部以司铺乡为主的野生动物园区、西部以岑阳镇为主的生态农业体验区。

不仅全县有全域总体规划，先行启动的 13 个中心村和 100 个自然村，横峰县也分别制定个性化的规划，着力体现一村一业、一村一品、一村一景。横峰县每个村点的规划，不仅体现了各自特色，更服从了全域规划。岑阳镇王家新农村由于葡萄、甘蔗等特色农业产业的发展和新村的美景，来的游客日益增多。以第七届环鄱阳湖自行车赛（上饶横峰站）为契机，该县实施"干道提升"工程，把"一核一线四区"的幸福新村串珠成链、连线成片，成功打造了葛源鹅坞、前山瀑布、莲荷"七巧板"等一批集生态旅游、农业观光、休闲养生等为一体的农旅融合的产业新村。农民在家门口参与旅游开发，分享秀美乡村建设成果。

2. 精准扶贫与秀美乡村相结合

横峰县把"秀美乡村、幸福家园"建设与精准扶贫相结合，大力实施"个十百千万"工程，即培育一个以葛业为主的"1＋N"农业特色产业，完成8 000公顷农业特色产业基地建设，打造 13 个优美中心村和 100 个人与自然和谐发展的自然村，培育 1 000 家新型农业经营主体、农家乐，从而实现 1.8 万人脱贫致富，由此提升 20 万群众的生活品质。横峰县通过"龙头企业＋支部＋基地＋农民合作社＋农户"等模式，做好"现代农业＋扶贫""农旅融合＋扶贫""电商＋扶贫"三篇文章，实现产业富民。

3. "互联网＋乡村旅游"

2015 年以来，横峰县通过旅游网、博客、微信、微店等网络平台的宣传效应，吸引更多的游客来到横峰体验乡村休闲游，游客们游玩之后，直接在网上下单购买土特产，葛粉、葛佬、山茶油、铁皮石斛盆栽、笋干、芋头、粉干、蜂蜜、腊肉、野生猕猴桃酒、杨梅酒等横峰农产品热销北京、上海、广东、福建等地。这种通过电商将乡村旅游与农产品销售结合，是一种创新的休闲生态体验式购物游，有效促进了横峰本土农产品及旅游产品线下线上同步销售，走出了一条依靠农产品盘活当地乡村旅游资源，以当地旅游资源带动特色产品市场的横峰乡村旅游发展新路子。

在此之后，横峰县大力发展旅游电子商务，将休闲生态旅游与农村电商紧密结合，创新发展模式，使乡村旅游内容丰富化、形式多样化、需求定制化。目前，横峰县葛源镇、清板乡、岑阳镇、莲荷乡等多个乡村旅游景区景点，借助互联网搭建了微博、微信等平台，通过图文并茂甚至是视频的方式进行宣传，吸引了大量游客前来横峰体验特色乡村旅游。

4. 特色产业带动现代农业

在发展休闲农业方面，注重发展特色产业。莲荷乡梧桐畈的千亩籽莲，岑阳王家、龙门钱家的葡萄基地，葛源的葛根基地等在秀美乡村建设过程中，始终按照先发展产业，再进行村庄整治的步骤，有序推进秀美乡村建设。着力发展现代休闲农业和乡村旅游产业，以产业发展实现生活富裕。注重从"现代农业＋"中挖掘旅游资源，从"旅游＋"模式拓展文化产业。同时各乡镇大力发展一乡一业，有力地促进了乡村旅游的蓬勃发展，每到周末各村游客络绎不绝，村民的特色农产品成为游客抢手的"香饽饽"。

目前，横峰县已建成葛根、高产油茶、水稻育种3个万亩示范基地，葡萄、蔬菜、茶叶、白莲、甘薯、猕猴桃6个千亩示范基地，并正在加快药植园、农业产业园、荷博园、葛博园的建设步伐，尽快实现一二三产业的融合发展。同时该县葛产品、葡萄、红薯和山茶油等特色农产品也实现了"触电上网"销售。

图10-5 横峰县赭亭山实景

五、生态优势型

（一）什么是生态优势型

推动乡村生态振兴，是乡村振兴的核心内容之一，建设生活环境整洁优美、生态系统稳定健康、人与自然和谐共生的生态宜居美丽乡村，是乡村振兴的目标之一。

生态优势型的乡村一般集中在生态环境优美，没有工业污染，自然条件优越，拥有丰富山水资源、森林资源、草原或沙漠等特殊地貌景观资源的区域，生态环境优势明显，并且能够把生态优势通过生态旅游、乡村旅游、绿色农业等产业业态转变为经济优势。

（二）可开发产业类型

1. 绿色农业

具有生态优势的地区，绿色农业具有良好的生长环境本底，可通过绿色生产方式发展品牌农业、特色农业、精品农业、循环农业等，实现投入品减量化、生产清洁化、废弃物资源化、产业模式生态化，提高农业可持续发展能力。

2. 生态旅游

利用乡村周边的自然生态景观优势，山水林湖海、湿地、沙漠、草原等特色地貌景观资源，开发生态旅游产品，从观光到度假、研学、深度体验等产品链条延伸，开发生态养生、体育、康疗度假等产品。

3. 乡村生态旅游

配套服务于生态旅游的乡村旅游产品。处于良好生态资源优势地区的乡村，可为生态旅游产业提供良好的基础服务配套，为前来旅游的游客提供旅游商品、农产品的购买服务。

（三）发展措施

1. 推动绿色农业循环发展，打造生态农业品牌

有效推进农业绿色发展。积极推进化肥农药双减双替代行动，实行产业废弃物循环利用，实施农业立体种养与资源综合利用。强化水土保持与农业污染防控工作，创新多样品种选育与产品加工技术。同时，因地制宜依托优质资源，供给绿色高品质农产品，打造出绿色、有机、生态的特色健康农产品品牌。

2. 通过多种途径盘活自然资源

进一步盘活森林、草原、湿地等自然资源，允许集体经济组织利用现有生产服务设施用地开展相关经营活动。允许在符合土地管理法律法规和土地利用总体规划、依法办理建设用地审批手续、坚持节约集约用地的前提下，利用1%～3%治理面积从事旅游、康养、体育、设施农业等产品开发。进一步健全自然资源有偿使用制度，研究探索生态资源价值评估方法并开展试点。

3. 扩大商品林经营自主权

深化集体林权制度改革，全面开展森林经营方案编制工作，扩大商品林经营自主权，鼓励多种形式的适度规模经营，支持开展林权收储担保服务。完善

生态资源管护机制，设立生态管护员工作岗位，鼓励当地群众参与生态管护和管理服务。

4. 大力发展"生态十乡村"的复合旅游产品

深入挖掘乡村经济、生态、文化、生活价值，提供农耕文化体验、生态宜居和休闲养生旅游产品，保持乡村生态产业发展良好势头。挖掘乡村景观优势，发挥多样功能作用，构建休闲农业体系。

5. 加强政府配套服务，强化顶层设计

加强政府配套服务，强化顶层设计。出台促进产业生态化和生态产业化的指导性意见，明确财政、税收、土地、金融等支持政策，加大对生态产业融合发展的支持，加大对绿色生态农业及其产业的支持，促进农业资源可持续利用，增强农业产业的整体竞争力。加强生态产品科学规划设计，健全生态产品和服务的技术支持体系，实现传统产业产品的改造升级。培育新型业态并提高生态产业科技创新能力，结合乡村发展实际，培育乡村美丽业态。加速主体融合，加快培育新型农业经营主体，发挥好其引领带动作用，把小农户吸引到生态产业发展中来。加强生态产业市场秩序监管，制定生态产品和服务的统一标准规范，实行标准化生产和全过程化控制，保障产品和服务质量。

（四）案例借鉴

湖北省谷城县堰河村的绿色发展之路

堰河村位于谷城县五山镇西部百日山麓，面积约 12 平方千米，辖 4 个村民小组。近几年，堰河村先后获得全国文明村、全国先进基层党组织、全国生态文化村、全国绿色小康村、全国农业旅游示范点、全国争先创优先进单位、国家 3A 级景区、湖北省旅游名村、全省第一也是唯一挂牌的绿色幸福村、湖北省环境保护政府奖等荣誉，成为新农村建设的典范。有关专家学者将堰河发展总结提升为"五山模式，堰河样本"。

堰河村原本是一个远离城镇，地少山多、资源匮乏的穷山村。直到 20 世纪 90 年代初，堰河村还是穷山恶水，村里穷得人见人愁，村里的姑娘都想往外嫁，村里的小伙找不到对象。村里没有路走，遍地是垃圾，没有交通优势，也没有资源优势。近年来，堰河村立足科学发展观，围绕镇委镇政府打造"生态文明，美丽五山"的发展定位，坚持科学发展、绿色发展的发展理念，着力转变经济发展方式，促进了经济与社会、人与自然的和谐发展

1. 坚持走生态经济化，经济生态化的特色产业之路

从 1992 年开始，村里发动全村群众开荒山，建茶园，堰河村三年发展茶园 80 公顷，年产值 3 000 余万元，引进生物技术和无性繁殖技术，使茶叶产

业向生态化、有机化和高效化迈进，很快使茶叶成为全村农民摆脱贫困的支柱产业。随后几年里，村里又相继带领村民栽杜仲 63.33 公顷，杉树 46.67 公顷，花椒 33.33 公顷，板栗 40 公顷，欧杨 3 万株，形成多元化的绿色经济格局。同时还引导村民在树林里套种红薯、花生、油菜等多种经济作物，发展养殖业，实行立体开发，昔日的荒山秃岭乱草岗变成了如今的茶成垄、树成行、果飘香的"绿色银行"。开发的"堰河香"系列农产品被省旅游局认定为灵秀——湖北旅游商品标志。目前，全村农民年人均从茶叶产业经营和旅游接待中获纯利在 5 000 元以上。

2. 开展以"垃圾分类，一建四改"为主要内容的村庄整治

堰河村按照中心村标准进行规范化建设，以推行改水、改厕、改路、改气为重点，全面改善村容村貌。在实施过程中重点突出"三抓"：一抓村庄建设。讲求因山就势，随弯就片，宜街则街，宜林则林，宜景则景，合理布局，错落有致。二抓道路硬化，加快村组路网提档升级步伐，近年来硬化道路 25 千米，实现了组组户户通水泥路。三抓绿化亮化。在农户相对集中地段安装了太阳能路灯，并在沿河两岸公路两旁及农户房前屋后，广栽香樟、垂柳、翠竹、桂花等风景树和生态林，构建花园式家园、公园式村庄。

3. 改变发展观念，打造优美生态环境

发展从育人开始，育人从转变陋习开始。堰河村先从小事抓起，从垃圾分类开始，改变群众卫生习惯。教育村民每户自备三个垃圾桶，将可再生、不可再生、有害三类垃圾进行收集分类，村里每个组设一个垃圾分类中心，每天有专兼职保洁员统一收集、分类。湿垃圾采用堆肥或蚯蚓进行生物分解处理；可再生物资卖给垃圾回收中心，有害物质集中存储，统一销毁和填埋。随后，沿河村又建立了采用生物一体化污水综合处理技术的污水处理站。大部分村民的生活污水统一进入处理系统，日处理规模约 20 吨。经过长期坚持，村民由最初的不理解到慢慢接受，垃圾分类也成为村民的自觉行动。

4. 依托资源优势，发展生态乡村旅游

近些年，堰河村乡村生态旅游和绿色经济产业发展迅猛，每年前来游玩的客人络绎不绝。为了丰富旅游内容，延长游客在堰河村的逗留时间，2015 年，堰河村恢复举办百家宴。这一举措得到了村民的积极响应，也受到了游客的欢迎，让游客来了，留得住，吃得好，这正是燕和生态旅游专业合作社理事长闵红艳举办百家宴的初衷。游客来堰河玩儿，村民的增收是多方面的，村民连带还可以销售自家的农产品。同时，堰河村以生态茶园为面，以凤凰寨、天邑、茶庄、百日山景、甲板洞奇观、真武殿、朝圣宫为点，以通组水泥路为线，围绕特色建筑、奇异民俗、山光水色和"农家乐"开展生态旅游，吸引了省内外大量游客，成为著名的乡村旅游景点。截至目前，五山堰河乡村旅游区年接待游客 19.8 万人左右，实现旅游综合收入突破 5 000 万元。

堰河村充分发挥风景秀丽、景色宜人的生态资源优势，十年磨一剑，把山水变风景，把资源变资本，把农民变股民，把产品变商品，目前年经营总产值已经超过 1 亿元。堰河村形成了道乡寻踪游、茶色生香游、田园风光游三大特色旅游品牌。

图 10-6　谷城县堰河村民俗园实景

六、文化繁荣型

习近平总书记明确指出：乡村振兴既要塑形，也要铸魂。只有塑造以社会主义先进文化为主体的乡村思想文化体系，打造文化乡村，培育文明乡风，让村民生活富起来，环境美起来，精神乐起来，乡村振兴战略才能真正实现。

（一）什么是文化繁荣型

文化繁荣型的乡村振兴路径，是具有优秀民俗文化、非物质文化、特殊人文景观，包括古村落、古建筑、古民居或传统文化特色较为突出、乡村文化资源丰富的地区，通过乡村自身的思想道德建设、文化生活质量提升以及乡村优秀传统历史文化的保护利用和乡村特色文化产业发展等方式手段，实现乡村振兴目的的乡村振兴路径类型。

文化繁荣型的乡村振兴适用于具有古村落、古建筑、古民居特殊人文景观以及历史人物、神话传说、民间故事、民间歌谣、民间艺术、园林艺术、民俗风情、风味餐饮、文化遗址等文化资源丰富的地区。

(二) 文化繁荣型的乡村具有哪些特点

1. 文化资源丰富

保存了较为完整的建筑遗产、文物古迹和传统民俗活动文化，反映了一定历史时期的地方风貌、民族风情、生活习俗，具有较高的历史、文化、艺术和科学价值。

2. 文化资源得到有效保护

建立完善了文化资源保护政策和管理机制，传统建筑、民族服饰、农民艺术、民间传说、农谚民谣、生产生活习俗、农业文化遗产得到有效保护和传承。

3. 开发利用效益明显

充分发掘乡村文化的产业价值，自然景观和人文景点等旅游资源得到保护性开发，民间传统手工艺得到发扬光大，特色饮食得到传承和发展，农家乐等乡村旅游和休闲娱乐得到健康发展，实现产业和文化的相互促进。

4. 乡风文明建设有效

在新时代乡村振兴战略的新内涵体系下，"乡风文明"成为了文化繁荣重要的组成方面，在国务院发布的乡村振兴战略规划内容中，要求坚持以社会主义核心价值观为引领，以传承发展中华优秀传统文化为核心，以乡村公共文化服务体系建设为载体，培育文明乡风、良好家风、淳朴民风，推动乡村文化振兴，建设邻里守望、诚信重礼、勤俭节约的文明乡村，推动城乡公共文化服务体系融合发展，增加优秀乡村文化产品和服务供给，活跃繁荣农村文化市场，为广大农民提供高质量的精神食粮。

(三) 发展措施

1. 创新乡村文化投入模式，增强公共文化产品供给质量

进一步加大农村文化建设专项投入，以政府向社会购买服务等方式丰富服务内容、提高服务效率。建立农村文化建设专项引导基金，专项用于支持农村文化建设项目，并吸引社会力量投入农村文化建设。

2. 强化阵地和组织建设，丰富传播形式

首先，要发挥好基层干部和老党员在乡村文化建设中的核心带头作用，还应创新政策，吸引选拔一批热爱乡村文化的文化能人、大学生、退伍军人等各方面人才加入到乡村文化建设队伍中来。实施"乡贤培育计划"，支持各方社

会贤达投身乡村文化建设。

丰富传播形式，让乡村文化接地气聚人气，多采取诸如文化墙、宣传栏、农村大喇叭、广播车、印发文化手册和海报等群众喜闻乐见、通俗易懂、贴近百姓的传播形式，多开展送戏下乡、扭秧歌、踩高跷以及文明乡村、文明家庭、文化能人评比等活动。

3. 保护文化资源，留住乡愁

在保持乡村基础格局、布局形态、建筑风貌的前提下，对文化资源进行保护、修缮和改造。对文化资源数量大、价值高的村落划定重点保护区，对分散的零星建筑设立保护点，对于急需保护的文化遗产优先规划保护；建立和完善以村民为主体的管护组织和管护制度；注重古建筑及其周边环境、风貌的保护，使传统文化与现代特色有机结合，对确需改造的建筑物要做到建新如旧，与历史风貌和环境相协调；加强对周边古树名木和山体、溪流的保护，以使村落与自然保持和谐统一。

发掘和保护乡村丰厚的历史文化资源，着力激活乡土文化资源，在乡村建设中"充分体现农村特点，注意乡土味道，保留乡村风貌，留得住青山绿水，记得住乡愁"。乡愁对于乡村地区而言，一个重要方面是对乡土文脉、田野文物的记忆。因此要加强对遗址遗迹、宗族祠堂、田野文物等乡村文化地标资源的开发保护，传承乡村文脉，让广大村民在精神上有归属感。

4. 建设文化设施

对基层文化设施进行建设投入并确保功用，加强乡村文化站、文化馆、社区和村文化室等设施建设；构建乡村公共服务网络，建设传播先进文化的宣传阵地如文化长廊、阅报栏、信息栏、文化广场等设施。

5. 发展文化产业

充分挖掘特色文化资源，对具有突出特点和文化特色的资源进行深度开发，打造龙头品牌。开展传统节庆及民间文化等民俗活动，打造文化休闲旅游品牌。开发具有传统和地域特色的剪纸、绘画、陶瓷、泥塑、雕刻、编织等民间工艺项目，戏曲、杂技、花灯、龙舟、舞狮舞龙等民间艺术和民俗表演项目，以及中药、茶饮、手工艺品等特色产品。

（四）案例借鉴

河南省洛阳市孟津县平乐镇平乐村

河南省洛阳市孟津县平乐镇平乐村，地处汉魏故城遗址，历史上曾有五个朝代在此定都，魏曹植曾有"归来宴平乐，美酒斗十千"的千古名句。平乐村距洛阳市 10 千米，交通便利，地理位置优越。全村 43 个村民小组，共 6 473

人，耕地面积 626.67 公顷，村庄占地面积 220 公顷。

平乐村文化积淀深厚。平乐村民创作的牡丹画美名远扬，被称为"中国牡丹画第一村"。俗称"官桌"的平乐水席也远近闻名，平乐郭氏正骨被评为国家级首批非物质文化遗产。文化部、民政部授予该村"民间文化艺术之乡"称号，先后获"河南省文化产业示范村""洛阳市新农村建设示范村"等荣誉。

"平乐农民牡丹画"兴起于 20 世纪 80 年代中期，最初是几位当地农民建立汉园书画院，切磋、交流绘画技。近年来，富裕起来的农民越来越重视精神文化生活，喜爱并从事书画艺术的人越来越多，紧邻旅游胜地白马寺的平乐村出现了许多爱画牡丹的农民画家。随着洛阳旅游业的日趋繁荣，外地观光者在欣赏洛阳牡丹芳姿的同时，对极具特色的牡丹画爱不释手，他们积极踊跃购买，促进了牡丹画产业的持续健康发展。目前该村以牡丹画产业发展为龙头，扩大乡村旅游产业规模，不仅增加了农民收入，也壮大了村级集体经济，探索出了一条新时期农村发展的新思路。

平乐村以文化产业为基础，通过打造生态优美、特色鲜明的牡丹画第一村、北邙汉魏文化展示中心，力图把村庄建设成为集特色文化、旅游观光、休闲娱乐为一体，现代文明、环境友好、特色鲜明、持续发展的美丽村庄。

1. 特色产业，政策引领

平乐农民牡丹画产业、平乐官宴俗称"官桌"（平乐水席）、平乐郭氏正骨是平乐村经济的三大支柱产业，也是平乐村实现可持续发展的主要依托。平乐村积极引导、推动扶持三大产业健康持续发展。

在牡丹画产业发展方面，平乐村坚持"请进来，走出去"的战略思维，组建了发展牡丹画产业领导小组，成立了平乐牡丹书画院，以协会的形式进行统一管理，将牡丹画创作与市场需求有机结合；围绕牡丹画市场策划各种宣传活动，加强对外宣传，提高知名度；利用洛阳牡丹花会的机会举办平乐牡丹书画展和牡丹产品博览会，并邀请市、县美协专业人员评选"优秀牡丹画师"和"牡丹画新秀"，扩大平乐牡丹画对外影响，提升其市场价值；制定人才培训计划，对书画从业者定期进行培训，提高从业者绘画技能，培养书画后继人才；聘请优秀画家举办牡丹画培训班，引导全镇中小学校增设牡丹画法、画技内容，邀请知名画家进村入户，现场讲解绘画技巧和专业技术，不断提高创作水平；扶持培养一批能拓展市场的牡丹画销售经纪人，每年对在牡丹画对外销售中做出突出贡献的销售能人给予重奖。

在郭氏正骨产业方面：平乐郭氏正骨起源于清乾隆年间，距今已有二百多年的历史，是中华民族医术界的珍贵财富。为继承发扬传统，平乐村创办了平乐正骨医院、平乐骨科学院大专班和本科班，投资 2 800 万元建成门诊楼、教学楼、办公楼、宿舍楼，为平乐郭氏正骨的传承和发展打下了坚实基础。

在水席产业方面：平乐水席是近几年来新兴的又一产业。为发扬传统饮食文化、抓住农村餐饮宴席的巨大商机，平乐群众成立水席服务队伍。村委专门成立了"平乐水席服务协会"，为各家水席队伍提供全方位的业务服务，免费提供各种信息，联系客户，承办业务，培训学员，聘请名厨，讲授烹艺。同时，严格执行食品安全管理，对服务人员加强教育，提高服务质量，扩大服务范围。

2. 对外宣传，拓展空间

通过广泛宣传，平乐村的知名度不断提升，经济效益明显提高。几年来，众多中央和地方媒体多角度深层次对平乐经济的发展和特色产业进行宣传报道，帮助平乐农民牡丹画家走出家门、迈出国门，打开了国际文化市场。2009年10月农民画家郭肖伟、郭泰森随河南省文化代表团出访新西兰；同年12月，平乐三位农民牡丹画家参加"中原文化宝岛行"活动；2010年3月，28名画家在北京798艺术中心举办"平乐农民牡丹画展"；2012年平乐农民牡丹画家分别参加上海世博会、深圳文博会、厦门文博会。通过这一系列活动不仅使农民画家增加了见识，开阔了眼界，扩大了交流，更重要的是，对平乐进行了有效宣传，提高了平乐农民牡丹画的知名度和影响力。2011年3月，平乐村开通了"平乐牡丹画村"网站，通过网络交流收集信息，吸取营养，宣传平乐，为今后的发展谋求更大的发展空间。

图 10 - 7　平乐村牡丹画创意园区实景

3. 改善民生，凝聚民心

平乐村在满足基本物质需求的基础上，不断扩大公共设施建设，提高农民生活水平。经过科学规划，公共设施建设、文化体育氛围培育、现代化服务体系完善等一系列建设，村容村貌焕然一新，环境卫生干净整洁，农田灌溉阡陌纵横，文化广场欢歌笑语，文体中心老幼共乐，集贸市场购销畅通，和谐健康的生活进一步激发了村民谋求更高发展的热情。

七、IP 实践型

（一）什么是 IP 实践型

常规定义下的 IP 是知识产权，"知识所属权"引申为"专属符号"。IP 可以是具象的，也可能是抽象的，是一个事物与其他事物区别开来的关键元素。在这里我们把"乡村 IP"理解为乡村一种特色的自然生态资源、农业景观资源、农业作物资源、乡村风貌建筑等具象的实体，或者乡村的一个故事、一种感觉、一类民俗、一项文化等抽象的概念。它赋予一个乡村独特的特点，是乡村生命力的源泉。所以只要具备内容衍生、知名度和话题的品牌、产品乃至个人，都可以看作是一个 IP。

并不是每个乡村都能得到大自然和历史人文的馈赠，然而我们依然可以通过后期的人文再造，依据自身特色打造属于乡村的 IP 文化属性，通过自创或植入的方法引出乡村 IP，再通过 IP 创意策划、IP 品牌设计、IP 品牌传播、IP 衍生开发等一系列手段打造出乡村的独有 IP，并把这个 IP 连同乡村一起营销推广出去，让人们想到这个村就同时想到这个 IP，从而寻求符合乡村自身发展的产业支柱，这是乡村在同质化产品竞争中得以取胜的法宝，是乡村振兴路径选择中一种紧随时代需求的创新路径。

（二）乡村 IP 的类型

1. 农业特色类 IP

依托乡村本身的一产或特色，如农产品、地域田园景观风貌、生态环境特色、乡村主要植物、动物等农业资源，把它的原型加进巧思做成独特的标识，或标新立异，或靠硕大的体型吸引眼球，或 Q 版萌化，进行一系列的吸引人眼球的创意设计改造等。再围绕这个核心产业设计一系列的农产品、文创商品、体验活动等，经过一、二、三产的融合，提升农产品的附加值。这类 IP 的核心特色在于具有明显优势的农业产业的发展特色。

2. 文创植入型 IP

这类 IP 可能是目前大家想起 IP 的时候，应用最为广泛的一种，也是传统定义中最易于识别的 IP 类型，例如文学作品、电视节目、卡通动漫等，该类 IP 原型可以是依托乡村某类特色资源而创意生长出的 IP。也可以是通过"拿来主义"嫁接过来的 IP，使用拿来主义 IP 时要注意版权的问题，如果整个乡村使用某一知名 IP 主题化，需要和版权所有方申请使用许可，通常需要支付一定版权费。

这类 IP 区别于"农业特色类 IP"的特点在于不一定是依托于乡村的农业产业特色进行的 IP 创意。例如例如日本熊本县的"熊本熊"。它的形象想必大家都见过，各种各样的表情包已经让它火遍全球，有无数粉丝热爱它。熊本熊是日本熊本县的官方代言人，是日本九州新干线全线通车后，用以推广熊本县旅游而设计的吉祥物。在熊本熊诞生之前，熊本县只是一个经济相对落后的农业小县城，在日本并不知名。而在熊本熊横空出世后的短短几年，全日本都知道了熊本县，熊本县旅游人数增长了近 25%，带来直接和衍生经济效益十几亿美元。

熊本熊的成功虽有独到之处，但其火爆验证了萌物"IP"所具有的现实吸引力。我们的乡村也可以因地制宜，造出属于自己的"熊本熊"，但绝不能只是简单的模仿，如何生动地营销使 IP 活化，从而产生强大的传播效应，才是我们值得学习和借鉴的。

和专业的文化公司合作举办 IP 展，VR 互动体验等，优点是省心省力，可以一段时间变换一个主题，让游客常游常新，保持新鲜感。类似于城市的购物中心，它们的主要消费群体是亲子家庭和年轻人，而时下亲子家庭和年轻人也是乡村旅游市场的主力军。但合作型 IP 在与乡村旅游结合的过程中，IP 文化类型的选择就相对需要慎重，需要根据乡村所在的市场区位，自然、人文特色进行选择。IP 本身要符合乡村的"气质"，IP 背后的客户群要与乡村定位相吻合。

3. 故事文化类 IP

一段乡村世代相传的民间故事，一种乡村广为人知的乡愁情怀，一个乡贤报效家乡的创业故事，等等，都可以成为乡村 IP 的创意原型。其核心价值在于扩大提升乡村的影响力，因着情感共鸣吸引投资商、吸引游客，这类 IP 在产品转化上较为多样，可开发的产业类型也较为广泛，从旅游、文创、研学教育都可以涉及。

（三）发展措施

1. 找准 IP 及 IP 生长的优质基因

首先从消费者的视角，一个创新 IP 的诞生应是大众耳熟能详的，是亲民的，以简单易懂的形式符号组成文化矩阵；其次搭建与消费者产生心理认同的桥梁，用好的 IP 故事创建品牌与潜在顾客之间的链接，并不断强化智力与情感诉求。

为打造 IP 化主题特色乡村，需要充分挖掘本土文化 IP，构建匹配特色乡村发展的产业链。从前期策划到后期运营都需要执行者围绕特色乡村的本土特征，围绕特色乡村的 IP 主题全方位搭建项目，来实现原创 IP 文化价值转化为经济性的效益收入。IP 化主题乡村首先需要创新特色乡村的 IP 故事文化来引导受众的认知；其次导入特色乡村的互动体验活动，形成深层次的受众感官体验；最后以新媒体助力特色乡村的营销推广。

2. 以旅游为杠杆的多产业联动发展

目前 IP 经营最为典型或成功的实践案例一般都来自于旅游产业业态的形式，一个成功的乡村 IP 实质是为了告别传统的单一旅游产业思维。推动以旅游为杠杆的多产业联动发展，将 IP 的优势与乡村的资源互为联动，放大价值，提高旅游的跨产业驱动力是 IP 实践模式的最终目的。一个健全的特色乡村发展创新模式因始于准确的 IP 定位，在乡村的发展中，不断培养 IP 主题产业的可持续发展力，来适应时代及消费者的创新性需求。

3. 加强乡村 IP 营销思维

在鼓足发展自身内核生命力的同时，应注重走出去的市场敏锐力，加强小镇的营销思维。在维持小镇自身特色的前提，需要提高市场的知名度及消费者的认知。将特色乡村的营销手段体系化，以专业的营销步骤，构建特色乡村 IP 化的品牌识别度。并以多渠道的平台营销推动特色乡村 IP 价值提升，高端的互联网营销思路有助于整合、加快小镇本土文化的优质资源推广，稳抓时代机遇，洞察消费者的需求，以网络平台为引擎，在白热化的特色乡村竞争中形成特色乡村系统性的品牌推广及 IP 打造的营销策略。

（四）案例借鉴

台湾南投市溪头妖怪村：有一种 IP 叫"无中生有"

在这里可以看到萌萌的妖怪，可以住在漫画里才出现的妖怪旅馆，可以吃到妖怪世界的食物，走在台湾妖怪村的路上，感觉自己从二次元破壁穿越而来。

对"传说文化"的研究集中在宗教文化、少数民族传说等较为闻名遐迩的文化上，极少将传说文化与乡村社区营造联系起来，而妖怪村就是其中的较为成功开发的代表。

溪头妖怪村位于台湾南投市，原先只是一个山区小村庄，根据当地的妖怪传说，发展出创意的妖怪传说文化，并依靠"妖怪"一词的特殊眼球经济强力效应和精心设计的妖怪文化创意社区，极短时间成为台湾个性的创意园区。

溪头妖怪村的营造来自于对妖怪传说文化这一当地特色文化资源的转化与运营。其中文化资源的创意开发是贯穿社区营造的主线，创意激活并重组了传说文化的资源，提升了其价值。形成了"传说文化资源挖掘—文化符号化—文化产业化—文化商圈化—社区化"的乡村社区营造模式。

1. 传说资源挖掘

任何一个景区或是旅游景点的开发首先就应该考虑该景点的目标市场定位，这样就有了挖掘和开发的方向。妖怪村毗邻溪头森林公园，实为明山森林会馆，是一个经营了40多年的酒店。这里风景优美，曾吸引许多年轻人来此度蜜月，也有"蜜月馆"之称，但是后来的台湾9·21大地震带来了巨大破坏，游客减少了很多。明山会馆想重振昔日盛况，经过分析将目标市场定在年轻人，因为他们是最有活力的消费群体。

选定目标之后就是如何吸引他们到来。虽然溪头森林公园有优美的风景和新鲜的空气，但是这种生态景观也不是十分突出，因此当时的林总经理采用了他爷爷经历的妖怪故事。

听闻，林家爷爷年轻时在山上见到一只黑熊和椅子云豹（分别取名为枯麻和八豆）并饲养了它们。有一天，林家爷爷工作时遇到了妖怪，枯麻和八豆挺身而出，八豆救了他而牺牲，而枯麻也不幸失踪。因此，林总经理就用非常规的思维将重点放在了"妖怪"上。"妖怪"一词突破了人们通常对旅游与景区的认识，却能在第一时间抓住人们的眼球，这种稀缺资源便能吸引人们的注意力，形成商业价值。

在吸引人们眼球的基础上，采用了"KUSO萌搞怪"的个性定位，因此妖怪形象并不恐怖。妖怪村的头号形象代表就是当时爷爷遇到的枯麻和八豆，它们的形象也是搞怪萌化定位，个性鲜明清晰。

2. 传说资源文化符号化

"文化符号化"是妖怪村基于传说文化社区营造的基础。确定好妖怪村的定位之后，就应该采用创意设计的手段将这种传说文化打造成为现实，成为表征文化。

在妖怪村，为了纪念为救爷爷牺牲的八豆，到处都是这一云豹的雕像，而枯麻在战中走失，因此，会有"小心枯麻"的标语。另外将传说形象生动化，创意团队将这二者的形象做成各种场景与股市的主角，活跃于生活和商业角落，与人群拉近关系。当然，妖怪不仅仅有这些，还有的来自漫画和故事，如长鼻子天狗等，但是，整体都是一种轻松搞怪的基调。

日式的屋檐、木屋茅顶、高挂整排的红灯笼、身着和风和异国风情服装的商家，他们供应各式独特的溪头妖怪村名产伴手礼、溪头妖怪村美食和特色文创纪念商品，整个妖怪村的建筑风格都带着浓浓的日式和风。

3. 传说资源产业化

在妖怪传说文化符号建立的基础上，妖怪文化与形象被不断挖掘与开发设计，应用到各个行业中，尤其是当地的小吃、礼品和旅馆备受人们的欢迎。当地的小吃在造型、用料和命名上都充分切合定位基调，例如热销的咬人猫面包、妖怪冰激凌、妖鸡和黑心店等；当地的伴手礼也很有趣，独具匠心；当地的旅馆有的直接以"枯麻馆"和"八豆馆"命名，内部的布置也是由它们的萌化形象设计的。

在特色小吃方面，为了力求真实，更贴近妖怪村的文化设定，设计师曾为了卖香肠，雕刻了一个天狗，后来，它成了妖怪村的地标——天狗牌香肠。为了卖枯麻烧，做了一辆妖怪公车；为了卖包子，画了一本漫画（山大王包）。如此精益求精，民众们怎么会不买账？妖怪村是完全免费开放（有免费的网络和游戏机），并不依靠门票经济，游客买的小吃占了旅游收入的不少份额。

4. 传说资源商圈化

妖怪村以一条主要的商业街贯穿，这条商业街到处是搞怪的妖怪以及风格鲜明的红灯笼木头房，颇有日本动漫风。这条街上的酒吧、厕所等全部都与妖怪有关，由此真实的营造了一种浓厚的文化环境。另外，每逢节日，这里都有各种各样的文化秀、特色活动，让旅客参与其中。

伴随这一系列策略作用的结果就是文化创意园区的形成，集中民众的力量，合理运用文化资源，不断挖掘创新，与原创设计者共同成长。妖怪村采用

图 10-8　溪头妖怪村街景

集中管理和开发经营的模式，把饼不断做大，分享给同行，一起投资经营，不断在免门票的机制下创造商机，依靠消费者的旅游购物获得主要的收入。

这一过程中，要借助不断被扩大和共享的文化形象、媒体宣传、商圈效用以及公众反哺力营造一个内外共同参与，不断进行设计创新的文化创意社区，才会长久的发展。

八、环境提升型

（一）什么是环境提升型乡村振兴

环境提升型的乡村振兴路径，主要在农村脏乱差问题突出的地区，其特点是农村环境基础设施建设滞后，环境污染，当地农民群众对环境整治的呼声高、反映强烈。政府通过生活垃圾治理、农村建筑风貌管制与提升，改善人居环境，提升居民幸福感，增加乡村吸引物等，从而使生态宜居的乡村环境成为乡村产业兴旺、百姓生活富裕的首要前提条件。

（二）措施有哪些

1. 系统提升生态环境建设

加大生态环境的治理。着力破解畜禽养殖场污染和病死动物无害化处理等农村种养殖业污染治理难题，加强农村环境监管能力建设，全面实行主要污染物排放财政收费制度，以及与出境水质和森林质量挂钩的财政奖惩制度，严禁工业和城镇污染向农业农村转移。

做好村庄内外的绿化。做好房前屋后、进村道路、村庄四周等薄弱部位的绿化，注重古树名木保护，构建多树种、多层次、多功能的村庄森林生态系统。在此基础上，健全落实村庄绿化长效管养制度，较好地预防和制止各类侵绿、占绿和毁绿行为。

打造生态田园的环境。按照宜耕则耕、宜建则建、宜绿则绿、宜通则通的原则，结合整洁田园、美丽农业建设，实现村庄生态化有机更新和改造提升。

2. 提升基础设施建设

抓好农村厕所革命，扎实推进农村公厕改造，同步实施公厕粪污治理，加强农村公厕管理服务；抓好农村生活污水治理，在基本实现农村生活污水治理设施建设全覆盖的基础上，按照农村生活污水治理"设施维修到位、管理落实到位、检查考核到位"要求，实现一次建设、长久使用、持续有效；全力抓好农村生活设施配套，立足长远、因地制宜，不断完善农村"四好"公路、电网、通信、防洪、邮政、公共照明、电子商务等生活设施，优化承接教育、医疗、商业等公共服务能力，提高农村环境的承载力和生活宜居度。

3. 深化提升美丽乡村创建

以村容村貌为主攻方向，加强农村规划设计的规划引领建设实践。大力推进县（市）域乡村建设规划编制全覆盖，并与美丽乡村建设规划、土地利用规划等"多规合一"。开展村庄设计、推进农村土地整治，对农村生态、农业、建设空间进行全域化优化布局，对"田水路林村"等进行全要素综合整治，对高标准农田进行连片提质建设，对存量建设用地进行集中盘活，对美丽乡村和产业融合发展用地进行集约精准保障；规范农房改造，积极探索建立城乡接轨的困难家庭住房即时救助保障机制。

4. 提升传统村落保护

加强对传统村落的保护和规划编制的实施，统筹推进村落系统保护和整体利用。同时，加强技术指导，加快历史建筑和传统民居抢救性保护，协调村落、传统民居周边建筑景观环境，彰显村落整体风貌。注重健全预警和退出机制，防止损害文化遗产保护价值；做好农村传统文化的传承和延续，抓好文化礼堂等公共文化服务设施建设，实施农村优秀传统文化保护振兴工程，加强非物质文化遗产传承发展，挖掘农耕文明，复兴民俗活动，提升民间技艺。

（三）案例借鉴

浙江省黄岩区乌岩头村

乌岩头村位于台州市黄岩区宁溪镇西北角，村域面积 1.48 平方千米，总人口 285 人。村内现存 110 间明清古建筑群，最老的房子有近 300 年的历史。2014 年，乌岩头村被列为浙江省第二批历史文化村落保护利用重点培育村。从产业经济、社会文化和空间环境入手，按照"修旧如旧"的原则，对古村落内的建筑和用地进行改造，恢复风貌，植入功能，注入产业，实现古村落活态再生。该村成为登上美国权威杂志——《规划师》的中国乡村典型案例，并被《焦点访谈》主题节目点赞和推介，是浙江省"千村示范、万村整治"样板。

1. 强化规划，重塑古村魅力

与同济大学建立深度合作，聘请建筑与城市规划专家杨贵庆教授担任古村落保护规划首席专家，全程把脉古村落基础调研、规划制定以及工程施工。积极挖掘古村落传统建筑及文化特色，对古民宅、古墙、古桥、古井等废旧建筑进行改造和周边景观布置。在具体修缮保护的过程中，选择具有古建筑修缮经验、信誉良好的建设公司，并聘请当地技艺精湛的老石匠、老瓦匠，采用传统工艺和当地材料进行修缮保护，基本保留老宅外貌，完整传承和保护老建筑的精髓。

2. 有机更新，满足宜居要求

在注重传承历史风貌和建筑特色的同时，充分考虑现代人居需求，用现代人的生活理念实施功能再植。在村口建成工作室、小卖部、公厕、停车场等公建配套设施；在村内修整园路，形成道路小循环，提升村落及周边交通集散能力。全面实施线路入地工程，将供电、供水、排污、通信等管线全部入地，并在全村覆盖免费 WiFi，满足游客的上网需求。结合山区小流域农村生态工程，整治村内排水沟渠，提高溪流灌溉和排涝能力。

3. 全域整治，优化村庄生态

深入推进"厕所革命"，建设美丽庭院，制定村规民约，实现垃圾"村收集、镇转运"。落实家禽、家畜圈养饲养制度，全面改善人居环境。突出沿溪、沿路、环村绿化，在空余闲地种植梨树、枣树、桃树、桑葚等乡村植物，在庭前屋后开辟生态菜园，在道路两侧形成竹道绿廊，并建设双桥沁园、葵海乐园以及早春二月等特色生态园，形成"点上绿化成景、线上绿化成荫、面上绿化成林"的村庄绿化美化格局。

4. 注入产业，实现活态再生

整合村庄传统建筑、山水资源以及茶产业、黄仙古道等资源，开设手工作坊、休闲茶吧、民俗博物馆、高端民宿等新业态，培育文化体验、书画创作、陶艺创作等休闲旅游业，吸引了一批有乡村情节的有志之士开设呆吧、见素艺术工坊、竹叶山房、乌岩春居等服务型设施。对晚清民居——陈熙瑛旧宅"修旧如旧"后，与一位农民收藏家合作，在四合院内设博物馆，陈列

图 10-9　乌岩头村民宿

700 多件以民国时期为主的文物，对公众免费开放。将老三合院改建成全国首家以乡村振兴为主题的干部教育培训基地——同济·黄岩乡村振兴学院乌岩头校区，以培训产业带动村庄发展，助力乡村振兴。鼓励引导村民回村生活、就业、创业，许多外出务工村民逐渐返乡从事特色小吃、土特产和民俗等行业，昔日无人问津的"空心村"变成了村民安居乐业、游人穿梭如织的生态宜居特色村。

九、管理创新型

（一）什么是管理创新型乡村振兴路径

管理创新型的乡村振兴路径，是从管理体制机制、制度组织的创新入手，激发农村内部发展活力，优化农村外部发展环境，用管理来驱动发展的能动性和积极性，并推动人才、土地、资本等要素的双向流动，进而带动乡村振兴的发展路径。

（二）管理创新型的限制因素

1. 管理体制亟待转型

面对农村人口结构失衡、产业发展滞后、传统文化衰落等方面的挑战，目前的乡村社会治理体制并不能有效组织和动员乡村社会的内生发展资源，也难以动员其他可利用的外部发展资源。乡村治理主要依靠乡镇政府的村基层组织落实国家的涉农政策和资源下乡项目，而在培育乡村自身发展动力和提高农民的有效参与上，却显得力不从心，在组织和协调内生发展实践中，也未显示足够的有效性。

一方面村庄无主体性、乡村治理异化导致农民动员困难。无主体性主要表现为农民"等靠要"的性格特征和关注个体利益得失而漠视村庄公共事务的行为特征，以及约束性个体行动者的村庄价值规范的式微。另一方面农民的组织动员缺位，导致有效参与不足。在涉农政策的执行过程中，村干部不得不花费较大的成本或者以应付政策执行的办法来完成乡镇安排的任务。

2. 管理机制弱化

村庄共识是共同体内的成员之间共享的，激励人们在规则框架内行动的基本价值，是社会转型过程中，村民应对经济压力与变迁动荡的文化资源。在消费社会与市场经济背景下，村庄基础性的共识生产机制难以攻击集体能量，村落结构渐趋演变成以个体利益为中心的松散原子型，村庄秩序生产面临内卷化危机。

3. 乡村管理主体缺失

乡村精英外流。改革开放以来，大量的乡村精英脱离原有的生活方式，涌入城市，从 2000 年开始，国家对于农村劳动力的政策导向从"引导流动"转向"取消流动限制"和"公平流动"，进一步造成了乡村精英的单向流动。从而进一步形成新时期农村"空心化"、劳动力"老龄化"与乡村社会凋敝等社会问题。

（三）案例借鉴

广东清远："三个下沉、三个整合"

广东省清远市是我国第二批国家级农村改革试验区，探索以自然村为单位的村民自治的有效实现形式。其改革创新举措可以总结为"三个下沉、三个整合"，即基层党组织建设、公用服务、村民自治单位下沉和农村土地资源、涉农资金、涉农服务平台整合。其中，其核心做法是通过对自然村这一传统资源的挖掘，在行政村以下开拓出村民自治的空间，让"十几公里外的事"变为"家门口的事"，让自治进入"微观"和"细化"的具体层面，而基层党委、政府不再大包大揽，注重充分发挥自然村党建和村民自治单元的作用，让群众说服群众，让群众带动群众，实现政府归位，自治到位。

清远的经验最核心的做法在于因地制宜地探索村民自治的有效实现形式。一方面，结合当地自然村内部高度关联的社会文化经济基础，调动自然村内部主体性，实现对分散个体农户的自我治理；另一方面又是一项国家基层治理的制度安排，清远改革的顺利推进，得益于这一双轨治理结构中村级自治单元的下沉。

图 10-10　广东省清远市国家级农村改革试验区

第十一章 乡村振兴十大模式探索

一、产业兴旺——云南省"绿色革命品牌化"模式

(一)实践概况

长久以来,云南省食品工业企业数量不少,但企业规模较小,真正有实力的大型食品企业很少。所以发展绿色食品大产业迫在眉睫,拥有众多高原特色农产品,农业品牌化发展,既是农民增产增收的有效途径,也是农业公司做大做强的不二法门。

2018年为了促进农业的增产增收,鼓励农业公司,特别是各地龙头企业有序健康发展,云南围绕茶叶、花卉、蔬菜、水果、坚果、咖啡、中药材、肉牛8个重点产业,每个产业评选10个绿色食品产品品牌。2018年评选奖项设置"2018年云南省10佳茶叶品牌""2018年云南省10佳花卉品牌""2018年云南省10佳蔬菜品牌""2018年云南省10佳水果品牌""2018年云南省10佳中药材品牌"5项。

根据产业发展实际,云南省规划日后适时增加坚果、咖啡、肉牛产业的产品品牌评选。评选10佳品牌,助力打造世界一流"绿色食品牌",促进云南食品工业龙头企业发展壮大,推动云南农产品品牌化发展。

申报云南省名优农产品品牌,要求产品在云南省境内生产,食用农产品应获得有机食品或绿色食品认证;申报企业建立质量管理体系并规范运行,产品有严格的质量标准,建立产品自检或委托检验制度,产品质量可追溯,连续3年抽检合格率为100%;产品有稳定的销售渠道和较高的市场占有率,批量生产和销售已满3年,品牌知名度较高;申报企业无违反法律法规行为,生产过程必须达到国家环保标准,产品必须具有自主有效的注册商标和明确的包装、标识。

过去5年,云南农产品出口额稳居西部省区第一。品牌建设扎实推进,获得国家驰名商标农产品21个,有效认证"三品一标"农产品2 049个,斗南花卉、普洱茶、文山三七等一批区域性品牌初步形成。

大力塑造"绿色牌",推动农业生产方式"绿色革命",力争新认证"三品一标"600个以上,有机和绿色认证农产品生产面积分别增长10%和15%以上。

（二）模式总结

1. 把产业兴旺作为乡村振兴的重点方向

云南省打造的"绿色食品牌"，将把产业兴旺作为乡村振兴的重点方向，把高起点发展高原特色现代农业作为今后一个时期传统产业优化升级的战略重点，用工业化理念推动高质量发展，突出绿色化、优质化、特色化、品牌化，走质量兴农、绿色兴农之路，在确保粮食生产能力稳中提质的基础上，力争到2020年形成若干个过千亿元的产业。

2. 重视推进农业标准化生产和监管

重视推进农业标准化和监管，夯实农业品牌化发展的生产基础。坚持用标准提升特色、壮大品牌。大力推进农产品产前、产中、产后各环节的农业标准化建设，为云南农业品牌的树立打牢了基础。

3. 重视农业产业品牌化发展

云南省拥有丰富的高原特色农作物，近年来特别重视农业产业品牌化发展，积极开展"三品一标一名牌"认证，集中打造云南农产品品牌。紧紧围绕"推动发展、加强监管、打造品牌、提高效益"的目标，把开展"三品一标"认定和"云南名牌农产品"评选作为推进农业标准化、打造农业品牌，促进农业增效、农民增收，集中培育打造云南农产品品牌，通过农业品牌化带动农业产业的健康有序发展。

4. 做好"特色"文章

大力打造名优产品，围绕茶叶、花卉、水果、蔬菜、核桃、咖啡、中药材、肉牛等产业，集中力量培育，做好"特色"文章，打造具有云南特色、高品质、有口碑的农业"金字招牌"，加快形成品牌集群效应。

图 11-1　云南梯田

5. 大力塑造"绿色牌"

此外,云南还将以绿色为底色,坚持高质量发展,走进新时代的云南将打造绿色能源、绿色食品、健康生活目的地"三张牌",为跨越式发展的云南注入绿色高质量发展新动能。

二、生态宜居——西安市"共享村落"模式

(一)实践概况

2018年7月2日,西安市高陵区推出的首批"共享村落",让有着田园梦想的人士可以通过租赁的方式得以实现。

"共享村落",指村集体或农户委托村集体经济合作社在农村产权交易平台上进行流转交易的闲置宅基地和房屋。农民通过"共享村落"平台,将闲置的宅基地和闲置农房出租,获得收益,增加财产性收入。共享年限原则上不高于20年。在获得农民闲置宅基地和闲置农房使用权后,在出租期限内用于创新创业,发展乡村旅游、民宿、创意、文化、商贸、娱乐等产业,也可用于个人休闲居住及养老等用途。凡在中华人民共和国境内依法设立的法人、其他组织及具有完全民事能力的自然人,除法律、法规另有规定外,均可申请共享。

共享村落的实施,是以农村宅基地集体所有权,宅基地农户资格权不变为前提,不影响农民正常生活,按照依法、自愿、有偿的原则进行。农民个人闲置的宅基地和闲置农房,和村集体经济合作社签订《委托书》,经区农业管委会备案后,由区农村产权交易中心进行信息发布、组织交易。交易完成后,90%出租费用分配个人,10%作为村集体经济收益,主要用于村内基础设施维护、公共服务建设等。而集体产权的宅基地和农房,则需召开股东(代表)大会,形成决议公示后,将这些集体资产作为"集体经营性资产"折股量化给村集体经济合作社成员,最终由区农村产权交易中心进行信息发布、组织交易。探索宅基地"三权分置",不是买卖宅基地,而是在坚持宅基地所有权属于农村集体、资格权属于集体经济组织成员的基础上,适度放活宅基地的使用权,并通过多种方式,使宅基地能够更好地得到利用,充分发挥其财产价值,增加农民收入、壮大村集体经济。

"共享村落"对于共享人也有保障。达成合作交易的,可以取得《不动产权证书》,共享人享有新建权、改建权、转让权、经营自主权、经营收益权、融资抵押担保权等权益。符合创新创业条件的还可享受高陵区创新创业等扶持政策。比如利用闲置宅基地或农房创业成功,被认定为国家级、省级、市级众创空间的,高陵区将分别给予20万元、15万元、10万元奖励。

（二）模式总结

1. 乡村振兴中"生态宜居"的另一种创新实现模式

西安市"共享村落"模式，是乡村振兴中"生态宜居"的另一种创新实现模式，不仅是对当地原住民的"宜居"，更能带动城镇居民的"宜居"，有力的促进了城乡一体化的发展，为乡村的发展注入了活力，带来了人群和市场。利用农民闲置资产与社会资本有效合作的一种尝试。据统计全国农村至少有7 000万套闲置房屋，乡村房屋闲置率在15％。如果我们把每套农房的年租金按5 000元来算的话，现在全国的农房就意味着一个3 500亿元的租赁市场。

2. "共享村落"具有整合闲散资源与使用权适度转移的特征

"共享村落"以农村宅基地集体所有权、宅基地农户资格权不变为前提，充分尊重农民意愿，放活使用权，在不影响农民正常生活的前提下，按照"依法、自愿、有偿"原则组织实施。同样，村集体的闲置宅基地和农房，作为集体经营性资产折股量化给村集体经济合作社成员，最终由农村产权交易中心发布信息、进行交易。

3. 对宅基地"三权分置"的积极探索

"共享村落"的目的就在于使宅基地能够更好地利用，既增加农民收入又壮大集体经济。这种模式盘活了农村长期闲置的大量宅基地和闲置农房，避免资源沉睡，充分发挥其财产价值，让农民通过使用权暂时转移获得资产收益。同时，"共享村落"在坚持宅基地所有权属于农村集体、资格权属于集体经济组织成员基础上，通过适度放活使用权等多种方式，在农村产权交易平台上实现有序流转，这是对宅基地"三权分置"的积极探索。

4. 为共享人提供创业经营的条件

"共享村落"还为共享人提供了创业经营的极好条件，助力田园梦的放飞与实现。据了解，高陵对共享人进行政策扶持，为其颁发不动产权证书，符合创新创业条件的还可享受区上的"双创"资金。利用闲置宅基地或农房创业成功，被认定为国家级、省级、市级众创空间，高陵将分别给予20万元、15万元、10万元奖励。此举体现了"放水养鱼"的睿智，摒弃了"竭泽而渔"的短视，从而充分调动起共享人的主动性和积极性，为农村发展注入了源头活水。

当地政府如此大力推行的"共享村落"模式，有效地将当地的闲置空房、土地进行利用，提高农民收入，有利于当地的人才引进、产业升级，同时也让有着田园梦想的人士可以通过租赁的方式得以实现。我们或许可以预见，这种新的方式将引领中国乡村转型发展的新高潮。

图 11-2 西安市高陵区街景

三、乡风文明——四川省"五联四好"模式

(一)实践概况

1. "五联创建"——环境联治、平安联创、困难联帮、致富联带、新风联树

2015 年，四川省江油市创新社会治理模式，推行"单元化联户共建共享工程"，就是按照人员相熟、地缘相近、产业相融原则，将农村或社区相邻居住的 10～20 户人家或一个居民楼栋组成一个联建单元，并从中推选一名家庭户主担任联建单元小组长，"任期"一个月，由联建户轮流"坐庄"，统筹协调相关工作。联建单元成员按月轮流值班，负责解决单元内社区治理、公共卫生、治安防范、困难帮扶等与群众生活最密切的问题，开展"五联创建"——环境联治、平安联创、困难联帮、致富联带、新风联树。

其实，联户共建就是让群众回归"熟人社会"，"共享"实惠，"共享"创建成果，同时不断创新机制，由党员牵头示范，引导群众共建美好家园。目前，江油市共建立村（社区）440 个、村（居）民小组 4 094 个、联建单元20 000余个。

2. "四好"——住上好房子、过上好日子、养成好习惯、形成好风气

"四好"创建是四川的创新。2014 年 3 月，四川省委书记王东明在凉山调研提出，要让农民群众"住上好房子、过上好日子、养成好习惯、形成好风气"。2016年9月，省委出台省级"四好村"创建方案，全面启动"四好村"创建活动，全省农村迅速形成"四好村"创建热潮。目前，全省已建成"四好村"21 000多个，其中省级"四好村"3 481个。2017年6月17日，《人民日报》在头版报眼位置，用醒目的标题，称"四川：四好村棒棒哒"。根据规划，2020年四川60％以上的村将建成省级"四好村"，突出脱贫攻坚和"四好"目标，已成为四川省幸福美丽新村建设的核心关键词。

（二）模式总结

这项工程就是要让党员示范带动，唤醒居民的自治意识，主动参与到社区建设中来。"单元化联户共建共享"工程是指导基层党组织开展群众工作、走好群众路线的制胜法宝。以社会主义核心价值观为主线，有力有序将工程加以推进，使社区党组织凝聚力得到加强，服务能力得到提升，和谐社区建设取得新成效。

实践证明，"四好村"创建激发出了农村发展的内生动力，是脱贫攻坚和幸福美丽新村建设的重要抓手。目前，全省已经建成"业兴、家富、人和、村美"的幸福美丽新村23 160个，2017年还评选了全省十大幸福美丽新村。进一步看，"四好村"创建符合乡村振兴战略的总要求，也是四川实施乡村振兴战略的重要抓手；应当继续通过创建活动，推动乡村振兴战略的实施。

四川省"五联四好"模式，是乡村振兴中发挥"乡风文明"的成果，积极调动群众参与乡村振兴的大潮中来，推进产业扶贫与精神扶贫相结合。

图11-3 四川省"四好村"实景

四、治理有效——浙江省"千村示范、万村整治"模式

2018年10月5日，习近平总书记作出重要指示：浙江"千万工程"起步早、方向准、成效好，不仅对全国有示范作用，在国际上也得到认可。要深入总结经验，指导督促各地朝着既定目标持续发力，久久为功，不断谱写美丽中国建设的新篇章。

2018年9月27日，浙江"千村示范、万村整治"工程获得联合国"地球卫士奖"中的"激励与行动奖"。

(一) 实践概况

1. 2003—2007年"示范引领"

选择1万多个建制村，全面推进村内道路硬化、垃圾收集、卫生改厕、河沟清淤、村庄绿化。五年建成1 181个全面小康示范村和10 303个环境整治村。

2. 2008—2010年"整体推进"

把整治内容拓展到生活污水、畜禽粪便、化肥农药等面源污染整治和农房改造建设，形成了农村人居条件和生态环境同步建设的格局。三年对1.7万个村实施了村庄环境综合整治，基本完成第一轮村庄整治。

3. 2011—2015年"深化提升"

把生态文明建设贯穿新农村建设各个方面，启动实施美丽乡村建设行动计划，系统推进"四美三宜二园"（规划科学布局美、村容整洁环境美、创业增收生活美、乡风文明身心美，宜居宜业宜游的农民幸福家园、市民休闲乐园），开展历史文化村落保护利用工作，城乡关系、人与自然关系不断改善，五年创建58个美丽乡村先进县。

4. 2016年以来"转型升级"

推进"物"的新农村与"人"的新农村齐头并进，全力打造美丽乡村升级版，美丽乡村建设从一处美向一片美、一时美向持久美、外在美向内在美、环境美向发展美、形态美向制度美转型。到2017年，全省创建12个美丽乡村示范县。

截至2017年年底，浙江省累计有2.7万个建制村完成村庄整治建设，占全省建制村总数的97%；74%的农户厕所污水、厨房污水、洗涤污水得到有效治理；生活垃圾集中收集、有效处理的建制村全覆盖，41%的建制村实施生活垃圾分类处理。

2003年浙江省农民人均纯收入仅为5 431元，2017年浙江农村常住居民人均可支配收入24 956元，位居全国各省（区）第一。

通过多年的努力，浙江正在实现经济、社会与生态环境之间的协调发展。前不久，联合国副秘书长兼环境规划署执行主任索尔海姆访问了浙江省多个地方，对浙江的绿色发展成果给予高度评价和赞赏，他指出："我在浙江浦江和安吉看到的，就是未来中国的模样，甚至是未来世界的模样"。

（二）模式总结

1. 先易后难、先点后面，通过试点示范，带动整体提升

浙江农村人居环境整治工作的重要经验，是坚持先易后难、先点后面，通过试点示范，带动整体提升，更好落实中央《农村人居环境整治三年行动方案》。主要是以村容村貌整治提升、生活垃圾治理、生活污水治理、"厕所革命"、农业生产废弃物资源化利用等为重点。

2. 注重把环境整治和农民增收结合起来

"千万工程"注重把环境整治和农民增收结合起来。高污染的小作坊通过转型升级，搬迁到工业园区。许多农村开辟了绿色农产品经营、手工艺品等绿色产业，并借助互联网电商平台销售。同时注重培育农家乐休闲旅游点，把农村的生态环境转化成旅游资源。安吉余村曾面临发展和保护的两难境地，在"绿水青山就是金山银山"理念指引下，摒弃了矿山、造纸等落后产能，大力发展休闲旅游、生态竹木等绿色产业，走出了绿色发展的新路。

图11-4　浙江省"千万工程"乡村实景

3. 生态文明建设关系人民福祉和未来

良好的生态环境是浙江最大的资源和资产。作为"绿水青山就是金山银山"理念的发源地和率先实践地，浙江已经在积极行动，提出力争"到2035年，美丽浙江全面建成，生态环境面貌根本改观，人民对优美生态的需要得到有效满足"的远景目标。这一目标比全面建成美丽中国整整提前15年。

浙江省"千村示范、万村整治"模式，为乡村振兴提供非常必要的人居环境条件，是乡村振兴"治理有效"体现。

五、生活富裕——北京市"都市型乡村旅游先锋"模式

（一）实践概况

休闲农业和乡村旅游是北京都市型现代农业的重要组成部分，是推进城乡一体化发展的重要内容。2018全市1 200余个休闲农业园区、8 300余户民俗旅游接待户，年接待游客4 000万人次以上。规范引导宅基地盘活利用，42个村有组织地盘活闲置农宅1 035套，培育了一批精品民宿，带动集体和农民年增收2 000万元。

为加快推动休闲农业和乡村旅游提档升级，北京市印发《关于加快休闲农业和乡村旅游发展的意见》，提出要不断扩大北京市休闲农业和乡村旅游产业规模，实现接待人次、经营收入年均增长5％和8％以上，到2020年，分别达到5 000万人次和60亿元。

在层出不穷的消费热点中，乡村旅游以其丰富的乡村资源、浓郁的乡土气息受到越来越多旅游者青睐，从而形成一大新兴消费热点。适应旅游者不断扩大及对乡村旅游品质追求逐步提高的趋势，北京的乡村旅游业在历经自发发展、数量扩张、规范发展三个阶段后，目前已进入品质提升阶段，形成了养生山吧、山水人家、国际驿站、休闲农庄、乡村酒店、生态渔村、民族风苑、采摘篱园等多种创新业态。

（二）模式总结

北京市"国家首都""国际城市"的城市定位和特大型城市的城市特点，决定了北京市的乡村旅游业发展路径和形态，不仅具有全国普遍存在的农家乐、农业观光园等业态，更具有市场需求国际化、投资主体多元化等鲜明特色。

1. 标准化规范和引导乡村旅游发展

2008年，北京市制定了养生山吧、山水人家、国际驿站、休闲农庄、乡村酒店、生态渔村、民族风苑、采摘篱园八个乡村旅游新业态地方标准，成为全国首批乡村旅游新业态地方标准。

2. 高水平规划"一沟一品"发展

继 2007 年推出 13 条沟带规划后，北京市于 2008 年委托国内外著名规划设计单位，又编制了 13 个"一沟一品"的沟（带）地域乡村旅游规划。

3. 差异化策划"一村一品"发展

北京市旅游局委托专业机构，制定了延庆柳沟村、上磨村、大柏老村等 30 个"一村一品"项目创意策划，这些创意策划成果，对北京众多开展乡村旅游的村落起到了明显的示范作用。

4. 明确"一区一色"特色化发展

2008 年北京市确定了涉及乡村旅游的 13 个区县的旅游特色功能定位，例如，昌平——温泉胜地，大兴——绿海田园休闲旅游区，怀柔——不夜怀柔，平谷——休闲绿谷，密云——京城"渔乐圈"等，区域旅游发展的功能定位必将对相关区县乡村旅游发展发挥促进作用。

5. 完成多个设计乡村旅游的专项调研报告

例如，《北京环城旅游乡村休闲度假带研究》《北京郊区旅游用地需求与功能配置研究》《北京休闲度假旅游主题试验区可行性研究》等。

利用田园风光、山水资源和乡村文化，大力发展各具特色的农村生态旅游、乡村休闲旅游、民俗旅游和农业传统体验游，促进一三产业融合，打造美丽乡村最亮处、市民休闲好去处。推进绿色农业新业态发展，加快建设北京农产品绿色优质安全示范区，将农村生态环境优势转化为绿色发展优势，带动农民持续增收、低收入户增收达标。

北京市"都市型乡村旅游先锋"模式，为城郊类乡村振兴提供优先发展休闲农业与乡村旅游带动农民致富"生活幸福"的样板。

图 11-5 北京乡村实景图

六、人才振兴——武汉市"三乡工程"模式

(一) 实践概况

"市民下乡、能人回乡、企业兴乡"简称"三乡工程",被评为 2017 年武汉 20 件大事之一,是乡村振兴的宏大实践,被称为新时代"三农"发展的"武汉样本"。

自 2017 年实施"三乡工程"以来,武汉市利用农村综合产权交易所网站发布 11 万户闲置农房,引导工商资本以租赁或合作等方式发展农家乐等休闲旅游农业,已签订闲置农房租赁协议 1 万户,年租金 1.3 亿元,吸引工商资本投资 145 亿元。"三乡工程"盘活了农村的农房、田地、劳动力等要素,提高了农民的收入,也提升了城乡居民的获得感、幸福感。

"三乡工程",就是广泛利用社会和市场的力量,特别是充分发挥城市的作用,以城带乡、以工促农、城乡融合,撬动和推进农业农村现代化。其内涵是:要鼓励市民下乡休闲养老,引导在外能人回乡创业,发动工商企业投资兴业,用好农村资源,撬动乡村振兴。"三乡工程"的最大特色,就是不完全依靠政府扶持,而是充分依靠社会力量,用市场机制去激活城乡要素有序流动,真正促进城乡融合发展。武汉市通过实施"三乡工程",架起城乡要素资源互通互联互融的桥梁,运用城市力量深化农村改革。经过一年多的创新探索后,"三乡工程"不仅成为武汉乡村振兴的重要抓手,也为全国乡村振兴提供了理论和实践基础。

1. 市民下乡,变农民闲置资源为财富要素

"三乡工程"发源于江夏区五里界街童周岭村小朱湾。2012 年以前,小朱湾还是一个典型的"失地村湾""空心村湾"。从 2013 年开始,童周岭村把握新一轮新农村建设的有利时机,积极开展美丽乡村建设。市、区先后投入财政资金 2 000 多万元,对所有村湾公路完成了硬化刷黑,实现雨污水分流,建造污水收集池、星级旅游厕所、生态停车场等,同时以"望得见山、看得见水、记得住乡愁"的美丽乡村建设理念,对村民住宅进行改造,打造形成听雨长廊、翰林古井、荷塘小桥、茂竹修林、家风驿站为主要特色的美丽村湾。

在 2017 年,武汉市大力实施"三乡工程",童周岭村为充分利用湾内空闲农房资源,打造"宜居宜业宜游"的休闲旅游精品村,先后引进摄影、绘画、国学等文化元素,增添村湾文化底蕴。目前,已有湖北摄影家协会等 9 家团体组织入驻小朱湾,兴办了摄影实训基地、新民文化书院、老渔民农庄、"三分田"乡村青旅、沐楚客舍等文化基地,还有农家乐、乡村民宿,湾内产业不断

丰富。

优美的环境吸引了大量游客，如今的小朱湾，在旅游高峰期日均接待游客量可达 2 万余人次。村湾已有农家乐 15 家、省级摄影基地 1 家、国学书院 1 家、共享民宿 3 家，2016 年被评为市级"美丽乡村"示范点，2017 年被作为"市民下乡、村民进城"的试点村湾，同年被湖北省农业厅、林业厅联合评为"十大荆楚最美乡村"。

2. 能人回乡，变农村资源为创富资本

2014 年，杜堂村引回本村能人——武汉万中集团公司董事长葛天才，回村投资建设美丽乡村、打造旅游景区，杜堂村由此走上"蝶变"之路。葛天才先后投资 3 亿元，对该村 5 个自然湾 257 户实施美丽乡村建设，公司先后流转该村及邻村土地近 466.67 公顷，建设木兰花乡景区。

在"三乡工程"实施后，由公司牵头，带领 113 户村民成立杜堂村旅游专业合作社，通过评估，村民空闲农房按每平方米 1 600 元的价格入股合作社，公司再投资对房屋进行统一设计、统一装修、统一管理，由合作社招商市民下乡投资创业，经营农家乐、民宿、文创、商业等。

目前，引进市民下乡并已开张营业的有 12 家民宿、8 家农家乐，以及土特产电商、奶茶店、生活超市、中国文艺家书画院、非遗文化泥塑馆和木兰文化博物馆各一所。

3. 企业兴乡，变乡村为创业乐园

作为武汉市企业兴乡典范的花博汇，位于蔡甸区大集街天星村，由武汉阅景汇公司投资兴建。花博汇利用原有村湾、农田、山水资源等优势，坚持农业与第三产业相结合、农用地流转与房屋流转相结合、存量房再利用与创意设计相结合、基本农田保护与美丽乡村相结合，打造集花卉旅游观光、创意农业体验、田园养生度假、亲水休闲游乐、美丽乡村体验、花卉贸易展销等功能于一体的田园综合体，满足人们回归自然、乡野度假的"慢生活"需求。

更为重要的是，花博汇项目为市民下乡、能人回乡搭建创业平台。已吸引市民、回乡能人和企业家 100 余人投资创业，租赁房屋 85 栋，发展多种业态。在自身发展的同时，项目还带动周边天星、西湾、农林、文岭、凤凰等村近 500 人就业，其中贫困人口 12 人，主要从事花卉种植、清扫保洁、餐饮服务等，年人均增收 4 万元以上。

（二）模式总结

1. 充分调动各方面要素资源投向农村

工作思路上，依靠政府政策引力、市场机制活力、社会参与助力、农民自身动力共同推动，充分调动各方面要素资源投向农村，将农民闲置农房变为财富要素，将农村资源变为创富资本，将农产品变为农商品，将农民变为合作股民，将乡村变为宜居创业乐园。

2. 集合多方政策聚焦核心产业业态

政策集成上，将过去零星的城乡融合发展举措进行系统集成，制定出台系列政策措施，聚焦市民、能人、企业关注的生态农业、乡村旅游、养老休闲、文化创意、民间非遗传承等项目，为实施"三乡工程"提供有力保障。

3. 用"三权分置"改革提供产权制度保障

基础支撑上，推进"三权分置"改革，全市 50 多万农户已全部完成新一轮产权登记、确权颁证，形成更加清晰规范的产权制度，让农民更安心、企业更放心。推进产权制度创新，土地经营权抵押贷、江夏区农房抵押贷改革试点、蔡甸区集体资产股份合作制改革试点等成功经验的复制推广，在保障农民权益的同时，也为企业兴乡、能人创业提供了融资支持。

4. 调动多部门政府力量形成服务合力

政府服务上，整合农业、财政、建设、土地、环保等 10 多个市直部门和各区的力量，集成农业农村的资金和政策，形成服务合力。

5. 基础配套与公共服务设施同步跟进

基础设施上加大投入，3 年来，全市持续投入 62 亿元打造了近 80 个美丽乡村和 15 个中心村（社区），综合改善水、电、路、污水和垃圾处理等基础设施，全面提升公共服务水平，改善停车场、卫生厕所、绿道等旅游配套设施。

图 11-6　武汉市"三乡工程"人才振兴

七、生态振兴——青海省"资源量化股份合作"模式

（一）实践概况

20 世纪 80 年代，作为全国五大牧区之一的青海，家庭联产承包责任制调动了牧民积极性，青海草地畜牧业取得了长足发展。然而随着牧业人口不断增加，在传统畜牧业生产方式下，长期以来，草原严重超载，牧区人均拥有草场面积从 143.87 公顷锐减至 42.33 公顷，人草畜矛盾日益突出。草原生态不断恶化，最严重时期中度以上退化草原达 0.2 亿多公顷，草原的承载到了极限，靠数量扩张获取效益的路走到了尽头，传统畜牧业已难以为继。

针对严峻形势，为破解草原生态保护与畜牧业经济发展矛盾，青海省委、省政府果断决策，2008 年作出了发展生态畜牧业的重大决策。从 2014 年开始，青海加大了对生态畜牧业合作社股份制改造的力度，遴选出了 100 个合作社进行股份制改造。目前，67 个合作社已完成股份制改造，并产生了良好的示范带动效应。农牧民的生产资料量化为股份，资金变为股金，分散游牧的农牧民组织起来，变成了合作社股东。青海草地生态畜牧业的经营组织方式完成蜕变。

近十年来，从当年试点草地生态畜牧业到如今建设全国草地生态畜牧业试验区，青海紧紧围绕绿色发展，立足生态优先，坚持创新发展理念与草原牧区实际有机结合，破解体制机制难题，闯出了一条发展新路，实现了草地生态畜牧业的绿色崛起。

（二）模式总结

1. 打破一家一户的分散经营，对人与资源重新配置

为解决草原生态保护与牧区经济发展的矛盾，青海抓住人草畜的矛盾。打破一家一户的分散经营，对人与资源重新配置，以生态畜牧业合作社为依托，提高组织化程度，发展适度规模经营。同时通过股份合作，让草原、牲畜、人力等生产要素都能按照市场价格合理量化，管理、技术、资金等现代农业要素都有发挥作用的平台，使青海草地生态畜牧业建设迈入新阶段。

如今，青海省全省 961 个生态畜牧业合作社入社牧户达到 11.5 万户，入社率达 72.5%；整合牲畜 1 015 万头只，牲畜集约率达 67.8%；流转草场 0.17 亿公顷，草场集约率达到 66.9%，实现解放转移劳动力超过 2 万人。

2. 资源量化股份合作，打造新型经营主体

建设全国草地生态畜牧业试验区 3 年来，青海牢牢牵住股份合作社建设这

一"牛鼻子"不放松，集中打造出一批股份改造到位、内生动力强劲、经营组织有方、群众持续增收的典型，形成了以草地牛羊入股、牲畜分类组群、草地划区轮牧、社员分工分业、收益按股分红为内涵的股份制合作社建设经验。从2014年开始，青海加大了对生态畜牧业合作社股份制改造的力度，遴选出了100个合作社进行股份制改造。目前，67个合作社已完成股份制改造，并产生了良好的示范带动效应。农牧民的生产资料量化为股份，资金变为股金，分散游牧的农牧民组织起来，变成了合作社股东。青海草地生态畜牧业的经营组织方式完成蜕变。

图 11-7 青海省"资源量化股份合作"生态振兴

八、城乡融合——苏州"城乡发展一体化"模式

(一) 实践概况

2008年9月，江苏省委、省政府将苏州确定为全省唯一的城乡一体化发展综合配套改革试点区。

2009年8月，苏州被国家发改委确定为中澳管理项目"消除城乡一体化的体制障碍，促进农民富裕与城乡统筹发展"四个主题试点城市之一。

2010年8月，苏州被国家发改委列为城乡一体化发展综合配套改革联系点。

2011年12月，国家农业部将苏州列为全国农村改革试验区，具体承担"城乡发展一体化改革"试点任务。

2014年3月，国家发改委将苏州列为国家城乡发展一体化综合改革试点市。

2015 年 5 月，经中央深改组、国务院同意，苏州吴中区承担农村集体资产股份权能改革试点任务。

2016 年 8 月，经全国农村改革试验区工作联席会议第四次会议审议通过，苏州又新增四项农村改革试验任务，具体是"土地承包经营权有偿退出试点""重要农产品收入保险试点""政府购买农业公益性服务机制创新试点""以农村社区为基本单位的村民自治试点"。

2008—2011 年，苏州创造性开展了"三集中""三置换""三大合作"等城乡发展一体化改革实践，并取得显著成效。

2012 年 6 月，苏州率先设立全国首支城乡一体化引导基金，专注于苏州城乡发展一体化建设。

2013 年 1 月，苏州在全省率先实现城乡低保、基本养老、医疗保险"三大并轨"。

2013 年年底，"四个百万亩"全部落地上图，苏州将保护"四个百万亩"上升为守住生态安全防线、保护战略生态资源、实现可持续发展的重要举措。

2014 年 10 月，《苏州市生态补偿条例》正式施行，填补了国内生态补偿立法方面的空白。

2016 年 5 月，苏州出台《关于加快推进新型职业农民认定管理工作的通知》，在全国率先建立城乡接轨的职业农民社会保障制度，对符合条件的职业农民采取"先缴后补"的方式给予定额社会保险补贴。

2016 年年底，全市村均年稳定性收入超过 800 万元，所有薄弱村年稳定性收入全部超过 200 万元。

城乡发展一体化已成为苏州工作的特色、品牌和亮点，是解决苏州"三农"问题的根本途径。高水平全面建成小康社会，离不开高水平的城乡发展一体化作支撑。

数据显示，2010—2017 年，苏州农业现代化指数水平连续 7 年位居全省前列。苏州通过城乡发展一体化改革的实践创新，积极探索了一条以共同富裕为核心价值，具有时代特征、中国特色和苏州特点的城乡发展一体化之路。

（二）模式总结

1. 城乡规划纵深覆盖

坚持以规划为引领。苏州遵循城乡历史发展规律，严守耕地保护、开发强度、生态保护三条红线；统一规划布局全市域重大基础设施、重大产业和重大社会发展项目；科学确定村庄的"拆、建、留"，切实保护好古镇古村、古迹古韵、田园风光、鱼米之乡等特有资源，彰显江南水乡独特风貌。

确定"1450"新型城镇化布局：一个中心城市、4个副中心城市、50个中心镇。推动大中小城市和小城镇协调发展，产业和城镇融合发展，城镇化和新农村建设协调推进。

全域一体和多规融合。苏州始终把城市和乡村作为一个整体，通盘考虑、统筹谋划、一体设计，打破传统产业规划、城镇规划、土地利用规划和环境保护规划相互分割的局限，实现"四规融合"。按照主体功能区的不同，统筹规划工业与农业、城镇与农村的空间布局，实现城乡规划全覆盖。

2. 稳固长效的富民机制

苏州的城乡发展一体化，始终坚持以人民为中心的发展思路，按照确权、赋能、增利的改革要求，通过一系列改革举措，在实现"农民富"上探索了一条新路，引领迈向共同富裕的崭新实践。

深化股份合作制改革。按照"资源资产化、资产资本化、资本股份化"思路，大力发展农村社区股份合作、土地股份合作、农民专业合作、物业合作、劳务合作、民宿合作等新型合作经济组织，合作领域从农业向农村、产品向资本、存量向增量等方面拓展。

推进土地承包经营权确权和农村社区股权固化改革。实施促进村级集体经济发展的"一村二楼宇"政策，通过引导，采取联合、抱团、异地发展模式，拓展集体经济发展路径。

强化经济薄弱村帮扶机制。苏州对村集体经济收入不满 200 万元的村，市、县（区）两级机关部门和企事业单位挂钩帮扶，建立了集体经济薄弱村村级公共服务支出财政转移保障机制，每个村落实 40 万元财政补贴专项用于薄弱村公共服务开支。

引导集体经济探索新发展模式。以平台经济推动发展主体升级。苏州全市各镇普遍建设村村联合的统筹发展平台，从单村发展、村村联建升级到镇级统筹平台和区级统筹平台。主动适应经济新常态，从原来的建设标准厂房、商业店面和打工集宿楼租赁为主转向城镇综合体、社会事业、环保处理项目。

3. 精准的农业支持政策

明晰现代农业发展战略和路径。探索多种形式的农业适度规模经营，积极引导土地向种养能手有序流转，鼓励和引导种养大户和农业企业参与土地流转。明确农业发展空间，"四个百万亩"全部落地上图。用建设工业园区的思路，建设现代农业示范区，全市共建成现代农业园区 51 个，其中国家级 6 个、省级 9 个，面积覆盖 7.53 万公顷。全市农业现代化指数水平连续 6 年位居全省前列，2016 年全国"互联网＋农业"会议在苏州召开。

构建以工促农、以城带乡的长效机制，基本形成了贯穿农业产前、产中和产后的农业支持保护政策体系。在全国率先以地方立法形式实施生态补偿机制。苏州对因承担生态环境保护和基本农田保护责任而使经济发展受到一定限制的村集体经济组织和农民给予经济补偿，补偿客体包括水稻田、水源地、公益林、生态养殖、湿地等，全市累计发放生态补偿资金60多亿元。

加快培育多元新型农业经营主体，形成以农业大户和家庭农场为基石，以基于股份制的专业合作社和合作农场为核心，以农业企业为补充的具有苏州特色的农业经营体系。

推出政策性农业保险，构建起了国险、省险、市险、县险四级体系，农业担保方面成立了扶持"三农"发展的国有专业性担保公司。推进农业融合发展，苏州鼓励现代农业新业态、农业与互联网等新技术、电商与现代化农业经营融合，休闲农业、观光农业与创意农业发展取得显著进展。

4. 不断提升公共服务供给标准

苏州始终坚持公共服务普惠性原则，确保公共服务的公益性、普惠性；确保公共服务的资金投入有保障、资金来源可持续；完善公共服务均等化供给机制，提高所有社会成员共享公共服务的水平，城乡一体的公共服务机制更加均衡。

社会保障体系不断健全。苏州在率先实现城乡低保、基本养老、医疗保险"三大并轨"基础上，逐年提高社保补助标准。城乡医疗、教育体系更加齐全。苏州全市90%的乡镇卫生院完成新一轮改造，乡镇卫生院达90家，农村卫生服务人口覆盖率达到了100%。全市共组建健康管理团队588个，农村居民电子健康档案建档率达90%。

公共文化服务体系初步形成。苏州推动教育、文化、卫生、体育等各项社会事业和公共服务设施向农村覆盖，努力打造城乡"10分钟文化圈""10分钟运动圈""15分钟健康服务圈"等公共服务体系，城乡服务均等化水平实现新跨越。

城乡客运网络实现全覆盖。实施积极就业创业扶持政策。近年来，苏州全面建立城乡劳动力就业政策统一、就业服务共享、就业机会公平和就业条件平等的机制，扶持农村劳动力就业和创业。

5. 生态环境建设不断加力

苏州以绿色宜居为导向，深入实施系列重点工程。村庄环境专项整治、美丽镇村建设、农村生活污水治理等工程的实施，完善了苏州的基础设施、提升了人居环境质量，打造了农村发展新格局。逐步实现农村垃圾减量化、资源化、无害化处理。推进水环境综合治理。通过实施长江、太湖、阳澄湖、大运河以及流域区域河道综合治理，加强水系连通，注重调水引流。建成国家级和省级森林公园共有 8 个，湿地公园 21 个，其中国家湿地公园 6 个，数量排全国地级市第一。

苏州山地、湖泊、岛屿、河流、耕地、景点、古村、古镇等交织镶嵌，自然生态与吴文化传统交融，为美丽经济发展提供了优越条件。苏州大力发展生态、高效、精致农业，推进风景田园建设，积极培育乡村旅游、民宿经济、养生养老、农村电商、田园综合体等新兴产业和新业态，美丽经济产业展现出巨大潜力。

6. 社会治理机制不断健全

苏州始终把城乡整体性协调发展放在首位，突出顶层设计、系统思维和战略思维，以经济、政治、文化、社会和生态文明"五位一体"思想为指导，系统谋划、整体推进，城乡社会治理机制不断健全，治理能力明显提升。"多元主体、协商共治"社区治理结构初步形成。由各类社会组织和社区居民广泛参与的新型社区服务管理模式覆盖全市城乡社区，形成了以高新区"政经分开"、太仓市"政社互动"、张家港市"村民自治"、姑苏区"三社联动"、工业园区"社区多元参与机制"为代表的一批城乡社区治理和服务创新示范典型。其中，太仓成为"全国和谐社区建设示范区"唯一县级市。

7. 土地制度改革不断深化，土地节约集约利用示范区建设不断创新

苏州按照"保护资源、节约集约、维护权益、改革创新"总思路，深入推进"三集中""土地增减挂钩""三优三保"，实现土地利用的空间节约、土地价值的空间转移以及土地规模的空间集中，促进土地要素的空间流动，破除土地稀缺对经济发展的制约。

苏州全市工业的园区集中率接近 100%，136 万人实现了市民化，全市土地流转率 90% 以上，每年用于土地流转补贴的财政资金超过 3 亿元，农业适度规模经营比重达到 90% 以上。

通过优化农用地结构和布局、优化建设用地布局和优化镇村居住用地布局，做到保护资源更加严格、保障发展更加有力、保护权益更加有效，成为破解规划建设空间和基本农田"两个碎片化"问题的重要抓手。苏州初步建成了"三优三保"管理信息系统，颁布了系列实施细则，推进土地资源利用合理高效。

坚持把"四个百万亩"（百万亩优质水稻、百万亩特色水产、百万亩高效园艺、百万亩生态林地）作为保护战略生态资源的关键举措，持续加大城乡存量建设用地盘活力度，对工业用地项目的产出效益、资源节约、环境保护等制定准入标准，实行建设项目节地评价论证，合理确定用地规模。

8. 财金支农机制持续完善

苏州市各级财政部门加大"三农"投入，有力支撑和保障了苏州城乡发展一体的改革。将财政资金与金融资本相结合，苏州率先设立全国首支城乡一体化建设引导基金，针对城乡一体化基层建设项目给予低成本融资支持。

加强与国开行、农发行等国有政策性银行的金融合作，充分发挥其支持力度强、融资规模大、贷款利率低的优势。支持新型农业经营主体发展。与有关金融机构合作，采取"免担保、低利率"的优惠政策，持续加大对新型农业经营主体的信贷支持力度。截至目前，苏州银行机构共向 1 510 户新型农业经营主体提供授信。完善政策性农业保险制度。全市各级财政累计补贴保费 6.79 亿元，投保农户达 488 万户次，承担风险保障 232 亿元。加快构建由政府、金融机构、专业担保公司三方合作的农业担保网络体系，通过批量授信，撬动银行、社会资本投向农业农村。

图 11-8 苏州乡村振兴城乡一体化发展

九、文化振兴——台湾乡村"艺术文化乡建"模式

(一)实践概况

乡村艺术化是乡村因为发展的需要，主动吸引艺术家前来或自发进行乡村的美化和改造。在乡村基础较好、艺术普及性强的地区，使用艺术的手段提升乡村的魅力和产业的价值，已经成为非常普遍的现象。世界各地有很多乡村，在艺术家的带动下，当地村民自发进行村貌环境的改造。经村民之手创作的充满乡土特色的艺术作品给乡村带来了浓墨重彩，成为农民自发进行艺术乡村建

设的精彩案例。

20世纪六七十年代，在台湾地区经济腾飞中，台湾农村也经历了工业化、城市化下的衰败和凋敝：大量农村人口外移，特别是青年人向都市集中，在地农民出现老龄化和农村空心化；受多种因素影响，台湾农业产业出现低效益化。由于台湾地区投入农村建设的资源有限，公共设施不足，公共产品供给缺乏，农村建设滞后，城乡差距呈现扩大化。此外，受施用化肥农药等影响，农村生态环境恶化。由此，还派生出农村文化特色丧失等问题。为了有效应对这些问题，从20世纪70年代起，台湾推出一系列措施，力促农村再生。

"艺术乡建"模式在台湾得到了普遍的实践。如今在台湾出现了越来越多的彩绘村。很多本地居民自发地对乡村进行艺术改造。这些艺术改造最常见的形式是涂鸦——把乡村的墙面、地面全部涂上色彩鲜艳的图画，如彩虹、卡通肖像、吉祥年画、甚至放大的艺术字体，等等。

（二）模式总结

1. 与乡村发展相融合的艺术化

乡村艺术化的主体是乡村，是在乡村发展的需要下，乡村以艺术为手段吸引城市人群的主动行为。从根本上说，是"一村一品"运动的延续。

艺术不单是乡村的一个植入磁极，还应该与乡村发展共振。共振模式的根本是立足于乡村发展的现实需求，比如产业升级、环境风貌改造、旅游营销等，实现农民、农业和农村的整体艺术化。

2. 农民参与乡村公共空间营造

虽然画作本身没有章法，作品相对比较质朴，但也深受人们的喜爱。很多原本普通的乡村，在这种低成本、高成效的艺术加工之下，变成了如童话世界般的绚丽村庄，吸引了大量游客前来拍照、猎奇。

3. 艺术植入提升乡村产业

乡村的另一个构成要素：农业，也可以插上艺术的翅膀。借助艺术包装，很多农产品如大米、水果、食品等，摇身一变成为都市时尚人群热捧的纪念商品，甚至是非常高端的商务礼品。农业的价值在艺术的包装下，从"微笑曲线"的底端跃升到顶端，产业升级得以实现。台湾的大米品牌"掌生谷粒"就是这样的经典案例。大米，这样一种每日出现在我们生活中、如空气般寻常可见的廉价粮食，经过精致的包装，伴随着意味深长的煽情文案，成为台湾一种特色礼品。

4. 注重地方文史挖掘

修一座老旧屋，由此构建起在地居民对社区的共同记忆，连接起大家的浓浓乡情，是台湾农村社区加强凝聚力的普遍做法。在台湾很多社区，都有专属讲述村史的标志场所。这些场所往往是经过精心修缮、精心布置的百年老屋，细致地展示村里每一个能够记录的历史瞬间。以新投北埔乡南埔社区锦绣堂为例，这座老房建于1882年，是当年先民从福建移来时依山建起的第一座大屋，有着一棵樟树与一头牛的故事（因为建房要搬原住居的樟树，后来用了一头牛来换）。现在这所老屋经修缮恢复成原样——客家样式建筑，不但成为社区居民见证村庄变迁的活物，还成为游客的重要参访点

　　由此可见，艺术、文化与农民、农业、农村共振起来的模式，是推动乡村发展较为理想的模式之一。传统观念认为，艺术具有强烈的城市属性，它更贴近于城市人群。而当前如火如荼开展的艺术乡村建设则是将"艺术"与"乡村"相结合，让艺术在乡村公共文化空间营造、乡村公共文化服务和乡村产业提升等层面发挥作用，这本身即是一种难得的社会创新。

图 11-9　台湾乡村文化振兴

十、组织振兴——陕西省袁家村"一体四共"模式

（一）实践概况

　　袁家村坐落在陕西省咸阳市礼泉县烟霞镇北面的举世闻名的唐太宗李世民昭陵九嵕山下。1993年，袁家村成立了农工贸为一体的集团型企业袁家农工商联合总公司，下辖12个子公司，在西安有房地产公司。目前有400多口人的袁家村，村资产已达到1亿多元。时至今日，这个村还没有包产到户，一切

事宜都是由村委会带领大家去操办，甚至村民娶媳妇都必须经过领导审批。

袁家村如今被称为"陕西的丽江"，曾连续三年每年吸引 300 万游客，年营业额超过 10 亿元，游客人数一度超过陕西传统旅游景点的老大——兵马俑。

袁家村于 2015 年 8 月在西安曲江银泰开了第一家西安的实体店，将袁汁袁味的关中美食，带到了古城西安。袁家村 2016 年的规划就是：足迹遍布古城，让古城人民感受袁家村的魅力，让古城人民吃上健康营养的食物。

起初，由于位置偏远，根本没有人愿意前来做生意。于是，村委会所有成员分片包干，到周围的村镇寻找最地道的小吃品种，挖掘最民间的厨师，挑选最本土的原料，坚决不要大酒店和厨师培训学校出来的厨师。

最地道的民间厨师都召集到袁家村后，却面临一个巨大的现实：没人气，做出的东西卖不出去。于是袁家村村委会决定，这些民间厨师只管做，村里给发工资。

厨师们做出来的东西，首先是在整个民俗街流通，整个街区的店家只能用当地生产的各种产品，多出的东西发给村民，再送给西安乃至陕西的一些企业。

最终，袁家村地道的特色小吃打响了知名度，吸引了源源不断的客流。

如今，袁家村人流在平日里能达到万人，节假日达到数万人，国庆、春节等特殊节假日，客流量高达 20 万人。袁家村已经替代了西安市内著名的小吃一条街——回民街，仅餐饮业的日营业额已超过 200 万元，一年加上其他收入，基本上超过 10 亿元。

（二）模式总结

1. 以产业共融为依托，让农民从不同产业链条分享更多利润

纵观历史发展规律，经济的发展壮大必须突破单一农业发展限制，农村集体经济亦是如此。只有将一二三产业融合发展，形成闭环产业链和品牌带动，农村集体经济可持续发展才有充分的产业依托，农民才能从农产品生产、加工、销售、物流等链条中收获更多的利润。

近年来，袁家村从发展乡村旅游起步，经营规模逐步扩大，经济效益不断提升，品牌价值更加凸显，第三产业越做越大、越做越强，直接带动第二产业的发展。从手工作坊到加工工厂再到连锁加工企业，第二产业跟随第三产业走；第二产业的发展不断增加对优质农副产品原材料的需求。遍布各地的种植养殖基地和订单农业，使第一产业规模不断扩大。

袁家村坚持一产为二产提供优质原料，二产为三产提供名特产品，三产为一产二产开拓广阔市场，使农产品生产、加工制造和销售联为一体，改变了三

个产业相互脱节，农产品生产者、加工制作者和销售者苦乐不均的状况，实现了由三产带二产促一产，三产融合发展的良好格局。

袁家村通过打造以关中民俗文化为核心的关中印象体验景区，从品牌、主题、创意、风格，到业态、招商、运营、管理、制度等反复试验，不断探索，形成一个相容共生、互补兼顾、层次递进、环环相扣的村集体经济可持续发展闭环和成熟商业模式。

2. 以产权共有为核心，实现集体与农户的利益均衡化

一种产权制度只有调动劳动者的积极性和创造力，才算有效率。袁家村的新集体经济实现了所有权、经营权、收益权的高度统一，其股份制经营模式主要由五部分构成：①基本股。为盘活闲置资产，又便于把农户个体利益与集体利益紧密联结，袁家村将集体资产进行股份制改造，集体保留38%，其余62%量化到户，每户20万元，每股年分红4万元。②混合股。袁家村每一个商户、每一家农户的持股结构都不一样，既有资本入股，还有技术入股、管理入股等，加入合作社的农民既有袁家村的，也有周边其他村的，形成了混合持股的结构。③交叉股。旅游公司、合作社、商铺、农家乐互相持有股份，共交叉持股460家商铺。村民可以自主选择自己入股的店铺，入股的村民范围已扩充到在袁家村的各类经营户。④调节股。针对经营户收入高低不均的现实，村里将盈利高的商户变为合作社，分出一部分股份给低盈利的商户，以缩小他们与高收入商户的差距。⑤限制股。在合作社入股过程中，全民参与、入股自愿、钱少先入、钱多少入、照顾小户、限制大户。股份少的可以得到较高的分红，股份超过限额的分红就会相应比例的减少。

袁家村的实践，以产权共有为核心，建立在自愿的基础上，强调清晰的个人产权，并且实现你中有我，我中有你，人人努力，互相监督，大大提高了生产要素的自由流动，促进了集体与农户利益的均衡发展。

3. 以村民共治为保障，为农村和谐发展创造良好氛围

村集体经济的良好发展还离不开行之有效的村民共治。淳朴民风化解信任危机。袁家村始终把塑造诚信文化作为立村之本、经营之基。把袁家村人的实心、用心、专心、诚心融入产业发展和乡村治理。具体到管理经营的细节上，每家经营商户在自己的广告招牌上明确写下诚信承诺书，"如果羊血掺假，甘愿祸及子孙""以上内容真实可靠，如若违背甘愿后辈受穷"等，以诚信为本的集体价值观共同维护袁家村的和谐发展。

经济激励助力相互监督。袁家村各个项目相互持股，你中有我，我中有你，发展慢的商户共享高收益项目分红，发展快的商户督促指导低收益项目。不存在一家独大，不接受不劳而获，即使是留守妇女和高龄老人也可以通过在民俗广场重现传统生产、加工场景或者打扫景区等力所能及的工作来获取收入，为村庄发展贡献自己的力量。

村民商户树立主人意识。袁家村村民自主成立小吃协会、农家乐协会、回民食品协会、酒吧协会和手工作坊协会等，一旦发现有不合格的食材和食品当场销毁，立即关门整顿，情节严重的将责令其退出袁家村。每逢节假日，村里迎来大量的客流时，村民、干部都会自发地带上红袖章走上街头维护秩序、打扫卫生，共同治理袁家村。

4. 以发展共享为目标，描绘农村共同富裕的美好图景

袁家村发展的出发点和目的是增加农民收入、改善农村环境、提升农民生活质量，实现共同富裕和可持续发展。

近年来，随着"关中印象体验地""美丽乡村""农民自己捍卫食品安全"等理念深入人心，"袁家村"这个金字招牌越来越受到人们的青睐。袁家村人也格外珍惜这个品牌，共同维护袁家村的品牌美誉度。

袁家村通过村集体投资，村民自建农家乐、酒吧街、创意产业等统一风格，分别建设，全面扩大、充实和提升袁家村"关中印象体验地"社区和景区，既有田园风光，又享时尚生活；既有现代气息，又有乡愁民俗，宜业宜居的特色小镇和美丽乡村，充分满足人们对高品质生活的向往和追求。

依靠乡村旅游富了的袁家村人，没有忘记十里八乡的乡亲，他们把东周、西周、官厅等周边村近千户困难群众，请进袁家村经营特色小吃、参与股份合作、从事社区服务，让他们共享袁家村发展的红利。袁家村依靠乡村旅游闯出的路子、积攒的人气、集聚的商气，正在有序实施"一点促全域，一村带十村"战略，让周边群众都能搭上袁家村快速发展的便车。

图 11-10　陕西袁家村"一体四共"组织振兴

第五篇

业态探索篇——乡村振兴落地为王

　　聚焦乡村振兴重点领域，培育农业农村新产业新业态，打造农村产业融合发展新载体新模式，推动要素跨界配置和产业有机融合，是走好中国特色社会主义乡村振兴道路需要解决的重大问题。

　　落实乡村振兴，主要瓶颈在于资金、技术和人才。美丽乡村建设作为实施乡村振兴战略的重要抓手和主要载体，打响了乡村振兴战略的"第一枪"。田园综合体、"农字号"特色小镇、国家现代农业产业园、农业科技园区、国家农村产业融合发展示范园、农业公园、农产品加工园、农村一二三产业融合发展先导区等新业态引人注目，成为国家重金扶持的重点。以市场为导向，顺应城乡居民消费拓展升级趋势，结合各地资源禀赋，深入发掘农业农村的生态涵养、休闲观光、文化体验、健康养老等多种功能和多重价值，推动乡村资源全域化整合、多元化增值，增强地方特色产品时代感和竞争力，形成新的投资与消费热点，以"业态"带动资金、技术、人才等关键生产要素向农业农村流动，找准乡村振兴战略落地见效的衔接点和落脚点，不断深耕新业态、总结新模式，才能更好的赋能中国乡村发展。

第十二章　乡村振兴新业态利用探索

一、美丽乡村

（一）背景溯源

2013 年以来，农业部大力开展"美丽乡村"创建活动，以科学发展观为指导，以促进农业生产发展、人居环境改善、文明新风培育、文化传承为目标。2013 年 2 月 22 日，向各省、自治区、直辖市及计划单列市农业（农牧、农村经济）厅（委、局），新疆生产建设兵团农业局发布了《农业部办公厅关于开展"美丽乡村"创建活动的意见》（以下称《意见》）。2013 年 5 月，根据《意见》，从全面、协调、可持续发展的角度，构建科学、量化的评价目标体——《农业部"美丽乡村"创建目标体系》，提出打造"生态宜居、生产高效、生活美好、人文和谐"示范典型，形成各具特色的美丽乡村发展模式，进一步丰富和提升新农村建设内涵，全面推进现代农业发展、生态文明建设和农村社会管理，用三年的时间在全国选择产生 1 000 个"天蓝、地绿、水净，安居、乐业、增收"的"美丽乡村"创建试点。并通过树立不同类型、不同特点、不同发展水平的标杆模式，推动形成农业产业结构、农民生产生活方式与农业资源环境相互协调的发展模式，进一步加快我国农业农村生态文明建设进程。目标体系从产业发展、生活舒适、民生和谐、文化传承、支撑保障五个方面设定了 20 项具体目标，将原则性要求与约束性指标结合起来。如产业形态方面，要求主导产业明晰，产业集中度高，每个乡村有一到两个主导产业；当地农民（不含外出务工人员）从主导产业中获得的收入占总收入的 80％以上。生产方式方面，稳步推进农业技术集成化、劳动过程机械化、生产经营信息化，实现农业基础设施配套完善，标准化生产技术普及率达到 90％；土地等自然资源适度规模经营，稳步推进；适宜机械化操作的地区（或产业）机械化综合作业率达到 90％以上。资源利用方面，要求资源利用集约高效，农业废弃物循环利用，土地产出率、农业水资源利用率、农药化肥利用率和农膜回收率高于本县域平均水平；秸秆综合利用率达到 95％以上，农业投入品包装回收率达到 95％以上，人畜粪便处理利用率达到 95％以上，病死畜禽无害化处理率达到 100%。

图 12-1　江苏省南京市美丽乡村石塘村

2015 年《美丽乡村建设指南》(GB 32000—2015) 国家标准发布，于 6 月 1 日正式实施。标准的发布改变了以往美丽乡村建设从方向性概念转化为定性、定量、可操作的工作实践，为全国提供了框架性、方向性技术指导，成为全国首个指导美丽乡村建设的国家标准。

(二) 内涵及建设内容要求

1. 内涵

美丽乡村是指经济、政治、文化和生态文明协调发展，规划科学、生产发展、生活宽裕、乡风文明、村容整洁、管理民主，宜居、宜业的可持续发展村（包括建制村和自然村）。

2. 建设内容要求

制定村庄规划，规定村庄建设、生态环境治理、产业发展、公共服务等方面的系统规划要求；在经济发展方面，对农业、工业、服务业三大产业的引导；道路、桥梁、引水、供电、通信等生活设施和农业生产设施的建设；维护水、土、气等环境质量；对农业、工业、生活等污染进行防治，森林、植被、河道进行生态保护，维护村容、绿化环境、改造厕所等；完善公共服务，医疗卫生、公共教育、文化体育、社会保障、劳动就业、公共安全、便民服务等；同时还包括乡风文明建设、基层组织建设、公众参与、保障与监督等。

（三）发展模式

2014年2月24日，在贵州黔西南召开的第二届"中国美丽乡村·万峰林峰会"上，国家农业部正式对外发布中国美丽乡村建设十大模式，为全国的美丽乡村建设提供范本和借鉴。

每种美丽乡村建设模式，分别代表了某一类型乡村在各自的自然资源禀赋、社会经济发展水平、产业发展特点以及民俗文化传承等条件下建设美丽乡村的成功路径和有益启示。美丽乡村建设模式涵盖了美丽乡村建设"环境美""生活美""产业美""人文美"的基本内涵，具有很强的借鉴意义，能够为中国各地美丽乡村的建设提供范本。

图12-2　贵州省毕节市美丽乡村乌骡坝村

1. 产业发展型模式

主要在东部沿海等经济相对发达地区，其特点是产业优势和特色明显，农民专业合作社、龙头企业发展基础好，产业化水平高，初步形成"一村一品""一乡一业"，实现农业生产聚集、农业规模经营，农业产业链条不断延伸，产业带动效果明显。典型：江苏省张家港市南丰镇永联村。

2. 生态保护型模式

主要是在生态优美、环境污染少的地区，其特点是自然条件优越，水资源和森林资源丰富，具有传统的田园风光和乡村特色，生态环境优势明显，把生态环境优势变为经济优势的潜力大，适宜发展生态旅游。典型：浙江省安吉县山川乡高家堂村。

3. 城郊集约型模式

主要是在大中城市郊区，其特点是经济条件较好，公共设施和基础设施较为完善，交通便捷，农业集约化、规模化经营水平高，土地产出率高，农民收入水平相对较高，是大中城市重要的"菜篮子"基地。典型：上海市松江区泖港镇。

4. 社会综治型模式

主要在人数较多，规模较大，居住较集中的村镇，其特点是区位条件好，经济基础强，带动作用大，基础设施相对完善。典型：吉林省松原市扶余市弓棚子镇广发村。

5. 文化传承型模式

主要是在具有特殊人文景观，包括古村落、古建筑、古民居以及传统文化的地区，其特点是乡村文化资源丰富，具有优秀民俗文化以及非物质文化，文化展示和传承的潜力大。典型：河南省洛阳市孟津县平乐镇平乐村。

6. 渔业开发型模式

主要在沿海和水网地区的传统渔区，其特点是产业以渔业为主，通过发展渔业促进就业，增加渔民收入，繁荣农村经济，渔业在农业产业中占主导地位。典型：广东省广州市南沙区横沥镇冯马三村。

7. 草原牧场型模式

主要在我国牧区半牧区县（旗、市），占全国国土面积的40%以上。其特点是草原畜牧业是牧区经济发展的基础产业，是牧民收入的主要来源。典型：内蒙古锡林郭勒盟西乌珠穆沁旗浩勒图高勒镇脑干哈达嘎查。

8. 环境整治型模式

主要在农村脏乱差问题突出的地区，其特点是农村环境基础设施建设滞后，环境污染问题严重，当地农民群众对环境整治的呼声高、反映强烈。典型：广西壮族自治区恭城瑶族自治县莲花镇红岩村。

9. 休闲旅游型模式

休闲旅游型美丽乡村模式主要是在适宜发展乡村旅游的地区，其特点是旅游资源丰富，住宿、餐饮、休闲娱乐设施完善齐备，交通便捷，距离城市较近，适合休闲度假，发展乡村旅游潜力大。典型：江西省婺源县江湾镇。

10. 高效农业型模式

主要在我国的农业主产区，其特点是以发展农业作物生产为主，农田水利等农业基础设施相对完善，农产品商品化比率和农业机械化水平高，人均耕地资源丰富，农作物秸秆产量大。典型：福建省漳州市平和县三坪村。

二、田园综合体

（一）背景溯源

2017年2月5日，"田园综合体"作为乡村新型产业发展的亮点措施被写进中央 1 号文件，文件指出：支持有条件的乡村建设以农民合作社为主要载体、让农民充分参与和受益，集循环农业、创意农业、农事体验于一体的田园综合体，通过农业综合开发、农村综合改革转移支付等渠道开展试点示范。2017 年 5 月 24 日财政部发布《关于开展田园综合体建设试点工作的通知》。

2017 年，财政部确定河北、江西等 18 个省份开展田园综合体建设试点。中央财政从农村综合改革转移支付资金、现代农业生产发展资金、农业综合开发补助资金中统筹安排，支持试点工作。每个试点省份安排试点项目 1～2 个。

图 12-3 江苏省无锡市田园东方田园综合体

（二）内涵及建设内容要求

1. 内涵

田园综合体以农民合作社为主要载体，让农民充分参与和受益，集循环农业、创意农业、农事体验于一体，以农田田园化、产业融合化、城乡一体化的发展路径，以自然村落、特色片区为开发单元，集现代农业、休闲旅游、田园社区为一体的乡村综合发展模式，需满足功能定位准确、基础条件较优、生态环境友好、政策措施有力、投融资机制明确、带动作用显著、运行管理顺畅等相关要求。

图 12-4 山东省临沂市朱家林田园综合体

2. 建设内容要求

田园综合体的建设内容主要包括：生产体系、产业体系、经营体系、生态体系、服务体系、运行体系等六大支撑体系的建设。

夯实基础，完善生产体系发展条件。集中连片开展高标准农田建设，加强田园综合体区域内"田园＋农村"基础设施建设，整合资金完善供电、通信、污水垃圾处理、游客集散、公共服务等配套设施条件。

突出特色，打造涉农产业体系发展平台。围绕田园资源和农业特色，做大做强传统特色优势主导产业，稳步发展创意农业，强化品牌和原产地地理标志管理，构建支撑田园综合体发展的产业体系。

创业创新，培育农业经营体系发展新动能。通过土地流转、股份合作、代耕代种、土地托管等方式促进农业适度规模经营，优化农业生产经营体系，增加农业效益。

绿色发展，构建乡村生态体系屏障。积极发展循环农业，充分利用农业生态环保生产新技术，促进农业资源的节约化、农业生产残余废弃物的减量化和资源化再利用，实施农业节水工程，加强农业环境综合整治。

完善功能，补齐公共服务体系建设短板。要完善区域内的生产性服务体系，通过发展适应市场需求的产业和公共服务平台，聚集市场、资本、信息、人才等现代生产要素，推动城乡产业链双向延伸对接，推动农村新产业、新业态蓬勃发展。完善综合体社区公共服务设施和功能，为社区居民提供便捷高效服务。

形成合力，健全优化运行体系建设。妥善处理好政府、企业和农民三者关系，确定合理的建设运营管理模式，形成健康发展的合力。政府重点负责政策引导和规划引领，营造有利于田园综合体发展的外部环境；企业、村集体组织、农民合作组织及其他市场主体要充分发挥在产业发展和实体运营中的作用；农民通过合作化、组织化等方式，实现在田园综合体发展中的收益分配、就近就业。

（三）发展模式

1. 优势农业主导模式

该模式目前是田园综合体的最主要建设模式之一，也是田园综合体核心精神的体现。即围绕具有区域优势、地方特色等条件的农业产业为主导，以产业链条为核心，从农产品生产、加工、销售、经营、开发等环节入手，推进集约化、标准化和规模化生产，打造优势特色农业产业园，着力发展优势特色主导产业带和重点生产区域，培育发展一批与农民建立紧密利益联结机制的新型农业经营主体，提高现代农业生产的示范引导效应，并以此为基础，带动形成以农业为核心的田园生产、综合体开发模式。如国家试点创建中的河北"花乡果巷"以梨、葡萄等果业为核心；广西"美丽南方"采取"蔬菜＋养殖＋葡萄"为主导；四川都江堰项目则红心猕猴桃种植为主导；浙江"花香漓渚"以高端花木为产业核心。

2. 文化创意带动模式

该模式是以文化创意产业带动三产融合发展，着重地方特色文化挖掘和产业融合。即以农村一二三产业融合发展为基础，依托当地乡村民俗和特色文化，通过文化创意产业的引导，推动农旅结合和生态休闲旅游，形成产业、生态、旅游融合互动的农旅型综合体。该模式常以文化创意企业的入驻为发展动力，以特色创意为核心，开发精品民宿、创意工坊、民艺体验、艺术展览等特色文化产品，打造青年返乡创业基地以及拥有生态旅游、乡土文化旅游和农事体验功能为核心的创意型综合体。如国家试点项目中的山东"朱家林"，目前已建成并投入使用乡村生活美学馆、主题民宿一条街、再生之塔、创客中心等核心项目，吸引北京观筑、山东燕筑、水墨华清、山东智造等30多家文创机构入驻；又如四川明月国际陶艺村，依托466.67公顷竹笋园、200公顷茶园，发展以陶艺为核心的乡村旅游创客示范基地，吸引文化艺术类人才入驻，配套建设书院、客栈、茶吧、民宿等文化和生活服务设施。

3. 自然资源引领模式

该模式通常以区域内具备竞争优势的自然资源为前提，通过地域优势型自然资源的引领，发展度假旅游、创意农业、农事体验为核心的田园景观和休闲集聚。该模式最为接近典型旅游项目的建设，同时又对产业融合尤其是农业与旅游的融合发展给予关注。如国家试点中的山西临汾项目，以汾河湿地生态资源为核心，规划"一带一园一庄三区"；汉中市洋县"魅力龙亭"项目则通过朱鹮湿地休闲旅游为引领，逐步建成以新型农业经营为主体的田园综合体。

4. 市场需求引导模式

该模式通常根据一定区域内消费者群体的实际需求为建设重点，通过满足市场需求，实现田园综合体的聚集。通常来说，以满足消费者的旅游观光、休闲度假、农事体验等需求为核心。该模式通常位于区位交通优势明显的城郊乡村，以田园风光和生态环境为基础，为城乡居民打造一个贴近自然、品鉴天然、身心怡然的聚居地和休闲区，感受农耕文明，形成一个以田园生活、田园体验为主要特色的生活型综合体。如中国首个田园综合体无锡"田园东方"，距无锡市仅 30 千米，公交可达；并辐射上海、南京、苏州三个较大的客源市场群体，交通便利，自驾游当日可轻松往返。该综合体拥有阳山火山、水蜜桃等资源，集现代农业、休闲旅游、田园社区等产业为一体，打造田园休闲体验地。又如广东"岭南大地"项目，依托广东较为成熟的客源市场和珠海优越的区位条件，以岭南文化为内核，打造乡村生态休闲旅游度假基地以及岭南乡韵、田园水乡主题的特色村庄。

三、特色小镇

（一）背景溯源

特色小镇发源于浙江，2014 年在杭州云栖小镇首次被提及，2016 年住建部等三部委大力推广，这种在块状经济和县域经济基础上发展而来的创新经济模式，是供给侧改革的浙江实践。

国家发改委等部门先后印发实施《关于加快美丽特色小（城）镇建设的指导意见》《关于规范推进特色小镇和特色小城镇建设的若干意见》，引导特色小镇和特色小城镇发展取得一定成效，概念不清、盲目发展及房地产化苗头得到一定纠正。为进一步对标对表党的十九大精神，巩固纠偏成果、有利有序有效推动高质量发展，国家发改委发布了《建立特色小镇和特色小城镇高质量发展机制的通知》。2018年四部委联合印发《关于规范推进特色小镇和特色小城镇建设的若干意见》。

（二）内涵及建设内容要求

1. 内涵

农业特色小镇是以特色农业产业为依托，结合绿色生态、美丽宜居、民俗文化等特征，打造具有明确特色的农业产业定位、农业文化内涵、农业旅游功能的"宜居、宜商、宜业、宜养、宜游"的新型现代农业发展空间平台。它是通过整合农业、城镇、科技、文化、创新等要素，构建"产、城、人、文"四位一体、农旅双链协同发展的综合体，以新理念、新机制、新载体推进农村一二三产业深度融合发展，是农业经济发展的新引擎，是现代农业发展的新平台，是推进农业供给侧结构性改革的有效途径。

图 12-5　农业特色小镇

2. 建设内容要求

（1）特色农业。农业特色小镇就是立足农业主题，发挥各地的资源禀赋、比较优势、独特魅力，运用现代产业理念打造大农业的产业形态。产业以现代农业中的规模农业、设施农业、休闲农业和智慧农业为核心构建农业产业体系。最好当地拥有比较独特的农林牧渔产品。现代农业发展的同时，形成的风貌具备构建良好景观的条件。同时挖掘具有当地特色的历史文化、自然资源和特色产业等，形成特色小镇的辅助产业，构建特色小镇品牌。

（2）社区。居住社区的首要目标是成为城市居民的第一居所。要建设适于社区居民与农民间交流的空间，打造市民农园是社区居民和农民最好的交流空间和手段。从生活服务、健康服务和快乐服务三个方面构建社区服务体系。

（3）基础配套设施。要按照宜居城市标准进行农业特色小镇的配套设施建设。除道路、供水、供电、通信、污水垃圾处理、物流、宽带网络等基础设施外，重点完善社交空间、休闲娱乐空间、健身设施和文化教育设施建设。尤其在教育和康养等方面，应形成亮点。还需要有与现代生态农业相匹配的生产设施，同时，配置商业、医疗等公共服务设施。

（4）生产及生活环境。农业特色小镇的规划建设尊重自然、顺应自然，空间布局与周边自然环境相协调，镇区环境优美，干净整洁，土地利用集约，小镇建设与产业发展同步协调。

景观建设以满足居民需要为主，兼顾游客需要，因此不一定需要按照 3A 级景区的标准建设，更多的应该考虑实用性。可以通过挖掘当地的特殊历史人文特色，形成强吸引力的地标性景观。

（5）文化元素。农业特色小镇可以依托农耕文化厚重的历史文化底蕴，对传统农耕技术与生产工具、农耕习俗、格言谚语、乡村文学做体验式旅游开发和展示。

（6）旅游功能。农业特色小镇的旅游功能往往通过体验式采摘、观赏休闲、度假旅游、健康养身、商务会议等形态展现，旅游功能的开发，涉及旅游产业的"食、住、行、游、购、娱"六大要素。

（7）农民利益。在农业特色小镇建设的过程中，农民利益保护是重中之重。要通过提供合理用地补偿、土地租赁、企业入股、提供就业机会、提供培训和良好社会福利等手段，确保农民利益得到切实的保护。

（8）政策机制。农业特色小镇建设，未必一定是建制镇。因此要在用地指标、审批和管理权限方面寻求创新和突破。同时，农业特色小镇的开发，一定要采用市场化的运作机制，政府仅负责政策和规划支持，具体的运作，要由市场化的企业主体来进行。

（三）发展类型

1. 农业特色互联网小镇

农业特色互联网小镇利用互联网的理念和思维，将现代信息技术与农业生产、农民生活、农村生态的各个方面相融合，以农业电子商务、农产品加工、乡村旅游、休闲农业、运动养生等特色产业为发展载体，是将产业、文化、旅游和社区等功能融为一体的创业创新平台。建设农业特色互联网小镇，为农村经济社会发展提供了新的内生动力，有利于开发特色农业资源，促进产业集聚、创新和转型升级，推进农业供给侧结构性改革；有利于城乡协调发展，促进城乡公共服务均等化、资源配置合理化，推动农村大众创业万众创新；有利于推动自然生态、历史人文、民族特色、传统工艺与农业产业和信息技术融合发展，丰富特色产业内涵，助推脱贫攻坚。

2. 农业旅游康养小镇

农业旅游康养小镇是指以"健康"为小镇开发的出发点和归宿点，以"农业产业＋旅游产业＋健康产业"为核心，将农业产业发展、健康、养生、养老、休闲、旅游等多元化功能融为一体，形成的生态环境较好的特色小镇。国务院发布的《"健康中国2030"规划纲要》中指出，应积极促进健康与养老、旅游、互联网、健身休闲、食品融合，催生健康新产业、新业态、新模式。

优美的生态环境和独特的农业景观是发展农村康养产业、生态旅游的基础，优化农民收入来源构成的重要资源。以此为依托的农业特色小镇不仅可以满足城乡居民不断提高和增长的新需求，同时也为农民增收增加新渠道。

3. 农业特色产业小镇

依托优质农产品生产的农业特色小镇。目前，我国农产品供给存在着质量不高、优质农产品不多等问题，将增加优质农产品供给放在突出位置已成为农业供给侧结构性改革的重要内容，这也是依托优质农产品生产的特色小镇需要肩负的首要任务。

依托农产品加工的特色小镇。依托农产品加工的特色小镇是实现产城融合发展的有效途径，也是新一轮特色小镇建设中的热点。以"酒都小镇"山西汾阳杏花村镇为例。杏花村镇以汾酒品牌知名度为基础，从种植、酿造、储藏、灌装、包装、物流、会展、质检以及旅游休闲全产业链切入，形成了酒产业为支柱、酒文化为特色、旅游开发为突破口的产业形态，不断拉动全镇经济发展，已成为全国最大的清香型白酒生产基地。

依托农产品贸易的特色小镇。五泉镇是陕西杨凌区实现科技与农业相结合的基地，依托杨凌现代农业示范区农科教优势，获得了大量科技、经济、政策支撑。五泉镇将现代农业发展作为镇域主导产业，强化"农科"特色，以龙头企业、家庭农场、合作社、现代农庄为引领，积极发展新技术、新品种、新模式，形成了现代农业与二三产业交叉融合的特色产业体系。

4. 农业文化小镇

依托历史风貌的农业特色小镇。甪直是一座有着2 500年历史的水乡古镇，以水多、桥多、巷多、古宅多、名人多著称。镇内水系纵横，古宅林立、古桥各异，遗迹众多，水乡特色浓郁，历史风貌完整，是"中国历史文化名镇""中国特色景观旅游名镇"，被誉为"神州水乡第一镇"。

依托民俗风情的农业特色小镇。中华农业文明历史悠久，农业民俗多彩丰富，它们以不同的文化形式融入到整个民族的精神世界与遗产宝库。尝新节是湘、黔、桂等省区仡佬族、苗族、布依族、白族、壮族等少数民族的传统农事节日，在每年新谷成熟时择日举行，以此庆祝五谷丰登、共享劳动果实。广西隆林仡佬族的尝新节活动最为隆重，每年都吸引来自各地的仡佬族同胞及其他兄弟民族等上万人参加。

四、国家现代农业产业园

（一）背景溯源

农业部和财政部通过联合评审在 2017 年 6 月和 9 月分别公布了第一批 11 个、第二批 30 个国家现代农业产业园创建名单。

2018 年 6 月，按照中央农村工作会议、《中共中央 国务院关于实施乡村振兴战略的意见》以及《2018 年政府工作报告》部署要求，根据《农业农村部 财政部关于开展 2018 年国家现代农业产业园创建工作的通知》（农计发〔2018〕11 号），经县（市、区）申请、省级推荐、文本评审、现场答辩等选拔程序并公示，决定批准陕西省眉县等 21 个现代农业产业园创建国家现代农业产业园。

（二）内涵及建设内容要求

1. 内涵

现代农业产业园是以规模化种养基地为依托、产业化龙头企业带动、现代生产要素聚集，"生产＋加工＋科技"的现代农业产业集群。以促进一二三产业融合发展，创新农民增收利益联结机制，培育农业农村经济发展新动能，打造高起点、高标准的现代农业建设样板区和乡村产业兴旺引领区为目标，以期示范带动省、市、县形成梯次推进的现代农业产业园建设体系，为农业农村现代化建设和乡村振兴提供有力支撑。

2. 建设内容要求

（1）科学合理的规划布局。制定产业园专项规划，并经所在地县级或以上政府批准同意，明确产业园发展布局和区域范围。形成产业园种养、加工、物流、研发、服务等一二三产业板块。产业园专项规划与村镇建设、土地利用等相关规划相衔接，产业发展与村庄建设、生态宜居统筹谋划、同步推进，形成

图 12-6 国家现代农业产业园

园村一体、产村融合的格局。

（2）特色优势明显的主导产业。将主导产业发展为本县（市、区）特色优势产业和支柱产业，在本省区乃至全国具有较强的竞争优势。且主导产业集中度高、上下游连接紧密，产业间关联度强，原则上数量为1～2个，产值占产业园总产值的比重达50%以上。主导产业符合"生产＋加工＋科技"的发展要求，形成种养规模化、加工集群化、科技集成化、营销品牌化的全产业链开发的格局，实现了一二三产业融合发展。

（3）领先的区域建设水平。产业园生产设施条件良好，高标准农田占比较高，主要农作物耕种收综合机械化率高于本省平均水平，生产经营信息化水平高。现代要素集聚能力强，技术集成应用水平较高，职业农民和专业人才队伍初步建立，吸引人才创新创业的机制健全。生产经营体系完善，规模经营显著，新型经营主体成为园区建设主导力量。

（4）绿色发展成效突出。种养结合紧密，农业生产清洁，农业环境突出问题得到有效治理，"一控两减三基本"全面推行并取得实效。生产标准化、经营品牌化、质量可追溯，产品优质安全，绿色食品认证比重较高。农业绿色、低碳、循环发展长效机制基本建立。

（5）带动农民作用显著。产业园积极创新联农带农激励机制，推动发展合作制、股份制、订单农业等多种利益联结方式，推进资源变资产、资金变股金、农民变股东，农民分享二三产业增值收益有保障。在帮助小农户节本增效、对接市场、抵御风险、拓展增收空间等方面，采取了有针对性的措施，促进小农户和现代农业发展有机衔接。园区农民可支配收入原则上应高于当地平均水平的30%。

（6）政策支持措施有力。地方政府支持力度大，统筹整合财政专项、基本建设投资等资金用于产业园建设，并在用地保障、财政扶持、金融服务、科技创新应用、人才支撑等方面有明确的政策措施，政策含金量高，有针对性和可操作性。水、电、路、信、网络等基础设施完备。

（7）组织管理健全完善。产业园运行管理机制有活力，方式有创新，有适应发展要求的管理机制和开发运行机制。政府引导有力，多企业、多主体建设产业园的积极性充分调动，形成了产业园持续发展的动力机制。

（三）发展模式

1. 都市城郊型

该类型依托城郊便利的物流交通条件、人才技术资源及庞大的市场，以工厂化农业为代表，以科技创新、先进农业技术组装集成和科技成果转化为重点，以休闲观光、科普教育等为特色的都市现代农业发展模式，能够较好地发挥示范、辐射和服务等功能。

2. 高新技术型

以农业高新技术的产业化开发为主的农业科技综合开发园区，在科技人才集结、资金投入、科技含量、扶持政策及管理机制上有比较高的要求，在园区内真正体现农业高新技术的产业化开发，可以在园区内进行招商引资，兴办各类开发企业，并承担高科技农业企业的孵化与培育作用。该类型的典型代表是杨凌农业高新技术产业示范区。

3. 特色乡村产业型

具有地域特色的产业，已经具备生产、加工、科技、物流、服务、示范等功能。该产业园坚持产业发展与乡村建设、生态宜居统筹谋划同步推进。

4. 规模集聚型

该类型主要以某类农作物或畜禽大规模的集中连片种植、养殖为特色，依托规模集聚效应，形成生产优势，品牌效应，进而扩充产品类型，延伸上下游产业链条。

5. 产业融合型

产业融合模式充分利用乡村既有的农业产业基础，延伸发展，选择第二、第三产业中的适宜实体，提升原有农产业的层次，延长原有农业产业链条，实现产业的进化与创意发展。

五、农业科技园区

（一）背景溯源

根据《国家农业科技园区发展规划（2018—2025年）》，自2000年以来，科技部联合农业部、水利部、国家林业局、中国科学院、中国农业银行等部门，启动了国家农业科技园区建设工作。园区发展经历了试点建设（2001—2005年）、全面推进（2006—2011年）、创新发展（2012年至今）三个阶段。截至2017年年底，已批准建设了246个国家级园区，基本覆盖了全国所有省、自治区、直辖市、计划单列市及新疆生产建设兵团，初步形成了特色鲜明、模式典型、科技示范效果显著的园区发展格局。按照建设和运营主体的差异，园区形成了政府主导型（占87.0%）、企业主导型（占9.7%）、科研单位主导型（占3.3%）三种模式。近年来，园区基于自身发展模式和区域特色等，为适应创新驱动发展的需要，在功能定位、规划布局上出现了一系列新变化，政府主导型园区向农业高新技术产业培育和产城产镇产村融合的杨凌模式发展，其他两类园区分别向科技服务和成果应用方向发展。

（二）内涵及建设内容要求

1. 内涵

农业科技园区，通常是指在特定的区域内，推动农科教、产学研紧密结合，农业生产要素优化配置，加速农业科技成果的转化和产业化，不断提高农业生产力，逐步实现农业现代化的一种新型发展模式。农业科技园区须满足现代农业发展的内在需要，体现未来农业的发展方向；农业科技园区依赖一定的农业科学技术；农业科技园区是一种新型的现代农业组织方式和运营模式，是我国由传统农业向现代农业转变的新型组织形式；农业科技园区的实质是现代农业的探索园区，是农业生产方式转变过程中的带动力量。

国家农业科技园区的建设是党中央、国务院提出的一项重要任务，是以市场为导向、以科技为支撑、以企业为主导的现代农业建设新模式。其建设要坚持"政府引导、企业运作、社会参与、农民受益"的原则，将园区建设成为我国现代农业科技创新转化示范基地、农村科技特派员创业基地、现代农业新兴产业孵化基地。园区建设要带动区域农村经济社会发展，为推进城乡一体化发展提供有效模式和科技支撑。

2. 建设内容要求

（1）科学的规划方案、合理的功能分区、明确的主导产业、完善的配套政策。

图 12-7　农业科技园区

（2）明确的地理界线和一定的建设规模，核心区、示范区、辐射区功能定位清晰，建设内容具体。

（3）科技开发能力或相应的技术支撑条件，能够承接技术成果的转移转化；具有研发基础设施条件和较完善的技术转化服务体系；专家工作站和科学测试检测中心，有利于聚集科技型人才。

（4）高新技术企业和科技服务机构，有效提高当地劳动生产率、土地产出率和资源利用率；职业农民培训场所，促进当地居民收入的提高；大学生、农民工等返乡创业孵化器和公共服务平台。

（5）健全的行政管理机构和服务管理体系。

（6）建设美丽宜居乡村，推进园区融合发展。走中国特色新型城镇化道路，探索"园城一体""园镇一体""园村一体"的城乡一体化发展新模式。整合园区基础设施、土地整治、农业综合开发、新型城镇化等各类资源，兼顾园区生产生活生态协调发展。强化资源节约、环境友好，确保产出高效、产品安全。推进农业资源高效利用，提高农业全要素生产率，发展循环生态农业，打造水体洁净、空气清新、土壤安全的绿色园区。依托园区绿水青山、田园风光、乡土文化等资源，促进农业与旅游休闲、教育文化、健康养生等产业深度融合，发展观光农业、体验农业、创意农业。打造"一园一品""一园一景""一园一韵"，建设宜业宜居宜游的美丽乡村和特色小镇，带动乡村振兴。

（三）发展模式

1. 生产要素型园区

生产要素型园区主要指设施农业型园区。设施农业型园区作为我国现代农业科技园区最基本的发展模式之一,有利于我国现代农业科技园区的不断改革创新。该类型适合于初步建设园区,各方条件尚未成熟时的发展方向,集合大量农民运用现代化农业设施,用于园区农产品的高效生产。如山东寿光国家农业科技园区作为第一批国家农业科技园区之一,其发展模式就是以设施农业为主,着力于园区大棚改造与建设、农作物栽培耕作技术设备等基础设施建设,将现代化设施农业放在第一要位,带动寿光区域农业和农村经济发展。

2. 龙头企业型园区

龙头企业型园区的建设主体正由政府主办逐渐变为由个别龙头企业承担主要经营职责。一方面龙头企业拥有科技成果孵化和辐射示范的优势,且在产供销产业链一体化与特色品牌精加工上也有发展优先权;另一方面,龙头企业也可借助政府的优惠政策,发展园区经济建设,实现企业、园区、农民的"三方盈利"。如四川乐山国家农业科技园区遵循"政府指导、企业运作、中介参与、农民受益"的宗旨,实行"政府引导、业主开发、市场化运作、产业化经营"的运行机制,创新技术扩散机制和投融资机制,形成互动的利益联结机制,建立了风险保障体系,成效显著。

3. 技术创新型园区

技术创新型园区是现代农业科技园区发展模式中的核心模式,是政府推动园区发展的重要指标。这类园区适合在基础设施较为完善,政府投入较为稳定,产学研组织形成固定系统的园区内发展。如,广东国家农业科技园区集生产示范、观光旅游、科普教育、商业贸易、技术推广、科技创新"六位一体"。通过现代农业高新技术的培训学习,对园区名优特品牌和基础设施集中建设,形成"农业科技创新基地+示范基地+中试基地+生产基地"为模式的农业科技创新系统。

六、国家农村产业融合发展示范园

(一)背景溯源

2018年1月,为充分发挥示范引领作用,带动农村一二三产业融合发展,促进农业增效、农民增收、农村繁荣,在各地自愿申报、省级评审推荐的基础上,国家发改委印发首批国家农村产业融合发展示范园创建名单。

2018年10月,国家发展改革委会同农业农村部、工业和信息化部、财政部、自然资源部、商务部、文化和旅游部制定了《国家农村产业融合发展示范园认定管理办法(试行)》《国家农村产业融合发展示范园认定评审标准(试行)》。

（二）内涵及建设内容要求

1. 内涵

国家农村产业融合发展示范园是指在一定区域范围内，农村一二三产业融合特色鲜明、融合模式清晰、产业集聚发展、利益联结紧密、配套服务完善、组织管理高效，具有较强示范作用，发展经验具备复制推广价值，且经国家认定的园区。

图 12-8　国家农村产业融合发展示范园

2. 建设内容要求

（1）高度重视农村产业融合发展工作，已成立由本级政府主要领导挂帅的领导小组，并明确具体的示范园管理机构。

（2）具备较好的产业融合发展基础或特色产业优势，且建设示范园的意愿明确。

（3）示范园发展思路清晰、功能定位明确，用地符合国土空间规划（土地利用总体规划）、建设水平领先，产业特色鲜明、融合模式新颖，配套设施完善、组织管理高效，利益联结紧密，对区域内农民有较强的增收带动效应，具有较强的示范、引导和带动作用。

（三）发展模式

1. 农业内部融合型

农业内部融合型注重农业内部循环经济建设，种养加一体化的产值在示范园内的总产值需达到一定规模，园区内的产业类型着重以种植业、养殖业、农

产品加工、农产品物流、农产品电子商务、乡村旅游、乡村文化或小城镇开发建设等农业内部融合的产业

2. 延伸农业产业链型

在延伸农业产业链型的园区内，对农产品的过腹转化比例有一定的强调或提倡，示范园内需有涉及乡村旅游、共享农业、认养农业、体验农业、特色民宿、生态康养、乡村文化、小城镇开发建设等农业延伸产业链上的产业类型。

3. 农业功能拓展型

在拓展农业多种功能型的园区，农村电商、乡村旅游等新产业新业态需对园区整体现代农业产业发展的带动作用明显。例如园区内具有一些旅游景点或者以旅游为特色的村镇，实施一些对村镇文化保护及地域文化开发利用的举措。同时，示范园内农事体验、旅游商品开发，共享农业、认养农业、农家乐、民俗文化展示（演绎）、文化商品开发、农产品电子商务、特色农业展会、特色小镇、村镇建设、城镇开发建设等体现农业多种功能的业态实践手段类型丰富。

4. 多业态复合型

多业态复合型的园区，是在农业功能拓展型的基础上，更加强调农业多功能拓展是否带动当地农民就业，促进当地产业融入现代化市场经营，促进当地农民增收。例如带动当地农民参与旅游、展会、民宿等经营，电子商务带动特色农产品销售等。

5. 新技术渗透型

新技术渗透型的农村产业融合发展示范园，主要指高新技术，例如智慧农业、物联网技术、大数据、电子商务互联网农业等在园区内的应用达到一定水平和规模。例如农业高新技术、设备、品种运用是否广泛；远程监控、在线诊断、物联网、大数据、在线信息发布等智慧农业技术的运用，农产品电子商务交易园（区）基础设施建设完备，示范园内电子商务物流、配送体系健全，通过互联网订单销售占示范园农产品产值比例较高，电商龙头企业或新型经营主体具有一定数量，电子商务带动本地就业人数较多，示范园内至少有1家市级以上科研机构等。

6. 产城融合型

产城融合型的园区，要求示范园产业发展与当地城镇化规划紧密衔接，园区内具有一定数量和规模的农产品加工企业，其农产品加工产值占当地农产品加工业总产值比重较大，示范园内农民与城镇居民社会保障体系一体化程度高，示范园内农村居民务农比例低于本地区平均水平，示范园主导产业能够对城镇化形成有力支撑等。

七、农业公园

(一) 背景溯源

我国的农业类主题公园是休闲农业和乡村旅游不断发展的产物。随着社会的发展和生产力的提高，休息时间不断增加，人们越来越崇尚绿色和注重生活质量，旅游和休闲产业得到快速发展，其中包括乡村旅游和休闲观光农业。农业公园作为一种与农业有关的公共休闲旅游生活空间和场所，一种以农业为主题的体验园区，最早兴起于欧美的休闲度假农庄、牧场。城市居民节假日到乡村或郊区农庄、牧场里呼吸新鲜空气，体验农家生活，放松心情，促进身心健康。

(二) 内涵及建设内容要求

1. 内涵

农业公园是以园林化的乡村景观为基底，将农业生产、农产品消费和休闲旅游结合为一体，满足城乡居民观光游憩、休闲度假、科技示范、学习交流等多种需求的绿色开放空间。

图 12 - 9　农业公园

2. 建设内容要求

(1) 吸引力较强的农业自然资源禀赋与基本质素。农业自然资源是指农业公园农业生产可利用的自然环境要素，包括土地资源、水资源、生物资源和气候资源及其各要素之间相互联系、相互制约组成的有机整体。与农业相关的土地资源包括土地面积、耕地面积、田园美景和地貌美景，水资源包括水资源量和水系美景，生物资源包括动植物种类、草场面积和森林面积等，气候资源包括年日照小时数、降水量、年均气温和无霜期等。农业自然资源是农业公园发展的基础，不同的区域，农业自然资源的性质、数量、质量及组合特征存在很大差别，在空间上构成了不同的资源禀赋地域组合。

（2）独特的地方民族民俗风情。地方民俗风情主要包括特色的饮食文化、特色的生产习俗、特色的生活习惯、特色的节令节庆、特色的民间工艺、特色的村规民约、特色的建筑人居等。它是伴随着中国古代农业经济生活而产生的文化现象，具有农业生产的季节和周期性特点，是农民在长期的观察和生产实践中逐步形成的文化产物，既是生产生活经验的总结，又是指导生产生活的手段，具有明显的传承性。在我国物质文化生产文化中，农业生产民俗文化居于中心地位，是中国存在最为广泛的文化类型。在中国文化产生和发展的过程中，农业文化是基础，因为它以满足人们最基本的生存需要（衣、食、住、行）为目的，它决定着中华民族的生存方式，塑造着中华民族文化的自身。农业公园因地域性、季节性差异形成各自特色的文化内容和特征，主体包括语言、戏剧、民歌、风俗及各类祭祀活动等。

（3）展示传统和现代农耕文化的标志性场所。中华农耕文化是中国农业公园的灵魂。农耕文化是我国从未间断的一种文化，是中国劳动人民几千年生产生活智慧的结晶，它体现和反映了传统农业的思想理念、生产技术、耕作制度以及中华文明的内涵。长期以来，人们为了适应生产和发展的需要，创造的多样性农业生产和丰富博大的农耕文化，在它的形成和发展过程中，浸透着历代先贤的血汗，凝聚着我们民族的智慧，它集中升华了亿万民众的实践经验、教训和成功，反映了中华民族对人与自然之间的关系、规律的认识与把握。时至今日，农耕文化中的许多理念，在人们的生活和农业生产中仍具有现实意义。保护、传承和利用好传统的农耕文化、人文精神与和谐理念，不仅在维系生物多样性、改善和保护生态环境、保障食品安全、促进资源持续利用、传承民族文化、保护独特景观、推动乡村旅游方面具有重要价值，而且对保持和传承民族特色、地方特色、传统特色，丰富文化生活与促进社会和谐等方面发挥着十分重要的基础作用。传承弘扬农耕文化，留住我们生活的根，是农业公园的必走之路。

（4）组织形式先进、产业结构合理、管理模式健全的建设与运营主体。项目从产品的规划设计到采购、建设、服务和营销等一系列活动可称为项目的运营过程，针对运营过程中的各项活动设置的组织构架对其活动实施的控制和管理称之为运营管理。建设与运营主体至关重要，其组织形式是否先进、产业结构是否合理、管理模式是否健全关系到整个农业园区是否能够有序持久地运行。农业公园的运营过程，必须依靠营销系统的有效工作，将高效运行的运营管理成果转变为经济效益；依靠有效的人力资源管理，发挥人的作用；依靠对企业的整体战略筹划，使企业的运营管理变得更有目的性；通过资本管理，使运营过程获得足够的资金支持，并通过资本运营来扩大和调整运营的条件；通过信息管理，使运营管理建立在丰富的数据基础之上，实现智慧运营。

（5）健全的基础配套设施。2015年，国务院办公厅发布了《关于进一步促进旅游投资和消费的若干意见》（以下简称《意见》）。《意见》指出，发展乡村旅游需完善休闲农业和乡村旅游配套设施。重点加强休闲农业和乡村旅游特色村的道路、电力、饮水、厕所、停车场、垃圾污水处理设施、信息网络等基础设施和公共服务设施建设，加强相关旅游休闲配套设施建设。旅游基础配套设施是为适应旅游者在旅行游览中的需要而建设的各项物质设施的总称。"九层之台，起于垒土"，说的是基础的重要性。基础配套设施是建设农业公园不可缺少的物质基础。它主要包括道桥游线设施、餐饮酒店服务设施、娱乐休闲设施、购物消费设施、管理与导游设施、出行运载设施、通信视讯设施和康疗救护设施等。

（6）特色鲜明、传播力广、美誉度强的休闲农业与乡村旅游品牌。品牌是特色、品质、形象、竞争力的核心体现。随着经济社会的快速发展，品牌逐渐为各行各业重要的战略资源，成为提升区域影响力的核心要素。品牌对休闲农业与乡村旅游也具有很强的引领作用。发挥品牌对休闲农业与乡村旅游的引领作用，前提就是要大力培育品牌。品牌是最大的资产，不仅能带来直接经济效益，更能聚合资源价值、体现文化魅力，农业公园的发展应以品牌发展为思考的起点、核心和目标，而非以纯经济利益为导向。

（三）发展模式

1. 产业引领型发展模式

在我国由传统农业向特色现代化农业转型的大背景下，农业产业必须寻求新的发展路径。农业产业的延伸及关联产业的联动能够实现产业链上的整合，产业结构上的优化，形成新的产品和业态，提高产业附加值。特色农业与生态农业的集约化发展为农业产业链条延伸提供了资源基础与技术支撑，为产业基地公园化打造提供了景观环境。旅游导向的农业公园增加了现代农业的休闲观光与旅游体验的内容，形成了集特色农业种植、生态加工产业、主题农业休闲等功能于一体的农业产业发展模式，提升了原有农业产业基地的活力和人气，拓展了农业的服务功能。产业引领型发展模式主要包括特色的农业博览型农业公园和生态产业集约型农业公园两种。

2. 文化依托型发展模式

我国文化型乡村资源基础丰富、文化鲜明、民族个性较强，发展优势明显。文化依托型农业公园将文化与旅游充分融合，充分发挥文化元素的吸引力和旅游产业的黏合性和带动力。此类农业公园将构建以"乡村性"为根本，以乡村的乡土风貌、风土人情、民俗文化为基础和吸引物，以广阔的田园景观或山水风景为自然环境，充分突出自然生态、农耕文化、乡土文化和民俗文化特色的休闲公园。文化依托型农业公园具有文化的原生性、参与性、质朴性及浓郁的特点，独具一格的民族民俗、建筑风格、饮食习惯、服饰特色、农业景观和农事活动等，都为民俗旅游提供了很大的发展空间。但随着民俗旅游的蓬勃发展，使得民俗文化在旅游当中受到了冲击，文化型农业公园的开发将在民俗文化保护和旅游开发中寻找发展平衡点，对于推动我国文化型乡村休闲发展具有积极的实践意义。

3. 景区发展带动型农业公园

景区带动型农业公园不是以著名景区为依托发展乡村旅游，而是将著名景区作为农业公园的核心吸引物之一，将自然风光、农业产业、田园景观、农耕文化、民俗风情等资源与之融合，围绕精致的乡村景观、原汁原味的文化内涵、生态的自然，打造旅游导向的农业公园。

4. 自然风光体验型农业公园

自然风光型农业公园是以乡村原生态的乡野环境、自然大地地形地貌、大地农业景观、乡村文化活动为依托，以引领都市旅游回归自然为目的，以构筑绿色生态文化旅游为目的，在原有的自然本色上开展田园游、林果游、花卉游、滨水游、森林游、牧场游等不同特色的主题旅游活动，满足游客生态休闲、回归自然的心理需求。

5. 生态养生度假型农业公园

生态养生型农业公园是依托乡村良好的空气质量、气候条件、自然山水、优雅环境和养生资源，将绿色概念渗透到"吃住行游购娱"各个要素中，通过独特的养生资源、养生文化和养生理念，培养绿色健康的休闲生活方式，打造新型的养生度假方式。

八、中国特色农产品优势区

（一）背景溯源

2017 年 4 月，为加快特色农业产业发展，促进农业提质增效和农民增收，农业部、中央农办、国家发展改革委、财政部、国家林业局、科技部、国土资源部、环境保护部、水利部等 9 部委在全国开展中国特色农产品优势区创建工作。并于 2017 年 10 月发布了《特色农产品优势区建设规划纲要》。2017 年 12 月，公示了第一批特优区名单，2018 年 12 月，农业农村部公示了第二批特色农产品优势区名单。

（二）内涵及建设内容

1. 内涵

特色农产品优势区（以下简称"特优区"），是指具有资源禀赋和比较优势，产出品质优良、特色鲜明的农产品，拥有较好产业基础和相对完善的产业链条、带动农民增收能力强的特色农产品产业聚集区。特色农产品归类为特色粮经作物、特色园艺产品、特色畜产品、特色水产品、林特产品五大类，特优区主要在粮食生产功能区和重要农产品生产保护区（以下简称"两区"）之外创建，"两区"内个别具备传统优势、地理标志认证、较强市场竞争力和全国知名度的区域特色产品，也可创建特优区。

图 12-10 中国特色农产品优势区

2. 建设内容要求

（1）标准化生产基地。建设标准化生产示范基地，推进品种选择、生产过程、终端产品的标准化，把标准化生产示范基地建设成为原料供应基地、名特产品的第一车间，因地制宜发展休闲农业、观光农业，实现农旅互动、融合发展，提高特色农产品的产业化水平。包括特色粮经标准化基地、特色园艺标准化基地、特色畜禽标准化养殖场、特色水产标准化生产基地、林特产品标准化生产基地等。

（2）加工基地。根据不同区域、不同产业的发展情况，因地制宜，以发展具有地方和民族特点的特色农产品产地初加工和精深加工为重点，积极整合和规范发展各类农产品加工产业集聚园区，加快实现加工园区化、园区产业化、产业集聚化，最大限度挖掘特色农产品的增值潜力。包括特色农产品产地初加工、特色农产品精深加工、特色农副产品及加工副产物综合循环利用等。

（3）仓储物流基地。在现有农产品流通体系的基础上，因地制宜依托公路网、铁路网、新增支线机场、电商企业布局，完善仓储物流设施，不断提高特色农产品流通效率。包括产地收储设施、产地批发市场、冷链物流体系等。

（4）科技支撑体系。把新品种培育和技术创新作为提升特色农产品市场竞争力的战略措施，加大特色农产品品种资源保护等基础工作，加强新品种培育和提纯复壮，完善良种繁育体系和科技支撑体系。包括新品种培育与良种繁育、生产与加工技术创新、生产技术培训与推广等。

（5）品牌建设与市场营销体系。遵循品牌发展规律，充分发挥品牌引领作用，重点抓好"创新、品质、管理、诚信"等重点环节，完善市场营销体系，提高特色农业品牌的知名度和美誉度，扩大消费市场容量，不断提升产业效益。包括特色品牌培育、品牌管理与保护、市场营销体系等。

（6）质量控制体系。质量是特色农产品的生命线。通过加强质量控制体系建设，确保特色农产品高品质与质量安全，控制产业发展风险，促进特色农产品品牌创建和特色产业持续发展。包括生产和产品标准体系、投入品和产品检测能力建设、产品追溯和质量监管体系等。

（7）建设和运行机制。按照政府支持、企业运营的基本原则，处理好政府与各类市场主体的关系，形成分工明确、各司其职的体制机制。

（三）发展模式

1. 特色粮经作物类

特色粮经作物主要指马铃薯、特色粮豆、特色油料、特色纤维、道地药材等。马铃薯重点推进加工产品多元化，延长产业链，着重加强种薯基地建设、种薯资源管理，推广绿色高产高效栽培技术，大力发展马铃薯加工业。特色粮豆突出其品质优良、营养丰富的特征，加快功能性食品开发，促进出口，着重加强品种选育，推广绿色高产高效栽培技术，加强加工出口基地建设和品牌建设。特色油料突出其油用性，兼顾多种休闲营养食品开发，着重加强高产高油品种培育，推广绿色高产高效栽培技术，推进加工品开发和品牌培育。蚕茧、麻类等特色纤维突出其历史传承价值，重铸"丝绸之路"辉煌，着重加强优质品种选育和推广、标准化生产基地建设、加工设备研制、副产品综合利用。道地药材突出为中医药事业传承发展提供物质基础，加强道地药材的保护，建立种质资源保护体系，推动道地药材区域化、规范化、生态化生产，规范栽培和加工，推进原产地认证，建设现代生产物流体系。

2. 特色园艺产品类

特色园艺产品主要包括出口蔬菜及瓜类、季节性外调大宗蔬菜及瓜类、苹果、柑橘、梨、桃、葡萄、热带水果、猕猴桃、食用菌、茶叶、咖啡、花卉等。

特色出口蔬菜及瓜类突出提升产品国际竞争优势，带动区域经济发展，着重加强良种繁育和推广、质量标准体系建设、采后处理和深加工。

季节性外调大宗蔬菜及瓜类突出利用不同区域自然资源优势，满足各地淡季瓜菜需求，形成错位竞争，着重加强标准化瓜菜基地、产地批发市场和冷链物流设施建设。

苹果突出提升生产技术水平，完善市场营销和生产合作组织，延长产业链条，着重加强标准化果园、采后处理、仓储物流和精深加工等设施建设。柑橘突出发展轻简绿色栽培技术，拓展鲜果加工业，着重加强能适应机械化、高产优质和多抗品种的推广，病虫害绿色防控、标准化果园建设、加工产品开发、培育知名品牌。梨突出提升品种品质，强化市场营销和产品加工，着重加强品种保护、推广省力化和优质化栽培技术、提升采后分级包装和商品化处理能力。桃突出发展早晚熟品种，提升产品均衡上市能力，着重发挥各产区优势，调整优化内部品种结构，开发低糖、高酸等差别化、个性化品种，推行标准化、绿色生产，延长产业链条。葡萄及特色浆果突出品种品质的提升，适应市场需求，扩大出口，着重加强无核、优质、抗病、耐储运品种培育，推广农艺农机结合的轻简化栽培技术，采后商品化处理，推进葡萄及特色浆果的精深加工。热带水果突出产品的多元化开发，加强市场营销和产品商品化处理，着重加强品种改良、标准化种植、产后处理、贮藏保鲜和精深加工，打造热带水果全产业链。猕猴桃突出提升产品品质，培育知名品牌，拓展国际市场，着重加强良种繁育基地建设和高标准核心示范基地建设，发展果品采后商品化的初加工业、果品精深加工业。食用菌突出优质新品种的开发驯化和标准化生产，提升产品效益，着重加强食用菌菌种繁育基地建设和设施升级，提升产品质量，开发多样性产品和市场。

茶叶突出国际高端市场的开拓，提升出口产品竞争力，着重加强茶树品种改良、提高茶园机械化水平，标准化生产基地建设、初制茶厂改造与加工环境整治，打造区域公用品牌。咖啡突出产品品质提升，扩大生产规模和技术水平，着重加强优质咖啡豆原料基地、精加工生产基地和市场营销体系建设，培育咖啡知名品牌，提升产业国际市场竞争力与影响力。花卉突出新品种的开发培育，加强国际市场的开发，着重加强品种创新、栽培与繁殖技术研发、专利申请和保护、完善鲜切花行业标准、市场体系和花卉供销网络建设。

3. 特色畜产品类

特色畜产品类主要包括特色猪、特色家禽、特色牛、特色羊、特色马驴等。

特色猪突出提升特色品种的经济价值，推进特色产品及副产品精深加工业发展，着重加强地方猪品种保护和开发利用，加快品种改良创新，提升产品品质，加快市场培育，进一步推进产业发展。特色家禽突出强化生产模式和生产技术提升，着重加强特色品种保护，推进标准化生产，区域性公用品牌建设，构建产品加工和冷链物流配送体系，提升产业化水平。特色牛突出开发地方牛品种高档牛肉和牛肉制品，促进特色产品加工业发展，着重加强品种繁育，推广标准化规模养殖，推行精细分割和精深加工，打造优质安全绿色的牛肉品牌。特色羊突出提升个体繁殖性能和产肉、产毛（绒）和羊毛（绒）品质，推广适度放牧和舍饲相结合的养殖技术，保护草地，缓解草畜矛盾，着重加强品种保护和改良，发展标准化规模养殖，培育和推广特色品牌。特色马、驴突出优良品种选育，发展特色产品精深加工业，特色马、驴优势区着重加强马和驴品种繁育体系建设，推行标准化规模养殖，稳定基础母畜存栏，逐步扩大生产能力，培育和推广特色品牌。

4. 特色水产品类

特色水产品主要包括淡水养殖产品和海水养殖产品等。

淡水养殖产品突出提升病害监测防控水平，提高水产品品质，着重加强水产种质资源保护，推进生态健康养殖，推动淡水养殖产品深加工，延长产业链，提升价值链。海水养殖产品突出扶持养殖和加工龙头企业，提高养殖加工比例与产业化水平，着重加强水产种质资源保护，发展工厂化循环水养殖、海洋牧场和深水抗风浪网箱养殖，推进海水养殖产品深加工，推动一二三产业融合发展。

5. 林特产品类

林特产品主要包括木本油料、特色干果、木本调料、竹子等。

木本油料突出提升良种化水平，优化品种结构，强化生产能力建设，着重形成相对完备的木本油料类产、供、销产业链条，提高副产品的综合利用。特色干果突出生产能力提升，加强优质高附加值的特色产品开发和精深加工，扶持产业龙头企业发展，着重加强良种繁育与优良品种鉴选，加强基地建设，推进生产技术与产品的标准化，开发优质特色果品系列产品，培育一批名牌产品，加强特色果品质量安全管理。木本调料突出特色产品的标准化生产，强化产品开发和市场营销，提升产品附加值，拓展国际市场，着重加强良种繁育和推广，以加工企业为龙头带动产业发展，实现木本调料标准化生产，开发系列特色木本调料产品，做精做强名牌产品。竹子突出加强产品精深加工业的发展，扩大竹产品市场，着重是提升竹林经营水平，促进原竹和竹笋产量质量双增长，增加竹产业直接就业人数，提高竹资源综合利用率，促进一二三产业融合发展。

九、全国一村一品示范村镇

(一) 背景溯源

2013 年，农业部公布了第一批"全国一村一品示范村镇"名单，截至 2018 年 7 月，全国已经认定了 8 批"全国一村一品示范村镇"。

"一村一品示范村镇"的建设是为贯彻落实《中共中央国务院关于实施乡村振兴战略的意见》关于"培育农产品品牌，保护地理标志农产品，打造一村一品、一县一业发展新格局"的精神，按照《全国农业现代化规划（2016—2020 年）的通知》关于打造"一村一品"示范村镇的要求，根据《农业农村部办公厅关于开展全国一村一品示范村镇监测与认定的通知》的规定而设立的。

(二) 内涵及建设内容要求

1. 内涵

"一村一品"是指在一定区域范围内，以村为基本单位，按照国内外市场需求，充分发挥本地资源优势，通过大力推进规模化、标准化、品牌化和市场化建设，使一个村（或几个村）拥有一个（或几个）市场潜力大、区域特色明显、附加值高的主导产品和产业。

全国一村一品示范村镇作为一村一品发展的先进典型，为了在加强品牌培育、拓展农业多种功能、发展新兴业态、延长产业链价值链，实现一二三产业深度融合等方面，示范带动其他村镇发展一村一品而存在，是一村一品提档升级的样板和标杆，以期示范引领全国一村一品持续健康发展，为乡村振兴提供坚实产业支撑。

图 12-11 全国一村一品示范村镇

2. 建设内容要求

（1）选准做强特色产业。根据各贫困县脱贫攻坚规划和特色产业精准扶贫规划，指导贫困村科学选择适合自身发展、符合市场需求的特色优势产业。充分发挥贫困村资源优势、传统优势和区位优势，通过专业化、规模化、市场化和品牌化建设，培育壮大具有本地特色的主导产业，优先发展具有竞争力的特色产品。

（2）培育新型经营主体。充分发挥龙头企业、农民合作社、家庭农（牧）场和专业大户的各自功能，加快培育适应区域化、专业化、规模化发展要求的经营主体，提高一村一品发展组织化程度。指导贫困村发展农民合作社，积极引导贫困户参加，把合作社打造成带领农民进入市场、脱贫致富的骨干力量。有条件的地方要积极引进龙头企业，引导龙头企业在贫困村建设生产基地，帮助开发特色资源，吸纳贫困人口就业。贫困村要主动与龙头企业、农民合作社进行对接，促进产销衔接，提高产品的商品化率。

（3）加强知名品牌打造。引导贫困村树立质量和品牌意识，推行标准化生产，开展商标注册。支持贫困地区专业村申请"三品一标"认证，鼓励具有鲜明地域特色的产品申报中国地理标志证明商标、国家地理标志保护产品等认证，加强特色农产品区域品牌建设。积极组织专业村参加各种农产品展示展销活动，充分利用报刊、电视、网络以及各类新媒体，宣传推介一村一品产品，提高贫困地区特色农产品知名度和市场竞争力。

（4）推动产业融合发展。支持贫困村发展电子商务营销，探索推广一村一品一店模式，及时对接供需，实现特色产品优质优价。鼓励贫困村围绕主导产业，积极发展农产品加工、储藏、包装、运输、商品化处理等相关产业，延伸产业链、提升价值链，挖掘农业增收潜力。引导贫困村在发展特色产业基础上，积极拓展休闲观光、文化传承、生态保护等农业多种功能，大力发展休闲农业和乡村旅游，推进农业与旅游、文化、健康养生等产业深度融合，实现产业提档升级。

（5）强化利益联结机制。创新产业扶贫机制，让贫困户全方位参与到扶贫产业发展中。鼓励新型经营主体和有产业发展能力的贫困对象共同开发特色产业，依法签订利益共享、风险共担的合作协议。按照协议，贫困户负责生产、提供产品，新型经营主体提供服务、收购产品，政府扶持资金通过以奖代补、贷款贴息等方式支持新型经营主体和贫困户。鼓励把财政专项扶贫资金和其他相关涉农财政资金折股量化给贫困户，投入新型经营主体发展特色产业。稳步推进农村集体产权制度改革，盘活贫困村的土地、劳动力、自然资源等要素，推动"资源变资产、资金变股金、农民变股东"，壮大村级经济实力。

（三）发展模式

1. 龙头企业带动型

以农产品加工或流通企业为龙头，通过专业合作社或股份合作等利益连结机制，引导农户从事专业化、标准化生产，将生产、加工、销售有机结合，实行一体化经营，该模式是我国应用最广泛、实施时间最长的一种。

2. 服务组织带动型

从事同类农产品生产经营的农民自愿组织起来，在技术、信息、资金、购销、加工、储运等环节开展互助合作，以维护成员利益、增加成员收入为主要目的，是市场经济条件下农民进行自我服务、自我发展、自我保护的有效形式，主要特色表现在：不改变土地承包关系和农户自主经营权利；专业性强，大多以专业化生产某一类产品为纽带；在组织管理上，实行入退自由、民主管理；实行盈余返还，与农户风险共担，利益共享。在实践中，以"合作社＋农户""协会＋农户"为主要形式。

3. 专业市场拉动型

以专业市场或专业批发交易中心为依托，一头连接生产基地和农户，一头连接消费中心，带动大批农民从事农产品生产和中介经营活动。专业市场作为一个流通网络枢纽，引导当地农户，按照市场供求信息及价格信号，及时提供相应质量和数量的农产品。

4. 原料基地依托型

主要是通过发挥区域资源禀赋和延长产业链条，促进农村经济结构调整，引领现代农业发展，增加农产品附加值，拓宽农民就业和增收渠道。原料基地依托型农产品加工类一村一品，实现了由资源依赖型的普通农产品消化吸收向市场导向型的优质农产品均衡供给转变。

5. 乡村旅游引导型

充分利用专业村、专业乡镇和县域的旅游资源、文化积淀和区位优势，将地方传统文化与农业功能结合，融合历史人文内涵、乡村建筑风格与现代社会人文背景，积极开发农旅合一产业。

十、全国农村一二三产业融合发展先导区

（一）背景溯源

为深入贯彻落实党的十九大提出的"促进农村一二三产业融合发展"和《国民经济和社会发展第十三个五年规划纲要》提出的"培育一批产业融合先导区"要求，根据《国务院办公厅关于推进农村一二三产业融合发展的指导意见》（国办发〔2015〕93 号）精神，原国家农业部决定支持各地培育打造和创建农村一二三产业融合发展先导区（以下简称融合发展先导区），做大做强支柱产业和融合发展各类经营主体。2018 年，全国第一批全国农村一二三产业融合发展先导区创建名单出炉，共有 155 个县（市、区）上榜。

（二）内涵及建设内容要求

1. 内涵

"农村一二三产业融合发展先导区"是指农村一二三产业融合发展中，部分县乡等行政区或某一产业集聚区，坚持产前产中产后有机衔接和一二三产业融合发展，已经形成了相对成型、成熟的融合发展模式和全产业链条，产业价值链增值和区域品牌溢价效果已初步显现，市场竞争已经由产品竞争上升到产业链竞争的新高度，并且其做法经验可复制、可推广，能够在全国发挥标杆引领和典型示范作用的区域。

2. 建设内容要求

全国农村一二三产业融合发展先导区需按照"一年有规划、两年有起色、三年见成效"的总体安排，按照在全国范围内培育打造和创建一批产业融合方式先进、经济效益显著、产业集群发展高效、与农民利益联结紧密的融合发展先导区的要求，形成多元化的融合发展新模式新经验，有效推动农村一二三产业融合发展，让农民分享更多的二三产业增值收益。培育打造融合发展先导区的重点任务主要包括五个方面：

（1）规划先行、统筹布局。要紧紧围绕区域主导产业，研究国内外相关产业的发展现状及趋势，对接国家粮食生产功能区、重要农产品生产保护区、特色农产品优势区等建设布局，编制产业融合发展规划，优化区域结构、产业结构、要素投入结构和经营主体结构，重点在优化产业布局、培育主导产业、完善产业链条、优化发展方式、构建利益联结机制等方面加强顶层设计、科学布局和宣传引导，构建标准化原料基地、集约化加工园区、区域化支柱产业、体系化服务网络的格局，尽快形成规划引领、链条发展、合作共赢的发展态势。

（2）培育品牌、市场决定。要构建大型加工流通企业领办、新型经营主体全产业链条服务、广大原料生产农户广泛参与的梯队格局。要加强原料环节"三品一标"、绿色食品原料基地等认证推广工作，不断提升农产品质量品质；引导区域内融合发展的各类新型农业经营主体开展先进的质量管理、食品安全控制等体系认证，提高加工流通环节的质量管理；发挥行业协会在服务产业、规范行业发展、强化行业自律等方面的职能作用；加强市场监管，打击假冒伪劣产品，加大企业品牌、产品品牌、区域品牌的支持保护力度，维护品牌形象和消费者合法权益。

整合资源、形成合力。融合发展先导区要按照国务院办公厅印发的《关于推进农村一二三产业融合发展的指导意见》《关于支持返乡下乡人员创业创新促进农村一二三产业融合发展的意见》等文件要求，主动对接有关政策实施部门，推动政策措施在先导区落地见效；积极对接农村一二三产业融合发展、农产品加工、农业农村信息化建设等涉农项目，为区域内经营主体争取资金支持；组织开展银企对接、投资对接等活动，为区域内经营主体争取更多信贷支持。

（3）发挥优势、绿色发展。要坚持为农、贴农、惠农原则，不断完善利益联结机制，带动农民就业增收，让更多农民分享产业融合发展产生的增值收益；坚持种养结合、农渔、农牧循环、提高资源综合利用水平；要统一建设节能降耗、低碳环保、循环利用的供热、供水、污水处理、垃圾处理等设施，为经营主体提供安全环保的生产环境；不断加大绿色产业发展力度，创设绿色政策，推广绿色发展模式，建立绿色、低碳、循环发展的长效机制。

（4）主体引领、科技支撑。要积极培育具有引领优势的新型农业经营主体，使其在推动区域产业链条延伸、农业功能拓展、区域品牌协同打造、创新利益联结机制方面发挥优势和作用。引导各类主体以价值增值和产业竞争力提升为目标，不断完善产业体系，提升农业的品牌溢价、功能溢价和生态溢价空间；鼓励各类主体加强研发能力建设，积极承接国家级和省级工程技术研究中心、重点实验室、企业技术中心等创新平台建设；支持各类主体组建产业发展联盟，带动上下游企业和相关产业经营主体协同发展，帮助农户特别是贫困户解决实际困难，积极参与社会公益活动。

（三）发展模式

1. 农产品加工业引领型

通过发展以粮食、果蔬、茶叶等主要及特色农产品的干燥、储藏保鲜等初加工设施建设，发展农产品产地初加工；通过提升粮食主产区农产品深加工，培育多元化主食加工产业集群，加强与健康、养生、养老、旅游等产业融合对接，加快关键技术升级与集成应用，开展生物制造技术研究、装备研发及精深加工装备研制等，全面提升农产品精深加工整体水平；通过推动农产品及加工副产物综合利用等，提升产业融合发展带动能力。

2. 第三产业突破型

通过健全农产品产地营销体系等大力发展各类专业流通服务、积极发展电子商务等新业态新模式、加快发展休闲农业和乡村旅游等方式激活农村第三产业，拓宽产业融合发展途径。

3. 融合机制创新型

创新融合机制，通过强化家庭农场、农民合作社的基础作用，壮大农业产业化龙头企业，打造产业融合领军型企业等方式培育多元化产业融合主体；通过支持企业前延后伸探索推广"龙头企业＋合作社＋基地＋农户"的组织模式，引导产业集聚发展等，发展多类型产业融合方式；通过创新发展订单农业，农民股份合作，强化龙头企业联农带农激励机制，健全风险防范机制等方式建立多形式利益联结机制，激发产业融合发展内生动力。

九鼎辉煌近三年乡村
振兴规划相关案例

乡村振兴战略的实践与落地，需要根据不同的规划尺度与地域文脉、产业类型及乡村发展现状问题提出具体的项目或业态解决方案。例如通过"美丽乡村"的规划与建设提升乡村的生态宜居水平，打造乡风文明的乡村；利用特色小镇、田园综合体、中国农业公园等农业产业业态的发展，推动实现产业兴旺、生活富裕；凭借"全域旅游"或乡村旅游的发展进而达到乡村振兴的目的；或以农业新业态的创新探索发力农业现代化的实现，等等。北京九鼎辉煌旅游发展研究院多年来深耕于乡村振兴工作一线，积累了丰富的乡村振兴规划经验，现选取部分近年相关案例进行展示。

案例一、山西省阳城县乡村振兴之"产业兴旺·生活富裕·体制机制创新"专项规划（2018—2022 年）

一、规划缘起

实施乡村振兴战略，是党的十九大作出的重大决策部署，是决胜全面建成小康社会、全面建设社会主义现代化国家的重大历史任务，是中国特色社会主义进入新时代做好"三农"工作的总抓手。阳城县必须深刻认识到实施乡村振兴战略的重要意义，深入贯彻落实习近平总书记视察山西重要讲话精神，增强实施乡村振兴战略的自觉性。本规划按照产业兴旺、生态宜居、乡风文明、治理有效、生活富裕的总要求，对阳城县实施乡村振兴战略作出总体设计和阶段谋划。本规划立足阳城县发展实际，开发农业多种功能，厚植农业农村发展优势，转变农业发展方式，量身打造具有阳城特色的产业融合发展模式。同时，统筹推进城乡发展，着力保障和改善民生，打好脱贫攻坚战，促进农村劳动力转移就业和农民增收，推进富民强县。此外，着力探索构建阳城县乡村振兴管理运行体制机制、城乡融合发展体制机制，深化农村产权制度改革，强化资源要素支撑，建设新型乡村治理体系。本规划细化实化工作重点、政策措施、推进机制，部署重大工程、重大计划、重大行动，确保乡村振兴战略扎实推进。本规划是引领阳城县农业全面升级、农村全面进步、农民全面发展的行动纲领，是全县有序推进乡村振兴的指导性文件。

二、项目概况

（一）项目位置

阳城县隶属于山西省晋城市，位于晋城市西南部，东临晋城郊区、西接垣曲县、北抵沁水县、南壤河南济源市。

（二）规划范围

阳城县乡村振兴之产业兴旺·生活富裕·体制机制创新专项规划范围包含阳城县整个县域，面积为 1 968 平方千米，包含 10 镇、7 乡。

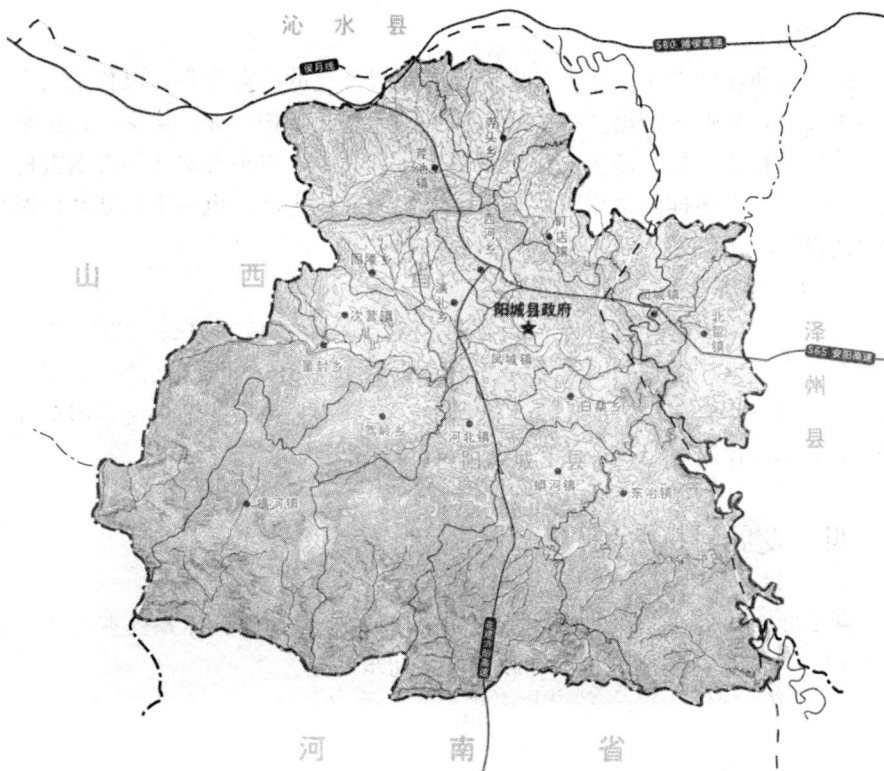

图 1　规划范围图

三、规划背景

（一）自然环境分析

阳城县境内为典型的山地丘陵地貌，拥有宜人的气候、优沃的土壤以及丰富的植物资源，自然环境优越，为阳城县发展特色农业、农林文旅康融合产业提供了基础条件。

（二）历史文化背景

1. 历史沿革

阳城县古称濩泽，为尧舜夏冀州之域，是黄河文明的发祥地之一。战国时叠属韩、魏。西汉初（公元前206年）置县，属河东郡。唐朝天宝元年（公元742年）改濩泽为阳城县。清康熙、雍正年间，阳城与陕西韩城、安徽桐城同为文化发达之乡，在泽州府所辖五县中文风最高，赢得了"名列三城，风高五属"的美誉。

2. 文化脉络

阳城县所在的晋东南地区是中国北方粟谷文化的起源中心，以晋东南农耕文明为核心，延伸发展出"一中心六体系"的文化架构，即农耕文化、蚕桑文化、古堡古村落文化、商汤文化、商贾文化，其中，以蚕桑文化和古堡古村落文化最具特色。多样的文化类型丰富了居民的文化生活，也为阳城县乡村振兴文化建设提供了条件。

3. 社会经济背景

近年来，阳城县经济社会保持了平稳健康发展的良好势头，2017年，阳城县全年实现生产总值200.2亿元，比上年增长5.6%。产业结构不断调整，第三产业占全县生产总值的比重逐渐增加，二产增长速度逐渐放缓，但全县经济整体上仍依赖于第二产业，产业结构有待优化。

四、发展目标

到2020年，乡村振兴取得重要进展，制度框架和政策体系基本形成；到2022年，乡村振兴的制度框架和政策体系初步健全。

五、发展思路

（一）产业兴旺

依托阳城县位于中原经济区核心区的交通及经济区位优势，整合阳城蚕桑、小杂粮、干果经济林、特色养殖、中草药等农业产业资源，在保护生态的前提下，坚持"产业立县"原则，以"一心驱动、一环补充、一带辐射、一带拓展、三板块覆盖"为产业空间布局，以六大重点工程方面为措施，以九类农业产业特色项目为载体，以一大农业产业强镇建设为引领示范，以八项县域农业品牌创建为目标，以绿色种养业为巩固基础，以农产品加工流通业为突破，继续发挥休闲农业和乡村旅游业的县域特色优势，同时创新发展乡村产业、乡村服务业，最终将阳城县建设为山西省农林文旅康融合发展的产业兴旺标杆县。

1. 一心一环两带三板块

一心一环两带三板块的布局的内容为：产城融合中心、城郊农业环、沁河休闲渔业拓展带、获泽河现代农业辐射带、南部农林特色种养及康旅产业板块、北部精品绿色农业及乡村文旅产业板块、中部一二三产业融合先导板块。

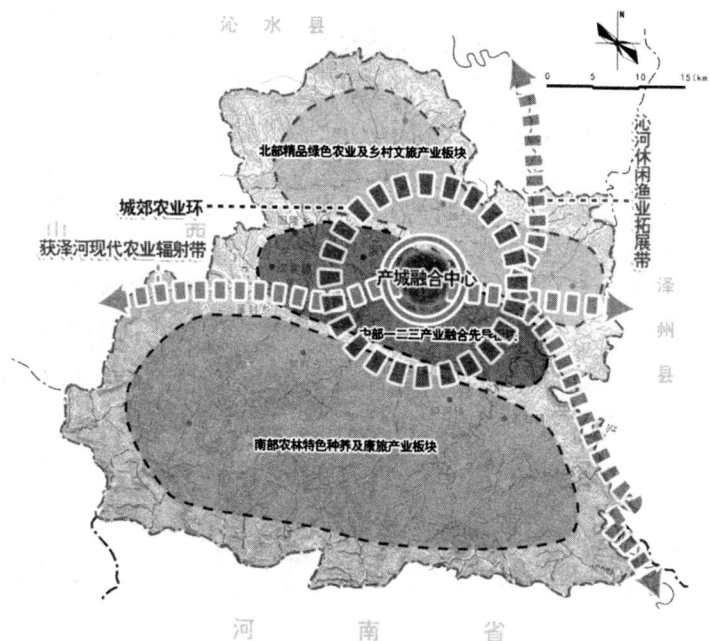

图 2　产业发展空间布局图

2. 六大重点工程方面

六大重点工程类型为：农业机械化工程、农业品牌提升工程、科技兴农工程、有机旱作农业工程、新型经营主体培育工程、一二三产业融合工程。

3. 八项县域农业品牌

八项县域农业品牌为：国家农村产业融合发展试点示范县、生态循环农业示范县、电子商务进农村综合示范县、品牌农业示范县、农业物联网应用示范县、科技创新驱动县域经济发展示范县、全国有机旱作农业示范县、山西省绿色农业示范县。

4. 九类农业产业特色项目

九类农业产业特色项目为：田园综合体、有机旱作农业示范片、农业科技园区、地理标志农产品和原产地保护基地、特色小镇（农产品加工特色小镇）、全国农村创业创新园区（基地）、国家中医药健康旅游示范基地、国家农村产业融合发展示范园、特色农产品优势区。

5. 一大农业产业强镇

一大农业产业强镇为：次营镇。

（二）生活富裕

深刻认识阳城县"90％的地域是农村、90％的人口是农民"的县情实际，把维护农民根本利益、促进共同富裕作为出发点和落脚点，推进城乡统筹发展，着力保障和改善民生，打好脱贫攻坚战，抓重点、补短板、强弱项。紧紧围绕实现阳城县人民生活富裕这一发展目标，以农民职业技能培训工程、乡居环境提升工程、四好农村路修改建工程、农村物流基础设施网络建设工程、乡风文明提升工程等重点工程为举措，以阳城县特色产业发展和体制机制创新为依托，以阳城县美丽乡村连片区建设为抓手，促进农村劳动力转移就业和农民增收、打造阳城特色乡村风貌，推进富民强县，实现物质和精神文明全面发展，不断增强农民获得感、幸福感、安全感，打造生活美、家园好的富裕乡村，建设"宜居、宜业、宜游、宜养"的幸福美好新阳城。

图 3　城乡供水一体化工程规划图

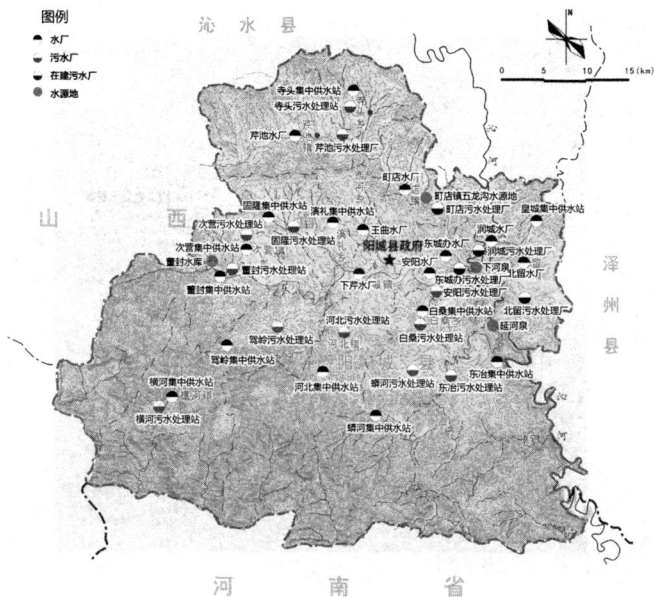

图 4　农村生活污水处理工程规划图

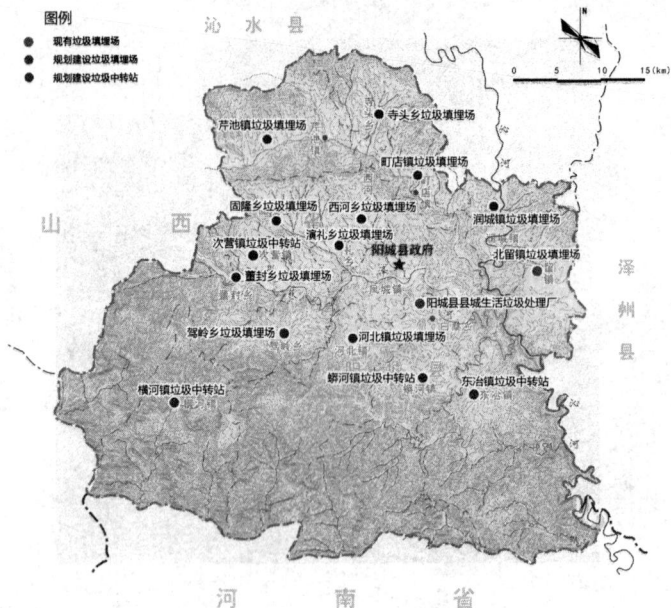

图 5　环卫设施规划图

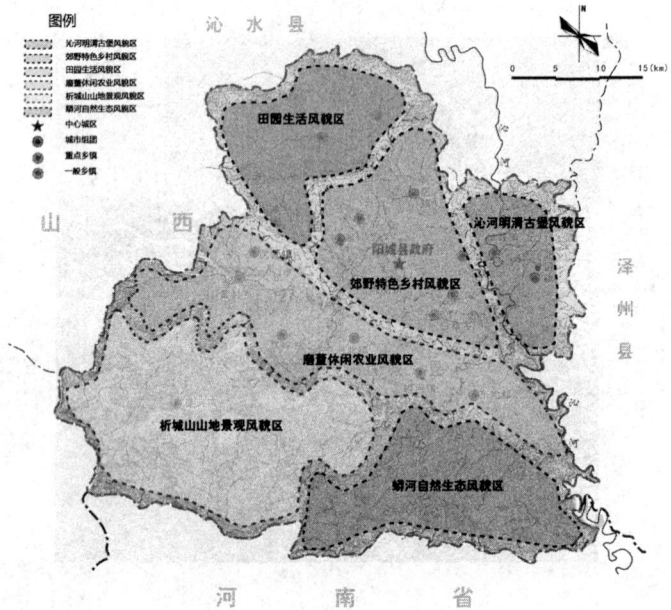

图 6　乡村风貌分区图

（三）体制机制创新

依托阳城县目前体制机制发展现状，结合乡村振兴战略的发展目标和要求，针对阳城县在土地、人才、资金、技术、管理、运营等体制机制发展方面的问题，以阳城县乡村振兴管理运行体制机制、城乡融合发展体制机制、农村产权制度改革、资源要素支撑、新型乡村治理体系等五方面的发展为建设重点，通过实施转移人口市民化工程、特色小镇建设工程、乡村振兴金融支撑工程、雪亮工程等重点工程为举措，加快建立健全城乡融合发展体制机制和政策体系，创造良好的环境，推动人才、土地、资本等要素双向流动，拓展农村市场，激发主体活力，为乡村振兴注入新动能，推进阳城县体制机制创新发展，强化乡村振兴制度保障。

案例二、山东省郯城县全域旅游发展总体规划（2017—2030 年）

一、规划缘起

郯城是山东南大门，处于人口基数庞大的鲁南苏北区域，客源市场潜力巨大。境内的沂河、沭河、白马河三河贯通后，城市滨水休闲和水上体育运动需求必将上扬，庙山镇的马术俱乐部、柳编电商产业园以及红花镇的中国结企业、港上镇的木旋玩具、花园乡的柳琴戏等未来旅游需求旺盛。郯城的中华银杏园、银杏古梅园、天沐温泉度假村、望海楼黑龙潭等景点初具规模，目前正在大力打造郯国古城、栗林小镇、银杏温泉小镇、望海楼四季慢城等项目，因此，有市场、有需求、有基础进行全县全域旅游开发建设。

二、区位分析

（一）地理区位

郯城县位于山东省最南端，东部毗邻江苏省东海县，南部与江苏省邳州市、新沂市接壤，北部与临沂市罗庄、河东、临沭、兰陵四区县相邻。地处鲁南苏北交界、黄海之滨，北邻临沂经济开发区、南接苏北生态旅游区，扼守山东"南大门"，区位优势明显。

郯城县交通区位优势显著，目前已形成公路、铁路、航空全方位立体化覆盖的交通体系，尤其以高等级、网络化的高速公路为主要支撑，为区域旅游可进入性提供了较大便利。

（二）交通区位

1. 外部交通

多层次、立体化的外部交通体系形成多重交叉，未来融入临沂"一小时公路圈"，交通过境中途岛区位优势明显，直接连接鲁南苏北地区。

2. 内部交通

郯城县内部道路交通十分便利，"一高速、四国道、三省道"的公路交通网络格局，为全域旅游发展提供了良好的交通基础。

（三）旅游区位

郯城属于国家首批全域旅游示范区创建城市临沂市，也是"好客山东"的南大门。更在山东省亲情沂蒙旅游区与江苏省东陇海丝路旅游带交汇区内，充分依托"好客山东南大门"的区位优势，对内整合优势资源、塑造特色旅游品牌，对外积极联合苏北生态旅游区、逐步打通旅游区域壁垒，通过内外优势互补、客源互送、资本共融等措施，将郯城县打造成为鲁南苏北地区的重要旅游目的地。

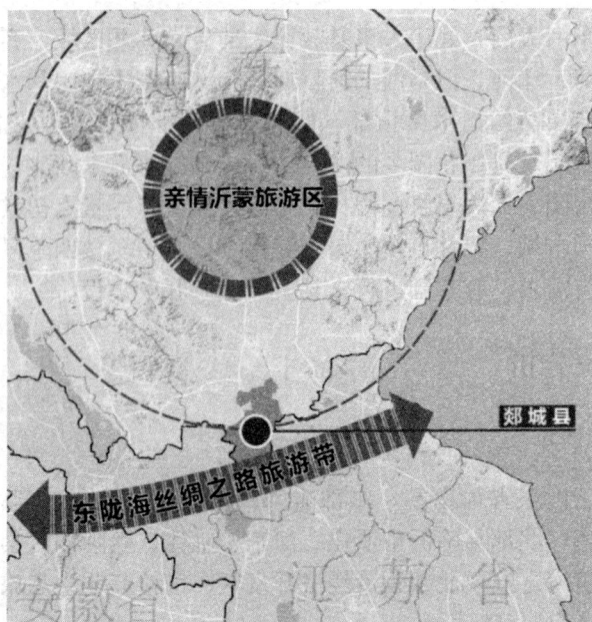

图1　旅游区位图

（四）经济区位

郯城县处于长三角经济圈和环渤海经济圈的中间辐射地带，是承接东部沿海城市群经济发展的重要过渡区域。郯城是鲁南经济带的重要组成部分，也在淮河生态经济带和苏北沿海经济带的辐射范围内，将为促进鲁南苏北旅游经济协同、联动发展发挥重要的纽带作用，未来必将搭乘周边经济区发展优势迎来迅速崛起。

（五）水生态区位

临沂是全国首批水生态文明城市建设试点城市，《临沂市水生态文明建设试点实施方案》提出打造"两带三区四网，一核十城百镇"的水生态总体布局。郯城在"两带"（沂沭河干流两条水生态健康带）上，也是十座水生态文明城市之一。郯城水资源丰富，水环境健康。

图 2　经济区位图

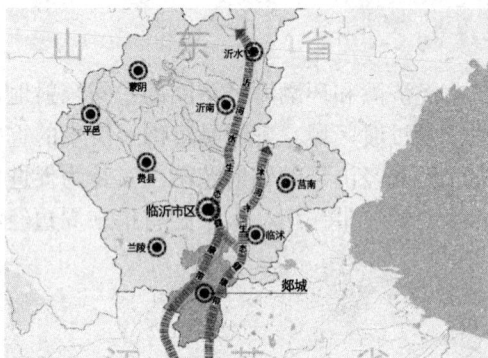

图 3　水生态区位图

三、规划范围

　　规划范围为郯城县行政所辖 16 个乡镇单位，包括 1 个街道办事处——郯

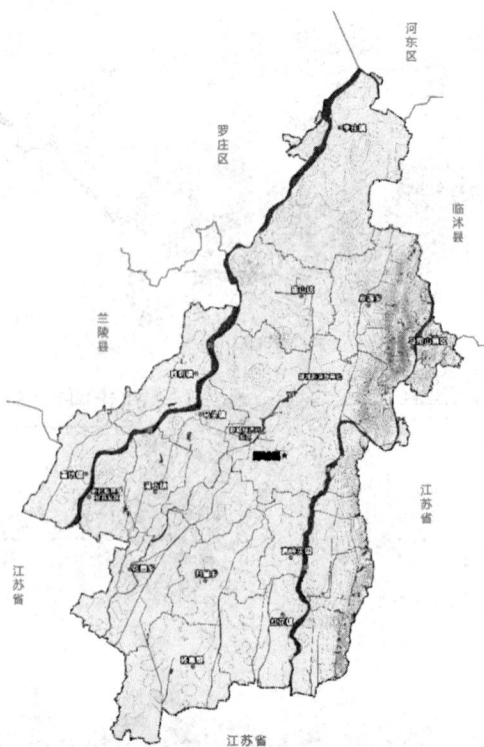

图 4　规划范围图

城街道、2个经济开发区——郯城经济开发区和新村银杏产业开发区、1个景区管委会——马陵山景区管委会，以及马头镇、重坊镇、庙山镇、李庄镇、胜利镇、港上镇、红花镇、高峰头镇、杨集镇9个镇和花园乡、归昌乡、泉源乡3个乡，规划面积为1 195平方公里，人口97万人。

四、规划背景

（一）自然地理环境

1. 地形地貌

郯城县地处鲁中南低山丘陵区南部，临接郯苍平原腹心地带，系沂蒙山区冲积平原，地势北高南低，地形由东北向西南缓缓低下，境内地势平坦、河湖相间，平均海拔约38米。东部马陵山沿绵延南北，中西部平原沂沭河南北纵贯，形成大面积的冲积平原，素有"鲁南粮仓"之称。

2. 气候特点

郯城县属温带季风区半湿润性气候，四季分明、光照充足，年均降水量919毫米，年均气温13.2℃，年均日照时数为2 023.7小时，无霜期207天。大陆性气候特点显著，四季变化分明，春季干燥，易发生春旱；夏季高温高湿，雨量集中；秋季秋高气爽，常有秋旱；冬季干冷，雨雪稀少。

3. 水文条件

郯城境内河流属淮河流域沂河、沭河、中运河水系，流向多为自北向南，均为季节性河流，全县主要河道45条，全长620.7千米。沂河、沭河纵贯县境，为过境主要河道，其次还有分沂入沭水道、五里河、新涑河、武河、武河行洪道等；苏鲁边界出境河道有老墨河、白马河、沙沟河、浪清河、郯新河、柳沟河、黄墩河、黄泥沟等。众多河流沟谷为开发水上旅游项目、打造生态滨河绿道，以及植入"海绵城市"理念，打造"休闲水城"的旅游品牌奠定了基础。

4. 土壤条件

郯城县地处暖温带、湿润与半湿润过渡型气候带，境内土壤以棕壤为主。土类受微地貌影响较大，低山丘陵主要形成棕壤及少量的褐土，沿河高阶地主要发育成河潮土，平原涝洼地主要发育成砂姜黑土和一部分改造成为幼年水稻土。优沃的土壤奠定了良好的农业基础，为发展休闲农业旅游提供了基础条件。

（二）历史文化

1. 古郯文化

郯子的仁孝之德在历史上广为流传，春秋时郯国国君郯子曾两次朝鲁，鲁昭公盛宴相待。韩愈《师说》中"孔子师郯子"和"二十四孝"中郯子"鹿乳奉亲"的美德一直被视为楷模。

2. 兵学文化

战国时期，齐魏马陵之战在此发生，马陵古战场凝聚《孙子兵法》的兵学智慧，马陵之战是中国战争史上设伏歼敌的著名战例。

3. 非物质文化

郯城县有国家级非物质文化木旋玩具、柳琴戏、鲁南五大调；山东省非物质文化遗产挂门笺；临沂市非物质文化遗产面塑。此外，还有木板年画、中国结、民族乐器制作、柳编、篓编、琅琊草编、尹庄泥陶等丰富的乡村民俗文化。

4. 农耕文化

郯城县农耕文化历史悠久，早在旧石器时期就有人来在此声息繁衍，农耕文明底蕴深厚。郯城县是山东省最大水稻种植面积之地，大田景观美丽雄壮。

5. 地质文化

县内有清代康熙年间地震之后留下的奇观——麦坡地震断裂带，两种颜色的土壤一线之隔，留有"一步跨越亿年"的神话。还有清泉恐龙足迹化石、老虎崖断崖等景观。

6. 红色文化

县内红色文化遗址有：马头镇中共鲁南第一支部旧址遗存、港上镇徐圩子村人民自发组织的徐圩子抗日保卫战、重坊、胜利等众多知青文化点。

7. 宗教文化

县内有清泉寺、广福寺、李庄青山庵等佛教寺院；黑龙潭由吾仙洞、花园乡冷雨古庙等道教寺庙；马头镇清真寺、李庄勾上清真寺等寺院。

8. 根亲文化

郯城县是古徐州和徐国文化的源头，徐姓师祖发迹地，豹公墩为徐氏祖陵，被称为"中华徐氏始祖陵"。

9. 名人文化

郯城物华天宝、人杰地灵，历代人才辈出，主要代表人物有西汉时期的为东海孝妇昭冤案的于公、三国时期魏国大臣王朗、明代为官清正的张景华。抗日战争时期鲁南地区中国共产党组织的创建人之一刘之言、被评为"沂蒙红嫂"的孙玉兰等，以及柳琴戏非物质文化传承人张金兰等。

10. 饮食文化

郯城物产丰富、食俗久远，流传下来许多独具特色食品，如挎包火烧、煎饼、炒鸡、吊炉朝牌、蜜汁银杏汤、马头糁、李庄锅饼、高桩馒头、花园盐豆子、庞涓蟹、醋熘沂河鱼、酱麦、渣豆腐等地方名小吃，为开发特色旅游餐饮提供了基础。

五、发展目标

（一）总体目标

基于对内在条件和外部机遇的综合分析，确立郯城县旅游业的总体目标是全球具有影响力的银杏产业特色全域旅游目的地，旅游目的地有鲜明旅游形象，多元稳定的市场，丰富的产品业态，持续的生态环境，灵活高效的机制，合理的空间结构。

（二）分期目标

近期，郯城通过验收，成功创建国家全域旅游示范县；中远期，旅游业成为郯城县支柱性产业，郯城成为全国旅游综合实力强县乃至国际知名的全域旅游目的地。

六、规划战略

（一）总体定位

以银杏文化、郯子文化、河流文化和乡村文化为本底，以银杏和优良的生态环境为资源依托，以生态型观光和休闲度假为主要发展方向，以全新设计旅游产品、全面提升旅游服务、全方位开拓旅游市场为主要手段，将郯城县打造成我国幸福产业导向的全域旅游目的地、国家全域旅游示范县。

（二）产业定位

新常态下，要将旅游产业定位为惠及全民的幸福产业、国民经济的支柱产业、服务业的优势产业，发挥旅游业对郯城县国民经济和社会发展的综合性战略支柱产业作用。

作为惠及全民的幸福产业，把旅游元素融入城乡公共服务环境，建设旅游城市、美丽乡村，打造全域经济、生态经济，带动老百姓致富，全面提升郯城全县人民的幸福感和游客的满意度。作为服务业的优势产业，政策上优先扶持、资源上优先保障、投资上优先驱动。作为服务业的优势产业，在用地、资金、政策等方面重点考虑，发挥郯城在山东全域旅游示范省建设中的重大作用。

七、规划布局

（一）发展布局

1. "城乡互动、一主多副"旅游集散布局

努力突破"城乡二元结构"，规划"一主五副"全域旅游集散体系，通过主副集散中心联动，达成城乡多"流"汇集，实现城乡旅游互联互通发展。

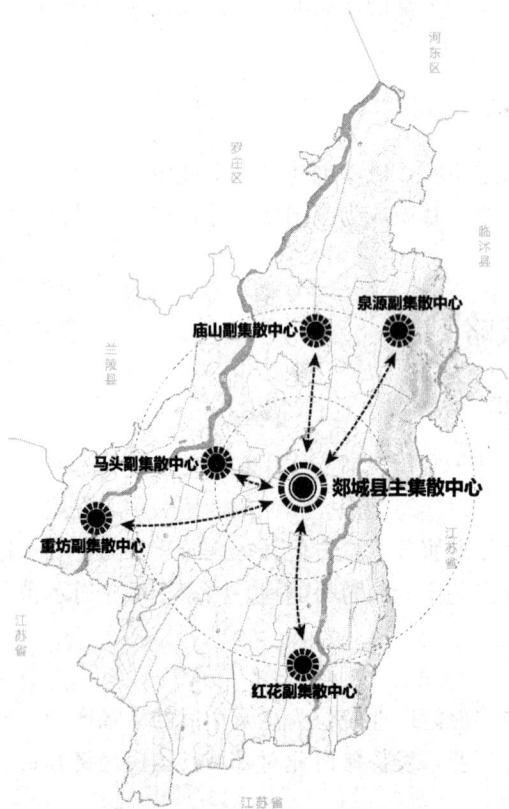

图 5　发展布局图

2. "产业融合"全域旅游发展布局

通过"旅游＋""＋旅游"的全域旅游规划理念，"一产＋旅游方向"——休闲农业、乡村旅游、田园综合体等；"二产＋旅游"——工业旅游、工业科技旅游等；"三产＋旅游"——旅游品质提升、旅游业态创新等。三产融合到全域旅游中，助力旅游大发展。

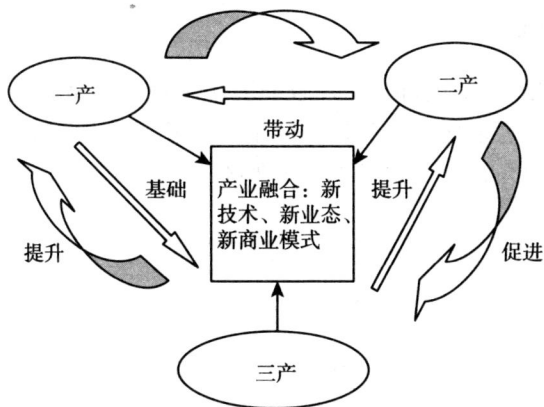

图 6　产业融合示意图

3. "空间功能"布局

"一核三带一廊"布局：一核：城区旅游综合服务核；三带：沂河—银杏旅游发展带、沭河—马陵旅游发展带、白马河旅游发展带；一廊：银杏观光旅游廊。

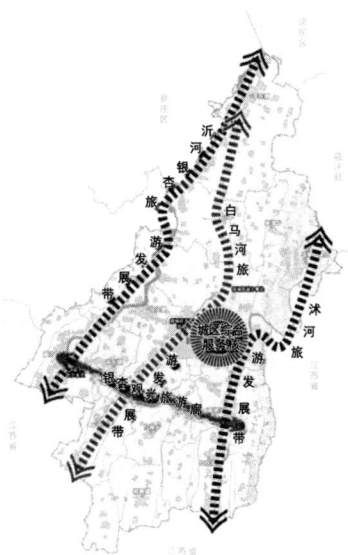

图 7　空间功能布局图

（二）项目布局

本规划按十大业态规划旅游项目，旅游项目和工程共计 71 个。其中银杏温泉特色小镇、郯国古城景区、马陵古战场景区、马头古镇景区、采莲湖田园综合体、麦坡地震地质公园为 6 大龙头项目。

（三）项目规划

本规划共策划 29 个项目，综合服务区 4 个项目，富硒农业种植区 7 个项目，富硒产业融合发展区 3 个项目，吾儿峁田园生活体验区 6 个项目，福山康养度假区 7 个项目，吕梁大裂谷生态科普区 2 个项目。

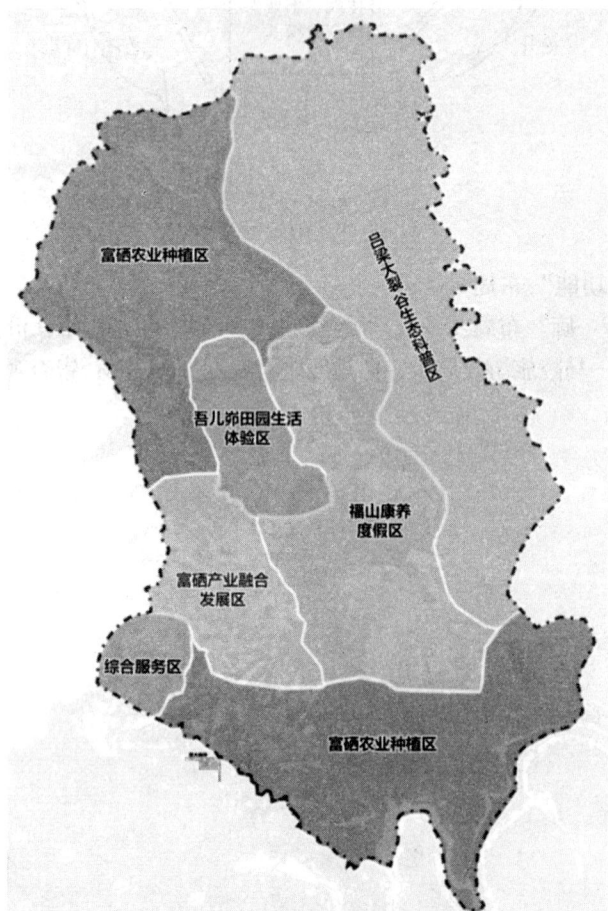

图 8　功能分区图

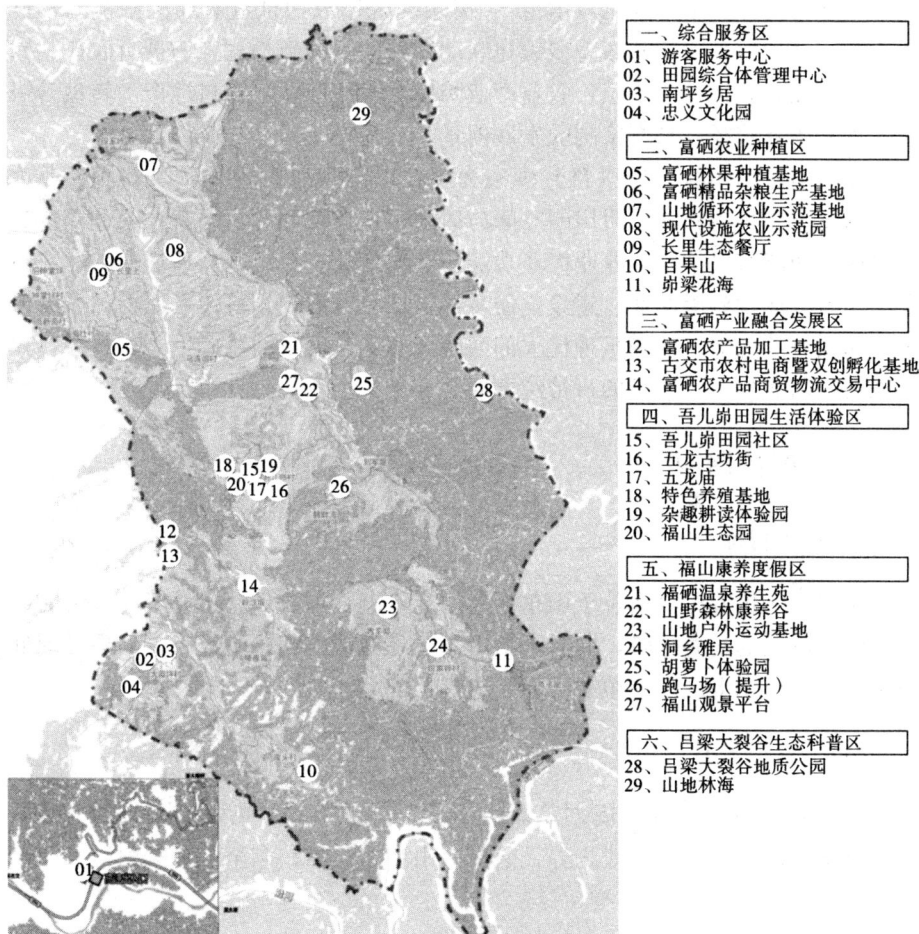

| 一、综合服务区 |
| 01、游客服务中心 |
| 02、田园综合体管理中心 |
| 03、南坪乡居 |
| 04、忠义文化园 |

| 二、富硒农业种植区 |
| 05、富硒林果种植基地 |
| 06、富硒精品杂粮生产基地 |
| 07、山地循环农业示范基地 |
| 08、现代设施农业示范园 |
| 09、长里生态餐厅 |
| 10、百果山 |
| 11、崞梁花海 |

| 三、富硒产业融合发展区 |
| 12、富硒农产品加工基地 |
| 13、古交市农村电商暨双创孵化基地 |
| 14、富硒农产品商贸物流交易中心 |

| 四、吾儿崞田园生活体验区 |
| 15、吾儿崞田园社区 |
| 16、五龙古坊街 |
| 17、五龙庙 |
| 18、特色养殖基地 |
| 19、杂趣耕读体验园 |
| 20、福山生态园 |

| 五、福山康养度假区 |
| 21、福硒温泉养生苑 |
| 22、山野森林康养谷 |
| 23、山地户外运动基地 |
| 24、洞乡雅居 |
| 25、胡萝卜体验园 |
| 26、跑马场（提升） |
| 27、福山观景平台 |

| 六、吕梁大裂谷生态科普区 |
| 28、吕梁大裂谷地质公园 |
| 29、山地林海 |

图 9　项目布局图

案例三、龙门崮·田园综合体总体规划（2018—2025 年）

一、规划缘起

2017 年，中央 1 号文件首次提出了"田园综合体"这一新概念，"支持有条件的乡村建设以农民合作社为主要载体、让农民充分参与和受益，集循环农业、创意农业、农事体验于一体的田园综合体，通过农业综合开发、农村综合改革转移支付等渠道开展试点示范"。田园综合体成为推进农业供给侧结构性改革，实现乡村现代化和新型城镇化联动发展的一种新模式，为现有农庄、农场、合作社、农业特色小镇、农业产业园以及农旅产业、乡村地产的转型升级开辟了一条新路径，具有广阔的发展前景。

龙门崮·田园综合体以自然生态为本、以山岳村庄为体、以农业产业为脉、以民俗文化为补充，将田园空间与居住—工作空间有机结合；农业产业功能与休闲功能有机结合；农业产业功能与文化产业有机结合，从提升农业农村生产、植入休闲旅游产业、建设美丽乡村人居等方面规划打造，以促进城市人流、知识流的反哺。在满足现代人的回归"乡土"需求的基础上，进行项目建设规划，以实现乡村经济的可持续发展。

二、项目概况

（一）项目位置

龙门崮·田园综合体位于山东半岛南翼，濒临黄海，属于环渤海经济圈与长三角经济区的交叠地带，同时联结山东半岛城市群和鲁南经济带。项目地处山东省日照市东港区三庄镇北部，距离日照山字河机场 44 千米。

（二）规划范围

龙门崮·田园综合体规划总面积 25.47 平方千米，规划范围北至上崮后村、以东港区与五莲县界线为界；南部以山海路为界；东至上卜落崮村；西至

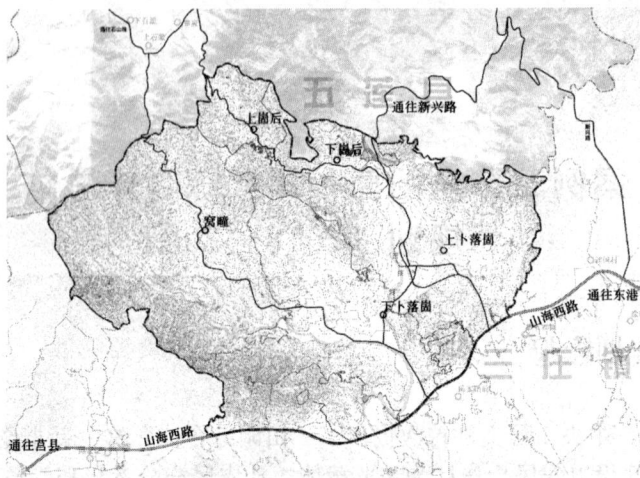

图 1　规划范围图

窝疃村。涵盖的村庄主要有上崮后村、下崮后村、上卜落崮村、下卜落崮村、窝疃村、山东头村部分及吉洼村部分。

三、规划背景

（一）自然资源条件

规划区地形以山地丘陵为主，气候类型属暖温带湿润季风区大陆性气候，四季分明。无霜期 213 天，年均日照 2 428.1 小时，年平均降水量 878.5 毫米。土壤土质具有多样性特点，地产较为丰富，主要盛产小麦、玉米、花生、小杂粮及各类水果。规划区水资源丰富，有三庄河、湖泊、水库、池塘约13 处。

（二）农业区位

龙门崮·田园综合体位于华北平原，属北方旱作农业区，农业生产条件较好，土壤深厚肥沃，雨热同期，光热充足，可以两年三熟到一年两熟，规划区属于山地丘陵地貌，小规模、精细化的农作方式历史悠久，适于发展以山地丘陵地形作物种植为特色的旱作农业产业。

规划区所在的山东省是传统农业大省、全国 13 个粮食主产区之一，所在的日照市是省级出口农产品质量安全示范市，特色农业资源丰富，农产品出口居山东省第五。规划区内特色农业发展基础较好，市场需求量大。

（三）历史文化背景

1. 耕读文化

规划区所在的位置便是南北朝著名文学理论批评家刘勰的故里，其创作的巨著《文心雕龙》在中国文学理论批评史上占有十分重要的地位。三庄镇名字是因刘勰（刘三公）曾在此待过一段时间而得名三公庄镇，后简称为"三庄"，有出土碑文为证。

相传刘勰年少时家中贫困，常到龙门崮鸡鸣寺中读书，在文心洞静心炼文，后著成文学批评巨著《文心雕龙》，刘勰曾在三庄待过的这一段时间也成为他著成《文心雕龙》的重要时期。

耕读文化从最初强调的"自立自强"精神，到"勤耕立家，苦读荣身"的耕读文化，再到"耕读传家"的人本精神，其内涵随着时代的更迭在不断变化和丰富。

2. 崮乡文化

规划区受岱崮地貌影响而产生的各类风土人情，逐渐形成了独具魅力的"崮乡"文化，"一村一风景、村村有特色"的文化格局为田园综合体的打造奠定了基础。

3. 龙文化和凤文化

龙门崮景区及周围以"不落崮"命名的村庄，均源自"凤凰落垛不落崮"的民间传说；"二月二，龙抬头"这一传统节日起源于此处。另外关于秦始皇东巡求仙药的"龙门来历"、孙悟空与龙王敖广的故事传说等，都为规划区的历史蒙上一层神秘的文化色彩。

4. 太阳文化

《山海经》中记载的羲和祭祀太阳的汤谷和十日国就在日照地区，规划区所在的日照市作为世界五大太阳文化起源地之一，历来有太阳崇拜的习俗。因此当地有很多村庄还保留了众多太阳崇拜的习俗与传说。

四、发展目标

以农业产业为核心，充分挖掘利用规划区中草药、林果杂粮产业优势，发挥各个区域农业产业种植特色，建设各级各类现代农业园、产业园、示范基地，促进片区产业格局的多元化发展；加强现代化的交通、通信、物流、人流、信息流等基础设施建设，打造外向开放的农业经济空间；以农业和乡村作为绿色发展的代表，努力实现"三生同步""三产融合""三位一体"，将乡与城结合、农与工结合、传统与现代结合、生产与生活结合，促进乡村复兴和再造；以农村集体组织、农民合作社为龙门崮·田园综合体的建设主体，支持返乡青年创客、社会资本广泛参与，最终将龙门崮·田园综合体建设成为集现代农业、创意农业、农事体验、田园社区等于一体的"国家级田园综合体"。

五、发展定位

龙门崮·田园综合体将充分依托日照东港区农业产业发展基础，结合项目地的农业、水林、村落、人文等各类资源，充分把握国家政策、市场需求的发展大势，以中草药、林果杂粮产业引领区域发展、以农旅融合产业为经济战略支柱、以康养农业为业态导向、以文旅产业为特色支撑，打造融农业旅游、文化休闲、养生度假、户外运动等多种功能为一体的中国杂果之都、康养农业导向的耕读山水田园综合体。

六、规划布局

(一) 空间布局与功能分区

按照龙门崮·田园综合体的发展定位、农业及旅游资源分布、市场需求及交通系统谋划，遵循因地制宜、重点突出的原则，规划确定田园农旅"一心一廊一环五组团"的空间结构和"七区"的功能分区。

其中，"一心一廊一环五组团"为田园综合体服务中心、田园生态景观长廊、乡村振兴旅游发展环、龙门崮耕读研学康养组团、下卜落崮现代农业示范组团、上、下崮后精品民宿慢享组团、高标准特色农业产业发展组团、山海路商贸物流组团；"七区"为田园综合体综合服务区、龙门崮田园社区、耕读研学体验区、下卜落崮现代农业产业示范区、上、下崮后乡村度假区、高标准特色农业产业发展区和田园康养农旅创新区。

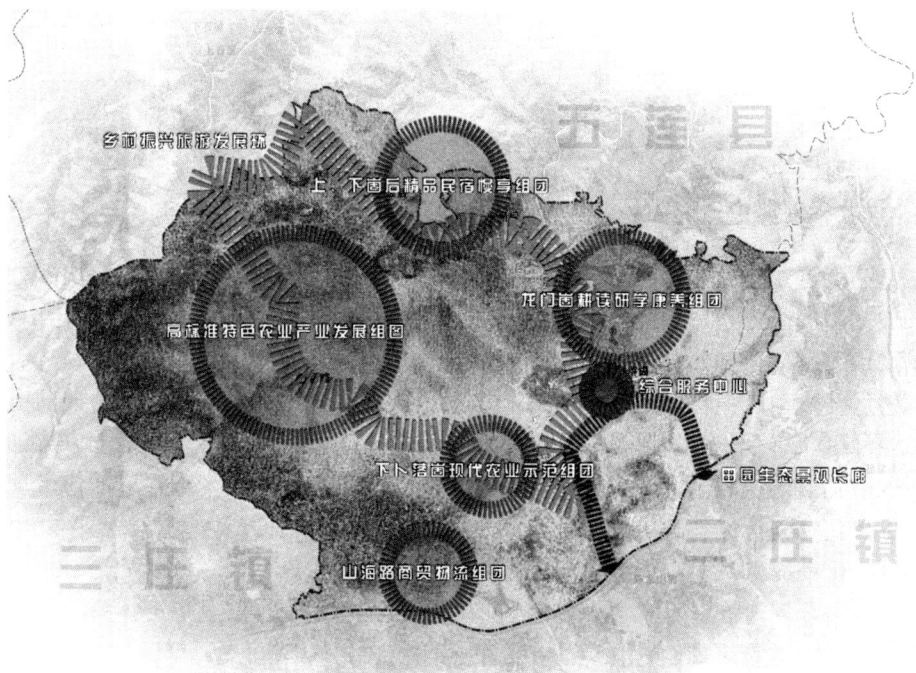

图 2　空间布局图

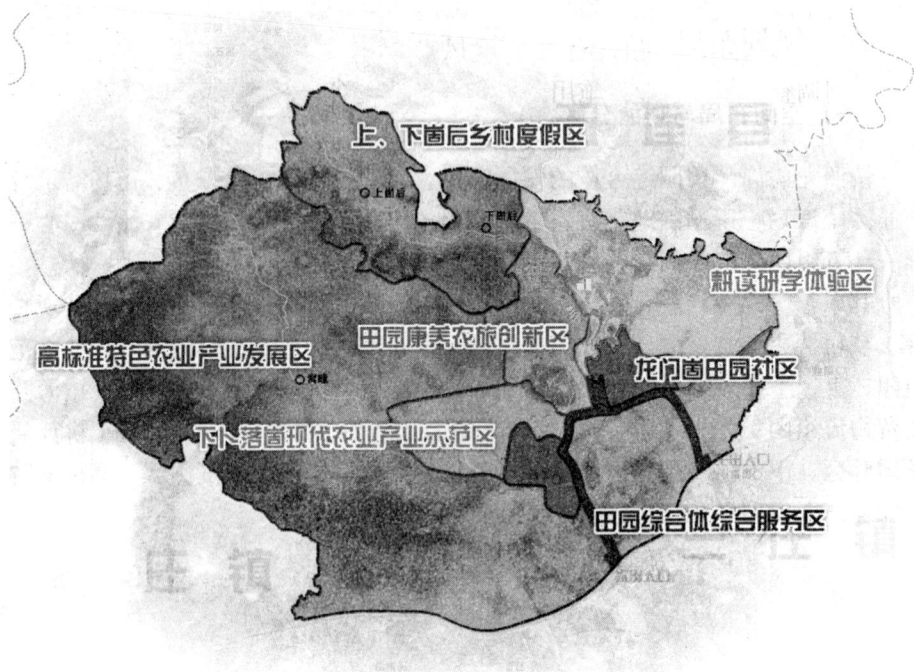

图 3　功能分区图

（二）发展重点

为促进龙门崮·田园综合体各类资源要素的集中集聚，增强七个板块融合发展的协同优势，加快提升一二三产业整体发展水平，在依托田园综合体山、水、田、村、杂粮、林果、景区、民俗文化等各类要素基础上，划定核心区、辐射区与带动区：核心区占地5.9平方千米，包含田园综合体服务区、龙门崮田园社区、耕读研学体验区、下卜落崮现代农业产业示范区、田园康养农旅创新区；辐射区占地3.5平方千米，带动区占地16.07平方千米，辐射区与带动区主要包含高标准特色农业产业发展区和上下崮后乡村度假区。将核心区及辐射区、带动区的部分项目作为三年发展的重点区域，以增强对片区的辐射带动效果，逐渐促进农民就业创业，拓宽增收渠道，构建现代农业生产体系、产业体系和经营体系，推动农村产业兴旺和美丽乡村建设。

三年发展重点区域建设项目包括：田园综合体管理中心、创业者之家、农村电商暨"双创"孵化基地、小火车（电力）、美丽乡村建设工程、崮乡小筑、崮乡大集、文心学童农场、东港十八坊、三莲湖、三庄循环农业示范基地、标准化设施农业园、智慧农业实验室、立体种养示范园、新东港有机农业生态园、一河十园、五谷杂粮种植基地、农产品商贸物流交易中心、游客中心、石屋民宿、龙门崮景区、龙崮茶汤苑、龙凤水街、田园颐苑。通过对核心区土地利用规划调整，新增农业设施用地 1.67 公顷（附属设施用地 0.67 公顷，新增生产设施用地 1 公顷），新增建设用地 3.33 公顷。

（三）项目规划

通过功能布局，规划共策划精品项目 37 个，并在各大功能板块规划了十大重点支撑项目。

表 1　规划项目列表

功能布局	项目设置	项目选址	功能定位
田园综合体综合服务区	田园综合体服务中心	山海路进入规划区的出入口核心位置	旅游咨询 餐饮购物 园区管理
	生态景观走廊	山海路入口大门位置	旅游景观引导
	创业者之家	上卜落崮村南侧	工作人员休憩、运营管理
	农村电商暨"双创"孵化基地	上卜落崮村南侧	电商服务、人才培训
	小火车	景区的两个主要入口	载具换乘、交通引导
龙门崮田园社区	美丽乡村建设工程	上卜落崮村、下卜落崮村村庄位置	美丽乡村建设
	崮乡小筑	上卜落崮村	特色民俗体验
	崮乡大集	上卜落崮村集市	集市展销
	萌宠乐园	下卜落崮村庄南侧	亲子娱乐
	儿童冰雪乐园	下卜落崮村村庄南部	亲子娱乐
耕读研学体验区	文心学童农场	上卜落崮村北部	生态观光 研学体验
	八雅民俗园	规划区东北角	民俗体验 休闲娱乐
	市民农庄	规划区中部	农耕体验
	日照农耕博物馆	文心学童农场旁	研究展示
	花朵子水库	规划区东北角	水源涵养、景观展示
	东港十八坊	龙门崮景区原停车场	美食体验、民俗娱乐
	中草药种植园	规划区东北角山地区域	中草药种植、景观展示

（续）

功能布局	项目设置	项目选址	功能定位
下卜落崮现代农业产业示范区	三庄循环农业示范基地	下卜落崮村村庄西部	循环农业示范
	标准化设施农业园	下卜落崮村	设施农业观光、示范
	智慧农业实验室	下卜落崮村	物联网技术农业展示
	立体种养示范园	下卜落崮村	立体种养示范
	新东港有机农业生态园	下卜落崮村村庄西侧	有机农业观光、示范
上、下崮后乡村度假区	石屋民宿	上崮后村、下崮后村村庄	民宿体验 乡村休闲度假
	崮乡林海	上崮后村、下崮后村南侧山体	生态修复
	溯溪基地	上崮后村、下崮后村水体	溯溪探险 步游道穿徒
	游客中心	上崮后村闲置房屋	游客服务
高标准特色农业产业发展区	一河十园	窝疃村、下卜落崮村、山东头村及吉洼村农田	林果种植示范 休闲采摘体验
	五谷杂粮种植基地	下卜落崮村村庄西侧农田	杂粮种植
	林果深加工研发中心	窝疃村	林果产品加工研发
	农产品商贸物流交易中心	山东头东部、吉洼村北部	农产品商贸 农特产品交易
	森林氧吧	窝疃村西侧的山体	林地休闲 生态涵养
	窝宿（Wo House）	窝疃村庄及周边部分水域、农田	主题民宿体验
	龙湾汽车营地	下卜落崮村村庄西南部	户外营地体验
田园康养农旅创新区	龙门崮景区	龙门崮景区原位置	景区提升改造
	龙崮茶汤苑	龙门崮景区南部茶园以及南部区域	酒店住宿 养生体验
	龙凤水街	规划区主路西侧和东侧	商业休闲
	田园颐苑	龙门崮东北侧	高端养生养老 商业地产

案例四、山西省中国（阳城）陶瓷特色小镇
旅游总体规划（2018—2030 年）

一、规划缘起

旅游特色小镇作为旅游业发展的全新引擎，在推进经济转型升级、城乡统筹发展、供给侧改革、城镇化建设、生态文明建设、全域旅游、旅游扶贫等方面具有重要意义，是区域发展的内生动力，是实施乡村振兴战略的重要着力点、支撑点。2016 年，住建部、国家发改委、财政部联合发布《关于开展特色小镇培育工作的通知》拉开了全国特色小镇建设序幕，紧接着一系列支持特色小镇建设的政策文件不断出台，并公布了首批 127 家特色小镇，第二批 276 家，特色小镇步入火如荼的建设热潮。

中国（阳城）陶瓷小镇通过对规划区旅游资源的梳理和分析，遵循因地制宜、重点突出的原则，以阳济路、获泽河为骨架，采用"115"功能布局战略，即"一带、一廊、五区"。其中，一带为陶瓷文化旅游发展带；一廊为陶瓷文化滨水风情廊；五区为旅游综合服务区、陶瓷商贸博览区、工业旅游科普展示区、悠然生活度假体验区、文化旅游休闲区。规划依托凤城镇历史文化与自然生态资源，结合现有的原味乡村游、城郊自助游、商务休闲游业态，整合创新集"陶瓷工业游＋陶源文化游＋河流湿地游＋一村一品游＋古堡大院游＋美食街区游"等多功能为一体的小镇旅游综合体，首创"陶源"独立 IP，借助"旅游＋""互联网＋"平台，做大做强"陶源"文化创意产业，成为"陶源"主题旅游目的地、国家 4A 级景区、全国工业旅游创新单位、全国知名的特色小镇等。通过特色小镇建设，持续推进陶瓷特色产业发展、陶瓷文化旅游等，从而加快推进规划区农业农村现代化。

二、项目概况

（一）项目位置

中国阳城陶瓷小镇位于阳城县凤城镇东南城郊、晋城市西南部，距晋城市中心 1 小时车程，距阳城县 15 分钟车程。规划区东邻白桑乡，西靠城区，位于阳城县环城游憩带内。

（二）规划范围

中国（阳城）陶瓷小镇规划范围 9.7 平方千米，涉及阳城县凤城镇后则腰村、南安阳村和北安阳村三个行政村以及白桑乡部分区域，共 32 个村民组，区域内常住人口达一万余人。

图1　规划范围图

三、规划背景

（一）自然资源条件

规划区地处太行山、中条山和太岳山三山交汇处，地貌类型多样，丘陵、低山、平原、河谷集聚，地势中间低、四周高；阳城县母亲河濩泽河从规划区穿境而过。规划区属于暖温带半湿润季风气候，四季分明，气候宜人，动植物资源丰富，生态环境优良；由于地理区位优势，使得规划区煤、铁、石灰岩、陶瓷黏土等矿产资源丰富，其中全县陶瓷黏土占有量为 21.85 亿吨，为小镇陶瓷产业生产提供有力支撑。

（二）历史文化背景

依托规划区独特的地理区位，规划区内包含陶瓷文化、琉璃文化、砂锅文化、铁锅文化、农耕文化、泽商文化、皇家文化、丝路文化、古村落文化、民俗文化、神话文化等,对未来构建多种具有地域性、创新性、独特性的文化观光、休闲、体验旅游项目提供支撑。规划区具有以琉璃烧制技艺、阳城焙面面塑、生铁冶铸技艺等为代表的国家级非遗文化;以乔氏"法华"陶瓷传统手工技艺、南安阳砂锅制作技艺为代表的省级非物质文化;以潘家十三院为代表的市级非遗文化。此外,阳城道情、旱船、裤马、剪纸等民俗文化独具特色。

四、发展目标

(一) 总体目标

中国特色旅游小镇、国家 AAAA 级旅游景区、全国工业旅游创新单位、全国陶瓷产业示范基地、中国陶瓷产业创新研发基地、山西省陶瓷文化"双创"孵化基地。

(二) 分项目标

1. 旅游目标

规划近期期末人均旅游消费突破 1 000 元,游客量达 74 万人;中期期末人均消费超过 1 700 元,年游客量达 124 万人;远期人均消费超过 2 300 元,年游客量达 151 万人。

2. 产业目标

陶瓷生产作为规划区的主导产业,应由陶瓷生产制造向陶瓷研发、文化创意等方面转化,社会经济由依靠陶瓷产业拉动转为旅游业带动。

3. 文化目标

陶瓷小镇的开发建设对琉璃、砂锅等陶瓷文化进行有效的保护和发扬,将陶瓷工艺得到很好的传承,帮助规划区陶瓷文化创意领域得到快速发展。

4. 生态目标

陶瓷小镇应注重生态文明方面的建设,对规划区社区及河道环境进行美化提升,同时注重土壤生态保持、生物多样性保护等方面的问题。

5. 社会目标

随着陶瓷小镇的开发建设,预计到 2030 年约有 20% 的人口从事旅游业,区域基础设施建设得到进一步完善、提升,村落景观更加协调,人民的生活水平进一步提高。

五、发展战略

阳城陶瓷小镇发展采用生态建设美镇战略、特色产业强镇战略、IP产业塑镇战略及文化旅游兴镇战略四大发展策略。

(一) 生态建设美镇战略

规划区为不可多得的生态旅游区域。因此其旅游开发要结合区域内生态环境基底，明确重点保护区域和建设区域，重点保护水源、山地、森林和农田，加强污染防治工作，做到科学合理的规划开发，实现旅游业绿色、健康、可持续发展。

(二) 特色产业强镇战略

丰富陶瓷产品种类，延长产业链条，着力推进陶瓷产业游传统制造向创意研发转变，实现由建筑用瓷为主向日用瓷、工艺瓷和建筑用瓷协同发展转变，做大做强陶瓷特色产业。

(三) IP产业塑镇战略

深入挖掘地域特色和阳城县陶瓷历史，通过旅游点设计、片区打造、产业融合，结合琉璃、砂锅、铁锅等文化元素，打造小镇特色陶瓷主题旅游IP，特色产业作为IP产业的支撑。

(四) 文化旅游兴镇战略

依托传统历史文化和当地民俗风情，将琉璃、砂锅、铁锅和晋商文化以及当地特有民俗文化融入到农业、工业旅游业等发展中，大力发展休闲文化旅游，演绎超越千年的陶瓷文化记忆。

六、发展规划

(一) 小镇生态体系发展规划

依据特色小镇生产、生活和生态三位一体的发展目标，结合小镇自然禀赋、生态环境和悠久历史文化等优势，聚集特色产业，集聚发展要素，走出融合陶瓷文化、保护生态基础的可持续发展之路。小镇建设应满足居民对"绿色引领、美丽宜居新城镇"的美好期待，保护特色景观资源，加强环境综合整治，将阳城陶瓷特色小镇打造成为亲近自然，并承载文化和特色的生态小镇。

（二）小镇产业体系规划

小镇一产业应注重农工旅融合、农文旅融合、农商旅融合及其他多业态融合，美化小镇生态环境；二产业应以陶瓷文化创意、产业转型、人才培育、品牌创建为突破口，变低端"制造"为"创造"，丰富陶瓷产业体系，建设陶瓷产业创新研发基地和企业孵化平台，推进创新升级，助力小镇供给侧结构性改革；三产业应以"旅游＋"为纽带，以陶瓷文化为内涵，培育三产融合、旅游带动的产业发展体系，塑造"陶源"IP。

（三）旅游体系发展规划

依据空间布局与功能分区，规划区共规划建设 25 个旅游项目，其中包含 3 大提升项目，5 大重点项目。

表 1　规划项目列表

序号	分区	项目设置	内容
1	陶文化旅游发展带	街区提升改造工程	景观提升（入口景观、绿化、道路亮化系统）
			旅游基础设施（陶源桥、瓷风桥、导览标识系统、游客咨询中心、单车驿站、休憩空间）
			建筑立面改造
			旅游业态创新设计（主题客栈、陶韵飘香、创意陶宝城）
2	陶瓷文化滨水风情廊	获泽河景观亮化提升工程	旅游基础设施（濩泽三桥、河岸环卫系统、河流整治提升、河岸亮化系统、导览标识系统）
			获泽十景（罐通古今、渔于获泽、丝路货源、戏曲大观、农耕记忆、泽商巨贾、琉璃传奇、阳城古堡、民俗八技、穆王西游）
			沿河建筑风貌改造提升
			阳城生态环保科教基地
3	旅游综合服务区	入口景观以及陶瓷大道	
4		游客中心	
5		生态停车场	

（续）

序号	分区	项目设置	内容
6	旅游综合服务区	交通换乘站	
7		旅游厕所	
8	陶瓷商贸博览区	国际陶瓷交流合作中心	
9		国际陶瓷博览城	
10		陶瓷主题酒店	
11		陶瓷企业"双创"孵化基地	陶瓷电商线下体验店
			创客空间
			陶瓷研发中心
			陶瓷企业家俱乐部
12		陶瓷智慧仓储	
13	工业旅游科普展示区	1972·陶瓷工业馆	
14		陶瓷工业旅游展示基地	工厂指挥中心
			琉璃传统工艺空间
			建瓷工业4.0智能云车间
			陶瓷工厂购物空间
			陶瓷小课堂
			陶瓷室外雕塑
			琉璃之花观景平台
15	悠然生活度假体验区	村庄风貌改造工程	民居建筑风貌
			社区公共空间
			乡村道路
			卫生环境
16		铁锅主题民宿	北安阳村
17		陶然雅居	后则腰村
18		阳城罐古窑遗址	
19		安阳森林公园	环山运动步道

（续）

序号	分区	项目设置	内容
20	文化旅游休闲区	陶瓷文化园	华夏陶源——陶瓷文化带（琉璃广场、陶瓷博物馆、陶祖庙、窑火记忆园）
			远古初现——陶瓷古风观光板块（古陶剧场、名人苑、陶源部落）
			百陶俱兴——陶琉瓷韵研学体验板块（悠然陶艺百工坊、陶瓷国学院、古窑址复原）
			盛世古彩——陶醉瓷城文化展示板块（陶文瓷风博览园、八窑彩池、陶瓷物语购物店、国际斗瓷大会永久会址）
			窑火相传——陶瓷文化创意休闲区（瓷风茶吧、陶韵酒舍、瓷渡科技空间、陶瓷文创园、陶意瓷趣园）
21		潘家主题庄园	泽商民俗体验院
			陶瓷主题山庄
			潘家影视基地
			泽商雅居
22		老字号不夜街	水街——水上陶食街
			巷街（陶醉香岸、漂浮体育场、陶罐餐饮酒吧街、小镇观景台、卡丁车俱乐部）
			商号街（老字号商铺、晋善晋美文创中心、陶食票庄）
23		世外陶园	田园陶社（市民菜园、田园集市）
			自驾大本营（营地综合接待中心、汽车营地、梯田木屋、帐篷营地、田园漫游绿道、休闲娱乐区）
			陶瓷农创园（四季甜野食府、田园大讲堂、果汇天地、DIY创意基地）
			撒欢乐园（户外拓展训练营、滑梯景观塔、迷失田园、十里花海）
24		砂锅工坊	
25		陶瓷文化社区	

七、规划布局

（一）空间结构

根据陶瓷产业发展现状与园区分布情况，整体确定将规划区采用"一体两翼"的空间结构，形成由 S229 阳济公路提升改造成为的陶瓷文化产业发展轴为"一体"；以南片区为"宜游"翼、以北片区为"宜居"翼，统筹规划区旅游业发展。

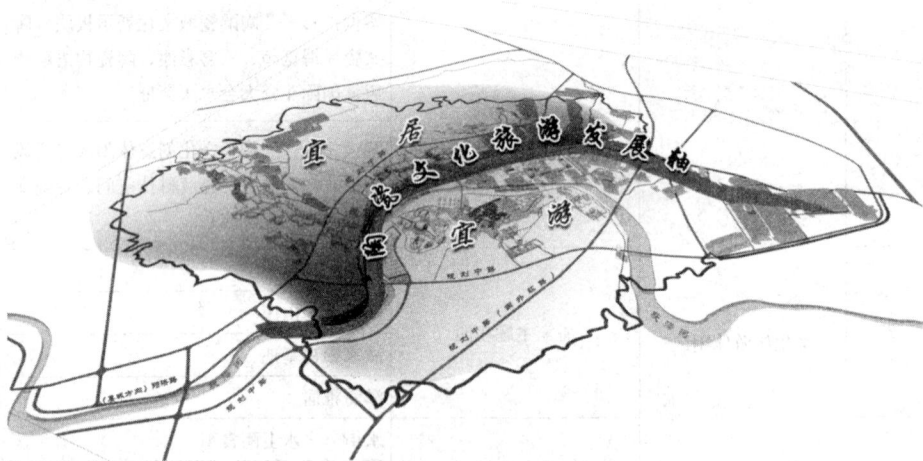

图 2　空间结构图

（二）发展分区

小镇的建设发展分为核心区和发展区。核心功能区范围以阳济路、获泽河及南安阳村为中心，规划面积为 2.8 平方千米，属建设优先启动区，布局两大工程及四大重点项目，致力于打造阳城陶瓷小镇核心吸引力；联动发展区范围是在核心区基础上向北和向东方向延伸发展，主要包括后则腰村、北安阳村及白桑乡部分区域，规划面积 6.9 平方千米，为小镇中远期项目，是核心区域的配套部分，易于构建小镇"宜居、宜业、宜游"的多元化发展体系。

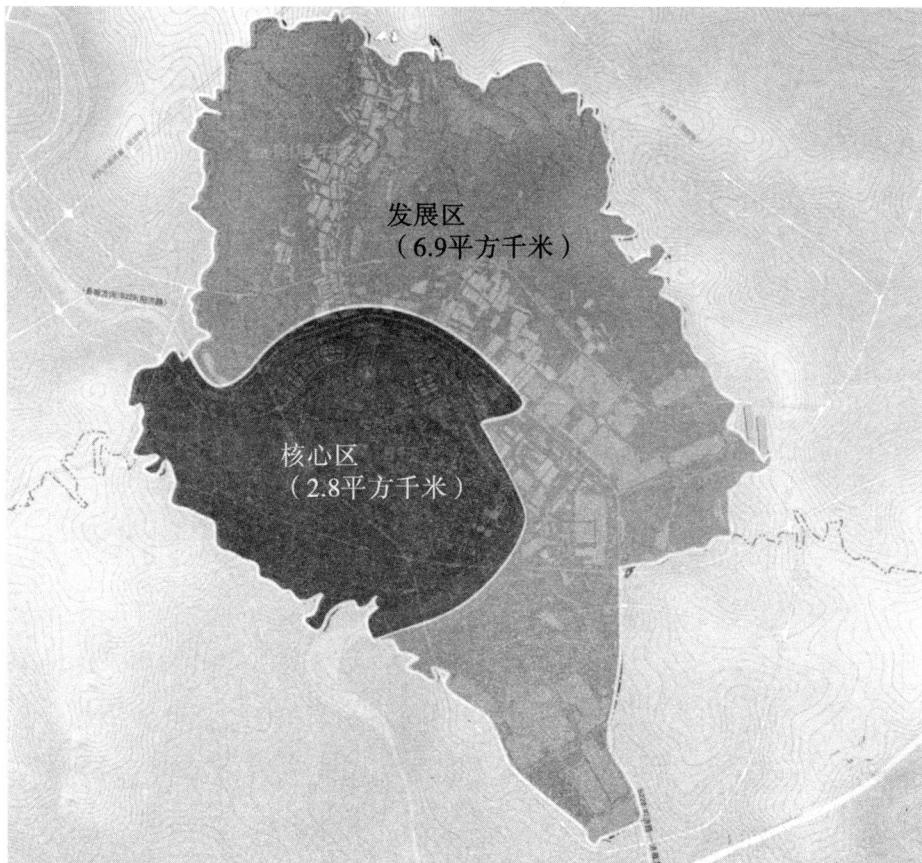

图 3　发展分区图

（三）功能分区

通过对规划区旅游资源的梳理和分析，遵循因地制宜、重点突出的原则，以阳济路、获泽河为骨架，规划采用"115"功能布局战略，即"一带、一廊、五区"。其中，一带为陶瓷文化旅游发展带；一廊为陶瓷文化滨水风情廊；五区为旅游综合服务区、陶瓷商贸博览区、工业旅游科普展示区、悠然生活度假体验区、文化旅游休闲区。共设置旅游项目 25 个，其中阳济路街区提升改造工程、获泽河景观亮化提升工程、村庄风貌改造工程为"三大重点工程"，陶瓷文化园、潘家主题庄园、老字号不夜街、陶瓷文旅"双创"孵化基地、陶瓷工业旅游展示基地为"五大重点项目"。

图4　功能分区图

案例五、青海省互助土族自治县 班彦村乡村旅游总体 规划（2019—2025年）

一、规划缘起

2016年8月22—24日，中共中央总书记、国家主席、中央军委主席习近平在青海调研考察。8月23日，习近平总书记来到班彦村考察异地扶贫搬迁新村建设情况时提出："新村建设要同发展生产和促进就业结合起来，同完善基本公共服务结合起来，同保护民族、区域、文化特色及风貌结合起来"。习总书记的亲切关怀给当地老百姓增添了巨大的脱贫致富信心，班彦村易地扶贫搬迁项目迅速成为全省乃至全国扶贫搬迁示范项目，知名度与关注度迅速提升。

党的十九大报告提出实施乡村振兴战略，2018年9月，中共中央、国务院印发了《乡村振兴战略规划（2018—2022年)》，标志乡村振兴这一重大战略全面进入落地实施期。乡村旅游是具有持续增长力、综合带动力、城乡协同性和广泛包容性的产业，乡村旅游开发呈现出巨大的经济效益、生态效益、社会效益和文化效益，可带动商贸业、交通业、服务业、加工业等关联产业发展，是由单一农业经济逐步转向一二三产业融合发展的多元化经济，成为当前实施乡村振兴战略的重要抓手和重要途径。

为增强推进班彦村异地搬迁扶贫与后续产业脱贫后的可持续发展，进一步落实国家、青海省乡村振兴战略，青海省文化与旅游厅高度重视，特委托北京九鼎辉煌旅游规划设计有限公司编制《青海省互助土族自治县班彦村乡村旅游总体规划（2019—2025年)》（以下简称"规划"）。

二、项目概况

（一）项目位置

班彦村位于互助土族自治县五十镇南部，距省会西宁市35千米，距海东市20千米，距互助县城25千米，属环城游憩带绝对优势区位。西宁绕城环线S102自北向南贯穿全村，连接西宁与大通、湟中、互助、平安等东部城市群，全村八个社均分布在S102两侧，客流通道通畅。班彦村西北部县城分布有国家5A级景区土族故土园，镇域内分布有北庄古城堡、佑宁寺、天门寺等景区景点，可纳入区域游览线路，近城、近道、近景区位优势明显。

（二）规划范围

"班彦"土语为"富裕、富饶"之意。全村规划面积为14.66平方千米（约1 465.6公顷），主要涉及八个村社，共369户1 396人，土族人口占98%。其中，习近平总书记视察的班彦新村以五、六社为主体，位于全村北部S102东侧。

图 1　规划范围图

三、建设条件

省、市级三大示范村。班彦村 2015 年被首批确定为建档立卡贫困村。2016 年，互助县人民政府批复投资 3 617 万元对位于沙沟山的班彦村五、六社共 129 户 484 人实施易地扶贫搬迁集中安置。2016 年 8 月 23 日，习近平总书记视察班彦村，班彦村迅速成为全省乃至全国异地扶贫搬迁示范项目。2017年年底，通过后续产业跟进与布局，班彦村实现脱贫退出，目前是省级乡村振兴示范村和市级乡村旅游示范点。

乡村产业结构逐渐优化。班彦村一产以果蔬采摘、饲草种植等特色种植及八眉猪、肉驴养殖为主，二产以传统手工业为主，主要包括土族盘绣及酩馏酒酿造，三产以电商、商贸业和乡村旅游服务为主，乡村产业体系结构明显优化。全村土族人口占总人口的 98%，劳动力资源总数在实际居住人口总数中占比 69%，劳动力资源充足。2017 年班彦人均收入为 5 581 元，保持着约 14.3% 的年增长率。但全村仍存在主导产业难以选定、务工渠道窄、技术型务工人员少等现实问题。

乡村旅游发展雏形初步形成。全村现有 4 家农家乐，集中分布在班彦新村。2017 年，班彦村土族盘绣产业协会建设的盘绣园开始接收订单。2018 年，占地 290 平方米的盘绣园初步建成，以对国家级非物质文化遗产盘绣的进行针法技艺展示和旅游商品展销为主。另外酩馏酒、八眉猪肉等七大乡村特色商品已注册商标，乡村旅游发展雏形业已经形成。

新时代红色文化突出，土族民俗文化丰富多样。习近平总书记到访考察异地扶贫搬迁新村建设情况，为班彦增添了新时代红色文化内涵，班彦村通过"感恩林"工程及党建精神文明等建设，加强了对新时代红色文化的弘扬和发展。土族民俗文化在饮食、服饰、建筑、艺术、节庆和信仰等方面呈现异彩纷呈局面，共有 8 项国家级非物质文化遗产和 23 项省级非物质文化遗产，为开发民族文化体验活动与创新特色旅游产品提供了创意元素。

乡村生态、乡村人文、乡村生产资源组合较好。班彦村地处半浅半脑山地区，区域内山、沟、河、泉、林、草等生态资源基底优越；以习总书记视察班彦村事件及总书记视察周年纪念活动为代表的新时代红色文化突出；以土族盘绣、酩馏酒酿造技艺、土族民俗节庆活动为代表的土族非物质遗产项目开发利用成效突出，特色鲜明，未来发展潜力巨大；以温室采摘大棚、七大乡村旅游商品等为代表的乡村生产、生活资源为乡村旅游的发展提供了坚实的产业基础。

四、发展定位

(一) 发展思路

贯彻落实党的十九大精神，以习近平新时代中国特色社会主义思想为指导，按照国家、青海省关于乡村振兴战略的总体要求及"文村一体、景村一体、产村一体"的发展战略，突出班彦新村易地搬迁扶贫与后续产业脱贫示范效应，以习近平总书记视察班彦村为代表的新时代红色文化为引领，以土族文化创意为特色，以高原现代农牧业为基础，以土族原乡生活体验为支撑，构建"一核辐射、一带统领、三组团支撑"的空间布局战略，重点谋划"七彩班彦"特色乡村旅游产品体系，形成生产生活生态"三生同步"、文化旅游农业"三位一体"的乡村旅游发展格局，探索新时代乡村振兴"三步走"——即异地搬迁扶贫、后续产业脱贫、乡村旅游致富的"班彦模式"。

(二) 总体定位

以新时代红色文化为引领，整合以土族民族风情为代表的文脉资源，以高原特色农牧业、山水林泉草等为代表的地脉资源，突出"新旧共容、红土共荣、农旅共融"三大策略，聚焦新时代红色党建、七彩生活体验、土族民俗文创、高原农牧业休闲四大功能，最终将班彦村打造成为新时代红色文化引领的土族特色旅游村寨。

(三) 产品策略

梳理"新时代红色党恩、原生态生活方式、土族民俗风情、生态绿色林草、高原农牧业、碧水蓝天底色、白色雪域信仰"七彩资源，打造以新时代红色党建教育为核心的七彩旅游产品。按照"一社一品、一社一色"的发展战略，打造以红色新村为主体的"七彩部落"，延续七彩生活，讲好乡村振兴"异地扶贫搬迁、后续产业脱贫、乡村旅游致富"三步走的"班彦故事"。

(四) 发展目标

全国乡村振兴示范村、青海省特色景观旅游名村、中国美丽休闲乡村。

五、总体布局与规划

(一) 空间布局

全村采用"一核辐射、一带统领、三组团支撑"的"113"战略空间布局模式。其中一核是新时代红色乡村旅游核，一带为S102乡村旅游发展带，三组团分别为红崖子沟户外体验组团、沙沟现代农牧业休闲组团、林草生态涵养组团。

(二) 项目规划

通过总体布局，考虑项目可行性与易落地性，共策划乡村旅游项目19个，重点以存量改造及提升为主。

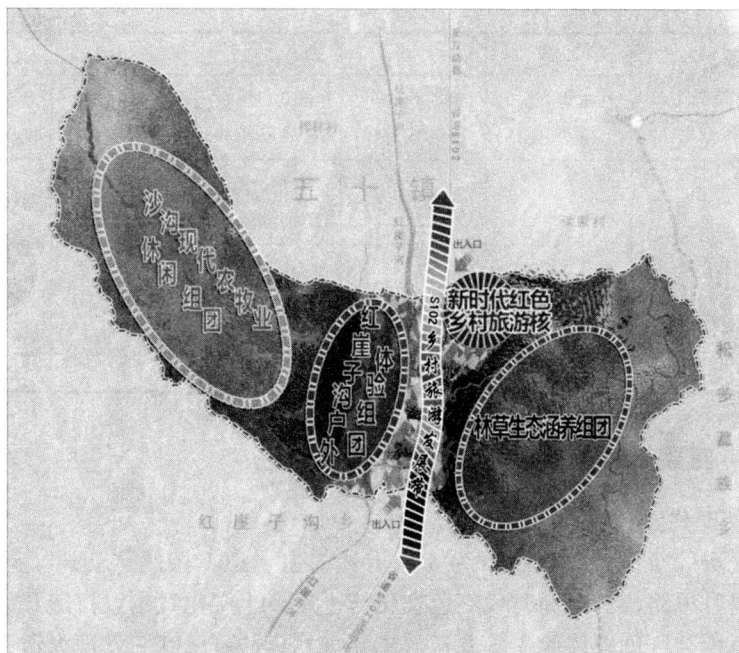

图 2　功能布局图

表 1　规划项目列表

项目类型	一核	一带	三组团		
	林草生态涵养组团	新时代红色乡村旅游核	S102 乡村旅游发展带	红崖子沟户外体验组团	沙沟现代农牧业休闲组团
存量改造项目（12 个）	新时代红色精神之路	S102 自驾景观廊道			沙沟"虹色音阶"景观廊道
	新时代党建教育实践基地				
	班彦非遗文创基地	综合服务中心	高原农创园	小毛驴牧场	—
	班彦红·土族人家				
	八眉猪亲子乐园	七彩部落			
	班彦民俗商贸街				

（续）

项目类型	一核	一带	三组团		
	林草生态涵养组团	新时代红色乡村旅游核	S102乡村旅游发展带	红崖子沟户外体验组团	沙沟现代农牧业休闲组团
新建旅游项目（7个）	—	入口标志	红崖子河漂流		森林碳汇基地
		分散式生态停车场	"饮水思源"泉	—	自然教育公园
			红崖子沟户外营地		

（三）重要节点设计

1. 新时代红色精神之路

依托班彦新村入口东西长约 3.6 千米的主干道，按照"交通＋景观＋产业"的提升思路，营造新时代红色文化与土族乡土文化氛围，打造开放的"新时代红色精神"创新体验主题廊道。主要规划有"班彦红"景观大道、锦绣花海、七彩森林（红色感恩林）、"班彦红"党恩地标等项目。

2. 新时代党建教育实践基地

紧抓"习主席来到咱班彦"这条主线，面向党、政、企、校等考察教育团体，对班彦新村综合办公中心及重点农户、闲置民居进行节点提升与建设，沿着"总书记视察线路"开展党建教育、文化体验类项目，展示、演绎、推广新时代班彦村脱贫致富实践，打造"青海省党支部联盟"班彦村实践基地。主要规划有班彦村史馆、党建文化苑、党建文化广场、《总书记来到咱班彦》演艺、乡村振兴研习所、乡村振兴观摩点（村民吕有金家）等项目。

3. 班彦非遗文创基地

贯彻十九大关于"加强文物保护利用和文化遗产保护传承"的精神，采取"非遗＋文创"的发展模式，围绕"指尖上的传承""非遗回归生活"，开展土族非遗展示体验和文化创意体验项目，实现盘绣、酩馏酒等非遗文化产业化发展。主要规划有盘绣园、酩馏酒酿造园、班彦十八坊等项目。

4. 班彦红·土族人家

班彦新村可租用的闲置房屋约占 20％。充分挖掘和突出土族乡土文化元素，引导村民采用多种风格改造建筑风貌，利用新村引导发展红旅驿站、土农家乐、土族民宿、特色客栈、艺术家创作基地等业态。

5. 七彩部落

选址班彦村四社和省道 102 沿线村社闲置民居，依托乡村肌理，以"七彩乡舍、艺术家园"为主题，以"一社一品、一社一色"为发展理念，以河湟特色庄廓院（土语叫"日麻"）为民居改造依据，引导村民发展餐饮住宿旅游接待服务，为村民提供创业就业机会，带动村民增收。其中，1、2、3、7、8 社以精品农家乐为主要业态，4 社以土族民宿为主要业态。

通过规划与实施建设，力争班彦村基本做到"六有"：即"有经可取"，落实总书记"新村建设要同发展生产和促进就业结合起来，同完善基本公共服务结合起来，同保护民族、区域、文化特色及风貌结合起来"讲话精神，学习新时代乡村振兴"三步走"——即异地搬迁扶贫、后续产业脱贫、乡村旅游致富的"班彦模式"；"有史可讲"，保护老村传统民居，建设"班彦村史馆"，讲述班彦村发展历程；"有路可走"，宣传"沿着习总书记足迹"游班彦；"有景可看"，营造新时代红色文化氛围，创意系列乡村红色景观；"有事可做"，体验土族文化（赏土族"花儿"、品土族美食、玩土族轮子秋、住土族庄廓院）；"有礼可带"，游客离开时可带走的乡村旅游商品（"班彦八宝"系列、土族非遗系列、七彩创意系列等乡村旅游衍生品）。

案例六、光山仙居中国农业公园总体规划（2017—2030 年）

一、规划缘起

党的十八大提出了"推动生态文明发展，建设美丽中国"的发展理念，确立了"五位一体"的发展方向。习近平总书记曾辩证的说："山、水、林、田、湖是一个生命共同体，人的命脉在田，田的命脉在水，水的命脉在山，山的命脉在土，土的命脉在树。"他还强调，"我们既要绿水青山，也要金山银山。宁要绿水青山，不要金山银山，而且绿水青山就是金山银山"。当前，以生态文明建设为统领，新型城镇化建设积极开展，依托"现有山水脉络等独特风光，让城市融入大自然，让城市居民望得见山、看得到水、记得住乡愁"，成为进入后工业时代的国人的共识。当前，围绕旅游新常态，国家各主管部门密集发布休闲农业与乡村旅游相关政策，原乡生活、郊野田园、农事体验、民俗风情等成为后工业时代人们喜闻乐见的旅游产品形式。

本规划在依据《中国农业公园创建指标体系》（2008 年）的基础上，综合考虑园区人口、资源、环境、经济、社会、文化等因素，根据园区的区位条件、旅游资源分布特点及发展时序，空间上谋划"一心辐射，两轴统领，三区联动"的布局战略，形成以"两山一河"（杏山、独山、竹竿河）区域为中心的休闲农业与乡村旅游综合体为园区核心增长极，向东、向南、向北拓展延伸，联动园区内八乡镇（街道）及中心城区协调互补发展，构建重点突出又覆盖整个区域的多层次旅游发展格局。

二、项目概况

（一）项目位置

仙居中国农业公园位于河南省信阳市光山县西北部，地处信阳市地理中心区域及豫、鄂、皖三省连接地带，是从信阳市方向进入光山县的门户及桥头堡。规划区距离信阳市区 90 千米，距离郑州市 380 千米，距离武汉市 200 千米，距离合肥市 250 千米。

（二）规划范围

仙居中国农业公园规划范围 690 平方公里，主要包括仙居乡、孙铁铺镇、寨河镇、北向店乡、罗陈乡、马畈镇六个乡镇全域及十里镇、弦山街道办事处部分区域。其中核心功能区规划范围 175 平方千米，联动发展区 320 平方千米，辐射带动区 195 平方千米。

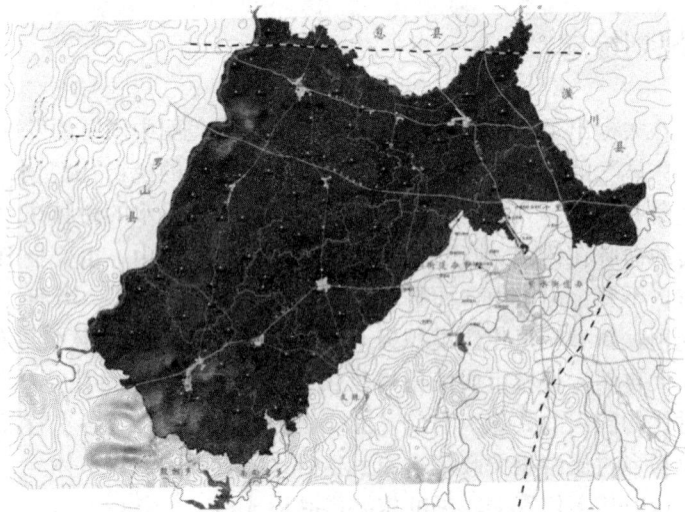

图 1 规划范围图

三、规划背景

（一）自然资源条件

1. 气候条件

规划区地处我国南北气候过渡带秦岭——淮河一线，是亚热带向暖温带过渡地区，属亚热带季风型湿润、半湿润气候，四季分明，具有"江南北国、北国江南"的气候特征。全年无霜期平均为 226 天，年平均气温为 15.4℃，年均日照 1 990 小时，年平均降水量 1 065.3 毫米，夏季主导风向为东南风，冬季主导风向为东北风。2015 年 9 月，在河南省环保厅首次公布的全省 98 个县级城市环境空气质量排名中，光山县空气质量排名第一。

2. 地质地貌

区域内地质构造以龟山—梅山断裂和桐柏—商城断裂复合干扰形成，是大别山向淮河平原过渡地带。整体地势南高北低，地貌多为丘陵冈岭区，竹竿河、寨河、小潢河三条河流两侧为沿河平畈区，地势起伏较小，为水稻高产区。区域内最高海拔位于杏山，主峰 241.6 米，地处孙铁铺镇、仙居乡交界处。其次是独山，海拔 198.1 米，位于仙居乡境内。

3. 动植物资源

区域内动植物资源丰富，属中国南北动植物过渡地带，水热资源丰富，土壤肥沃，森林覆盖率达 37%，为动植物生长提供了优越的环境。动物资源具有明显的混杂过渡特征，常见的有穿山甲、斑羚（山羊）、白冠长尾雉、老鹰、猫头鹰等，均为国家二级保护动物。植物资源以落叶针阔叶林为主，常绿针阔叶林与落叶针阔叶林为辅，具有南北树种、草种兼备的特点。规划区内有杏山林场与仙居七里村万亩林场等，主要有松、杉、杨、槐、椿等树种。

4. 土壤资源

区域内土壤类型多样，有黄棕壤、黄褐土、水稻土、潮土 4 个土类，土壤肥力、养分含量适中，为发展不同类型农业提供了良好的土壤基础。

5. 矿产资源

全县共发现金、银、铜、钼、锌等 20 余种矿藏、矿点近 50 处，是全省富矿县之一。其中，规划区内马畈镇铁矿、铜矿分布较多。非金属矿藏以萤石、耐火黏土、含钾岩石、水泥大理岩等为主，各乡镇均有分布。

(二) 历史文化背景

1. 农耕文化

境内 4 800 年前以"屈家岭文化"为代表的农耕文化在此分布，以种植水稻为主，家畜以猪和狗为主，标志着人类由狩猎时代进入农耕时代，形成了"育秧、开秧门、坐秧巷、擂秧草"等生产习俗。稻、麦是我国主要的粮食作物，并贯穿农耕文化的始终，规划区处于稻作和粟作起源的交汇边缘地带，传统农耕文化深厚。

2. 茶文化

杏山竹叶青发源于杏山，杏山竹叶青是近年河南省新创制名茶中的一颗明珠。以其优良的品种，优美的造型，备受广大消费者赞誉，视为珍品，1990 年被评定为河南省新名茶。茶文化的精神内涵即是通过沏茶、赏茶、闻茶、饮茶、品茶等习惯和中华的文化内涵、礼仪相结合形成的一种具有鲜明中国文化特征的一种文化现象，也可以说是一种礼节现象。规划区内寄托文人雅士思乡情怀的茶道、茶俗、茶书、茶画、茶诗、茶事、茶艺等茶文化历史悠久。

3. 仙文化

沧海桑田，在历史的变迁中，杏山、独山是秦始皇赶山填海遗珠之地，山上留下了摩崖观音像、摩崖题字众多历史遗迹，亦留下杏山仙洞、"奶奶庙"等多处遗址遗迹现保存完整，历史遗存丰富。规划区内仙居乡的名称由来是神仙居住的地方，仙文化浓厚，各种传说故事在此世代演绎。

4. 饮食文化

由于位居三省交界处，历史上受中原文化、楚文化、吴越文化的多重影响，光山形成了自己独特的饮食文化。光山人讲究饮食，多以大米为主，喜欢腌菜、腊肉、炒菜常用猪油。光山菜具有徽菜的特点，擅长烧、炖、蒸、烹制鱼类和山珍野味，补身补气。或重油猛火，讲究火工；或用木炭小火单煨，保持原汁原味。近年来，光山的炖菜、鱼类和地锅饭很受周边县市居民的喜爱，以"光山十宝"（月饼、粉条、糍粑、茶油、鲜桃、青虾、挂面、腊肉、麻鸭和麻鸭蛋）、"贵宾四肴"（老鳖下卤罐、香椿炒鸡蛋、腊肉炖黄鳝、泥鳅拱大蒜）和光山炖菜等美味小吃为重点。

5. 民俗文化

规划区地处楚头豫尾，风土人情既有北方的粗犷淳厚，又有南方的清纯灵秀，县境内保存着许多千百年来形成的豫南民俗民风，包括生活、生产、节令、礼仪等方面，打糍粑、皮影戏、玩旱船等乡风民俗丰富多彩。

6. 红色文化

光山县位于大别山北麓，是中央苏区县、国家扶贫开发工作重点县和革命老区，是鄂豫皖革命根据地的核心区。规划区内北向店"五虎岔羊"战斗旧址因一代伟人刘伯承于解放战争初期在此浴血激战而成为驰名远近的河南省历史文化遗产，是河南省重点文物保护单位，新建设的"五虎岔羊"革命烈士纪念园（纪念碑、烈士陵园、刘伯承纪念馆）是光山县爱国主义教育基地及第二批红色旅游线路中的重要景区、景点。

7. 非物质文化遗产

光山县以光山花鼓戏、皮影戏、地灯戏等为代表的国家级、省级、市级等非物质文化遗产数量众多，且具有鲜明的本土地域特色。光山是信阳民歌的主要源头之一，还是鄂豫皖边区花鼓戏的诞生地。光山花鼓戏产生于明代，盛于清末民初，于 2014 年入选第四批国家级非物质文化遗产代表性项目名录推荐项目名单。

图 2　光山县主要非物质文化项目

四、发展目标

（一）总体目标

结合园区优越的自然资源、人文资源、农业资源、生态环境和社会环境，以打造综合型农业休闲园区及乡村慢生活旅游度假集聚区为发力点，通过乡村风景美丽指数、农耕文化浓郁指数、民俗风情独特指数、历史遗产传承指数、产业结构发展指数、生态环境优化指数、区域经济主体指数、居民生活展现指数、服务设施配置指数、品牌形象塑造指数、规划设计协调指数十一大指标体系建设，积极创建中国农业公园，并以"乡土化的村落景观、生态化的乡野田园、活态化的农耕体验、现代化的农业生产、产业化的组织形式"五大特质，加快打造国家乡村旅游度假实验区。

（二）分项目标

1. 品牌目标

表 1　品牌目标建设列表

品牌目标	品牌建设主体
1 个国家 5A 级旅游景区	杏山—独山旅游区
1 个国际慢城	仙居乡
2 个国家 4A 级旅游景区	"观五玫"桃源仙谷、"五虎岔羊"景区
3 个中国美丽休闲乡村	江湾村、杏山村、代洼村杨柳湾组
4 个休闲农业与乡村旅游示范点	江湾幸福产业园、卧龙台现代农业集聚区、莲海湿地世界、光山苗木花卉产业园

2. 社会目标

带动"大众创业、万众创新"浪潮，到 2020 年园区休闲农业与乡村旅游从业人数占规划区总人数的 20％。

3. 经济目标

到 2017 年，园区休闲农业与乡村旅游旅游业助力 7 乡镇贫困村全面脱贫；到 2020 年，当地农民年纯收入 20％以上来源于旅游收入；到 2030 年，年游客接待量达到 170 万人次，人均消费 1 000 元，年旅游总收入 17 亿元，旅游税收占地方财政收入超过 10％。

4. 生态目标

通过发展生态旅游，释放生态价值；通过发展休闲农业与乡村旅游，最大程度的保护农业景观与传统村落乡村风貌，发展资源节约、环境友好、生态共享的绿色产业。

五、规划战略

（一）发展策略

通过全园统筹联动化，实现从零散经营开发向综合型农业休闲园区及乡村旅游集聚区转变；全域协同差异化，实现从单点开发向"三园鼎立"式全域旅游空间格局转变。旅游导向品牌化，实现从区域旅游洼地逐步向区域旅游目的地转变；文化引领活态化，实现从多元地域文化元素向文化活态体验式旅游转变；产业融合集聚化，实现从农业生产生活区向三次产业融合示范区转变五大战略，实现仙居中国农业公园的旅游业发展目标。

（二）发展思路

规划提出构建"三农为本、三生共融、三产联动"的中国农业公园发展总体战略。即围绕旅游做农业、围绕农民做旅游、围绕农村做业态，实现农业产业化、农村景区化、农民多业化的现代农业发展发展体系。一产突出光山特色农业种养殖业、二产突出农产品加工业、三产突出休闲农业与乡村旅游，以旅游为导向推进农业供给侧结构性改革，形成农旅互动的产业格局。

（三）发展定位

遵循国家旅游局、农业部、发改委相关政策，以"多规合一""互联网＋""旅游＋"融合理论为指导，依据《中国农业公园创建指标体系》（2008 年），抓住《大别山革命老区振兴发展规划（2015—2020 年)》《大别山片区区域发展与扶贫攻坚规划（2011—2020 年)》实施机遇，依托园区位于豫鄂皖地理中心、信阳市环城游憩带重要节点的区位条件，积极对接"国家全域旅游示范区""全国休闲农业与乡村旅游示范县"战略，全面整合农业、乡村、山水、生态、气候、农耕、民俗等资源基础，探索以旅游为导向，以"仙居八慢"生活方式为抓手，一产为基础、二产为辅助、三产为特色，"一板块一主题、一项目一特色"的中国农业公园开发模式，聚合"山水生态游憩、现代农业示范、乡村田园度假、农耕与民俗文化体验、户外运动康体"五大功能，并以美丽乡村建设为契机推进城乡一体化发展，最终将园区打造成为良好生态和多元地域文化共融托举的大别山休闲农业与乡村旅游慢生活综合体。

六、规划布局

（一）空间布局

综合考虑园区人口、资源、环境、经济、社会、文化等因素，根据园区的区位条件、旅游资源分布特点及发展时序，整体确定将园区采用"一心辐射，两轴统领，三区联动"的空间布局战略，形成以"两山一河"（杏山、独山、竹竿河）区域为中心的休闲农业与乡村旅游综合体为园区核心增长极，向东、向南、向北拓展延伸，联动园区内八乡镇（街道）及中心城区协调互补发展，构建重点突出又覆盖整个区域的多层次旅游发展格局。其中：一心为仙居中国农业公园管理服务中心；两轴为G312中国农业公园发展轴、S338中国农业公园发展轴；三区为核心功能区、联动发展区、辐射带动区。

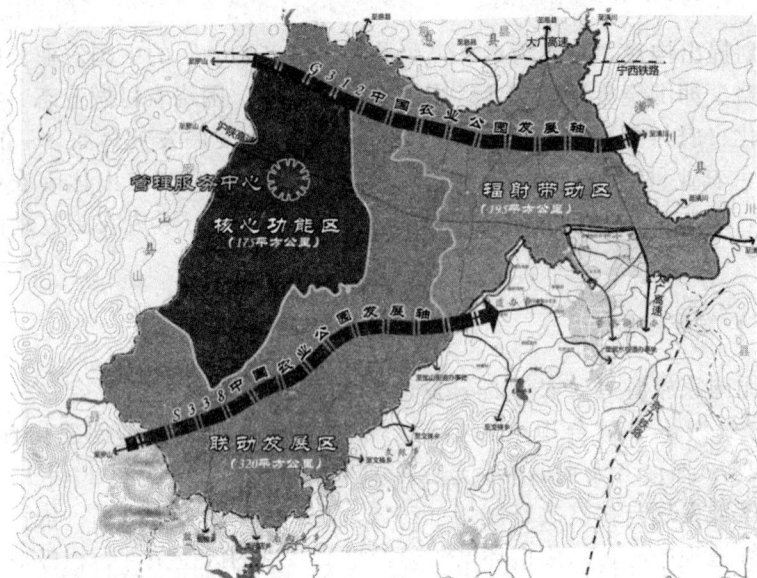

图3　空间布局图

（二）功能分区

按照园区的发展定位、农业及旅游资源分布、市场需求及交通系统谋划，遵循因地制宜、重点突出的原则，以山、水、交通廊道为骨架，规划采用"115"功能布局战略，即"一心、一带、五板块"。其中，一心为仙居中国农业公园管理服务中心；一带为竹竿河滨水慢游带；五板块为杏山—独山综合旅游板块、孙铁铺现代农业示范板块、北向店红色乡村体验板块、马畈—罗陈仙桃稻海休闲板块、十里—寨河三产融合发展板块。

（三）项目规划

通过功能布局，规划共策划精品项目37个，并在各大功能板块规划了十大重点支撑项目。

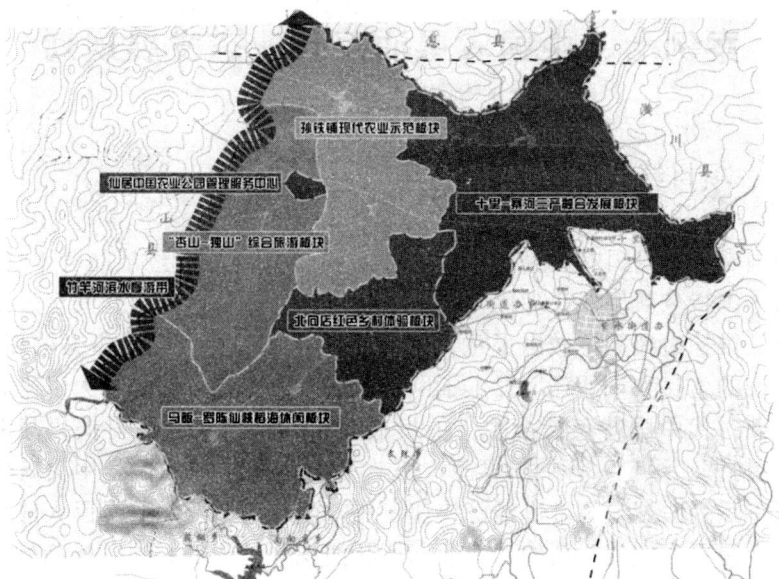

图 4　功能布局图

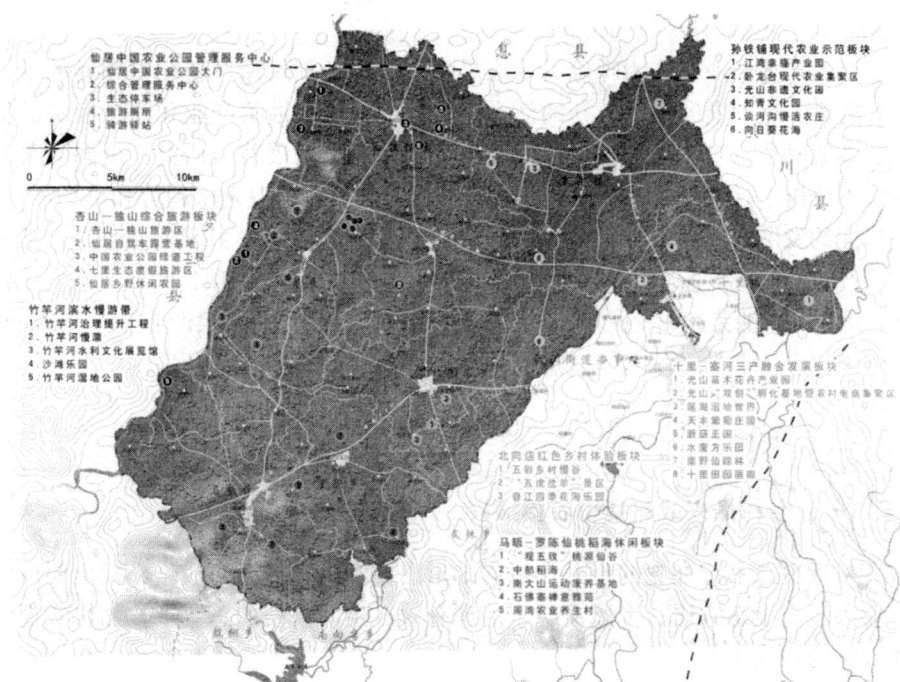

图 5　项目布局图

案例七、中国农垦油菜新业态发展规划

一、项目缘起

中国农垦是我国农业战线的"国家队",是国有农业经济的骨干和代表,是推进中国特色新型农业现代化的重要力量,为保障国家粮食安全、支援国家建设、维护边疆稳定做出了重大的贡献。在中国特色社会主义的新时代,农垦系统的生存和发展环境发生了巨大变化。特别是党的十九大以来,按照习近平新时代中国特色社会主义的发展要求,全面实施乡村振兴战略,在"创新、协调、绿色、开放、共享"五大发展理念指导下,党中央、国务院出台了一系列法规政策推进经济快速发展,生态文明建设取得巨大成果,农业发展取得可喜成就,新的产业业态不断涌现并呈现良好的发展趋势,农业的一二三产融合速度加快,催生出许多农业产业新业态。在新时代新经济新常态下,随着农垦改革的不断深入,各垦区都在积极的寻求新的产业业态和发展路径。

油菜产业新业态作为呼伦贝尔农垦经济发展的新引擎、新动力和新的增长点,将为呼垦农垦经济注入新的活力,促进中国农垦油菜产业和呼垦经济的发展。本案例通过对呼伦贝尔农垦油菜产业新业态的发展背景研究、全国油菜产业发展分析、呼伦贝尔农垦油菜产业发展优势分析,把握未来趋势和市场需求,找准制约发展的因素,明确呼垦油菜产业新业态发展思路,找到呼垦油菜产业一二三产融合发展新业态,提出适合呼垦油菜产业农旅融合的项目和新业态发展载体,确定呼垦油菜产业发展新业态发展有效路径,促进呼垦油菜产业提质增效、转型升级、增强综合竞争力,实现呼垦油菜产业持续、快速、健康发展。

二、项目背景

(一) 乡村振兴战略指引农垦振兴

习近平总书记在党的十九大报告中指出要实施乡村振兴战略,提出要按照产业兴旺、生态宜居、乡风文明、治理有效、生活富裕的总要求,加快实现农业农村的现代化。

2018 年中央 1 号文件《中共中央国务院关于实施乡村振兴战略的意见》中提出要实施质量兴农战略,提升农业发展质量,培育乡村发展新动能,实施质量兴农战略。中国农垦应利用农业产业发展优势，在质量兴农战略中发挥带动引领作用。

2018 年 9 月 26 日，中共中央、国务院印发《乡村振兴战略规划（2018—2022 年)》提出科学有序推动乡村产业、人才、文化、生态和组织振兴。实施乡村振兴战略，深化农业供给侧结构性改革，构建现代农业产业体系、生产体系、经营体系，实现农村一二三产业深度融合发展。

（二）农垦改革激发垦区经济发展新动能

2015 年 11 月《中共中央国务院关于进一步推进农垦改革发展的意见》出台，农垦事业有了更明确的发展方向，要求依靠创新驱动，加快转变发展方式，推进资源资产整合、产业优化升级，建设现代农业的大基地、大企业、大产业，切实发挥农垦在现代农业建设中的骨干引领作用，为协同推进新型工业化、信息化、城镇化、农业现代化提供有力支撑。农垦改革指导意见激发了呼垦经济发展的新动能，呼伦贝尔农垦不断深化管理体制和经营机制改革，推进垦区集团化改革，建设大型农产品生产基地，大力发展农产品加工流通业，提升科技创新能力。

（三）中国农垦引领中国农业绿色高质量发展

2018 年 5 月，农业农村部办公厅印发《农垦农业绿色优质高效技术模式提升行动方案》。其总体思路为发挥农垦组织化、标准化、规模化、集约化优势，适应新时代农垦绿色农业发展新要求，以推进农业供给侧结构性改革为主线，大力推进绿色发展，重点围绕农垦粮、棉、油等优势主导产业开展绿色优质高效提升行动。中国农垦是我国农业战线的国家队，垦区利用高度机械化、规模化、现代化的农业产业优势，将引领我国农业绿色高质量发展。

（四）大众旅游时代到来，油菜花旅游火爆

油菜花是中国最传统、最乡野的象征，成片的金黄色油菜花极具观赏性，成了春游时节的一道标志色。油菜花已成为乡村旅游的新名片，成为撬动区域经济发展的杠杆。我国以油菜花出名的旅游热门景点有江西婺源、上海奉贤、安徽石潭、陕西汉中、江苏兴化、湖北荆门、云南罗平、内蒙古呼伦贝尔等地。现已有许多乡村或城市郊区种植大量的油菜花，以促进乡村旅游业的发展，带动农家乐、农产品、绿色食品等相关经济的发展。观赏油菜花海也成为现在人们追求自然、回归原生态的热门旅游之一。

（五）消费升级，品质芥花油产品市场需求增加

在我国消费升级的背景下，人们的健康意识不断的增强，人们对食用油的质量以及食用油的脂肪酸含量和比例的关注也开始慢慢增强，市场上食用油的种类越来越丰富，高品质健康的食用油越来越受到消费者的青睐。芥花油因其天然均衡营养的特点被消费者称为"家庭营养师"，芥花油具有黄金比例的脂肪酸成分，是具备均衡饮食最佳比例的食用油，其不饱和脂肪酸总量高达93％，超过有"液体黄金"之称的橄榄油。呼伦贝尔农垦的苍茫谣芥花油以其独特的品质，越来越受到消费者的认可，市场需求也在不断增加。

三、发展优势

（一）呼垦自然条件优越

内蒙古地域辽阔，属于温带气候，这里全年的气候特征是：夏季炎热多雨，冬季寒冷干燥。呼伦贝尔市位于内蒙古自治区的东北部，地处高纬度、高海拔，气候温凉，日照充足，降水集中，雨热同季、昼夜温差大，土地肥沃，这样优越的自然条件非常适宜油菜的生产。

呼伦贝尔农垦地处欧亚大陆东南端中高纬度地带，气候光照等自然环境得天独厚，组织化、规模化和机械化程度较高，多年的作物栽培经验和良好的生态环境，使得发展绿色食品潜力巨大。

（二）呼垦油菜产业优势明显

生产优质油菜已成为呼伦贝尔农业发展的主导，也是促进其经济增长的重要手段。近年来，呼伦贝尔农垦扩大了油菜产业的种植规模，优化产业结构升级，努力把油菜产业做大做强，力争成为我国最好的油菜加工基地。为了确保突破油菜单产、总产的效益，提高农业综合生产能力，大力推广先进适用新技术，促进综合配套技术不断创新。同时依托科研单位，结合本地区实际，通过新品种引进推广，在种子包衣、平衡配方施肥、改进施肥方法、实施保护性免耕播种、恶性杂草综合防除、病虫害预测和防治、后期管理促早熟以及大型机械引进和机械化标准作业等关键技术上实现突破，以促进油菜产量的提高和产品质量的提升。

呼伦贝尔垦区以市场为导向让油菜产业"深深扎根"。目前，呼伦贝尔农垦已实现"自种、自养、自加、自销"全产业链经营管理模式，依靠"全原生态资源环境、全产业链管理模式、全过程重品质保障"，打造出极具影响力的

"呼伦贝尔品生态"品牌，培育出"芥花油"全产业链产品。

（三）呼垦油菜品牌突出

随着百姓生活水平的提高，对高品质的绿色健康的食用油的需求逐年递增。瞄准这一市场需求，通过对市场食用油的分析，呼伦贝尔农垦加大对高品质食用油的研发，开发出了"苍茫谣"芥花油，日益受到市场青睐。

（四）呼垦油菜花旅游初具规模

油菜花旅游节是呼伦贝尔市一张新的旅游名片，呼伦贝尔农垦充分挖掘油菜花旅游资源，采取市场化运作方式，不断丰富"油菜花旅游"内涵，精心培育以"油菜花"为主题的旅游产品。通过举办花海文化广场、群众秧歌表演、民族服饰展示、特色农产品推销等系列主题活动，全力打造呼伦贝尔农垦油菜花旅游新亮点，树立呼垦油菜花旅游品牌，在油菜花旅游的带动下，呼伦贝尔农垦文化旅游蓬勃发展。

四、发展战略

以中国农垦油菜新业态研究报告和农垦系统油菜新业态创建行动方案为指导，充分发挥中国农垦规模化、集约化、机械化等产业优势，利用垦区油菜产业发展基础，高起点、高标准开展油菜新业态创建示范，提升垦区油菜全产业链绿色高效生产和多功能油菜产品的开发、创新"油菜＋旅游"农旅融合新业态的开发，使垦区油菜产业实现一二三产融合发展，形成可推广、可复制的油菜产业持续健康发展的新模式，从而辐射带动垦区乃至全国油菜新业态发展。

五、油菜产业新业态

（一）以科技为核心做大呼垦油菜种植新业态

呼伦贝尔农垦油菜种植新业态的开发将以科技创新为核心，依托中科院油料所及国内专业科研院校、国内油菜产业领域的专家等优势资源，充分利用呼垦现代农业、机械化生产设备的基础，结合呼垦油菜产业创新中心和呼垦京东智慧农场的建设，开展油菜多功能新品种试验示范基地、油菜全程机械化绿色栽培基地、油菜农机标准化生产示范基地、油菜水肥一体化智能节水灌溉示范基地、油菜"种—养—加"生态循环农业示范基地等油菜种植新业态，实现高产与多抗，突出油菜品质的优化，推动油菜种植结构的调整，从而提升呼垦油菜种植业的整体水平，保障呼垦油菜种植业的高效可持续发展。

（二）以多元化为目标做强呼垦油菜加工新业态

呼伦贝尔农垦油菜加工新业态的开发将以多元化为目标，依托呼伦贝尔农垦的油菜加工产业发展基础，充分利用呼伦贝尔"中国芥花油之都"和呼伦贝尔农垦"苍茫遥"芥花油的品牌优势，融入油菜加工新技术和食用油生产新工艺，开展功能型芥花油精加工生产示范基地、油菜多功能利用示范基地、营养强化油研发中心、双低油菜籽粕深加工基地、油菜秸秆饲料加工加工基地、油菜花蜂蜜加工示范基地等油菜加工新业态，开发生产能够满足消费者需求的多元化油菜产品，以消费者新的需求为导向的多元化油菜加工产业的发展，对繁荣油菜加工科技、发展油菜加工产业、维护食用油供给安全具有重要意义。

（三）以市场为导向做精呼垦油菜商贸新业态

呼伦贝尔农垦油菜商贸新业态的开发将以市场为导向，依托呼伦贝尔农垦油菜产业加工产品和芥花油品牌优势，充分利用与京东集团的良好合作关系，开展呼垦油菜仓储物流中心、呼垦油菜农业电商平台、呼垦芥花油专营店等新业态，拓宽芥花油的市场需求，完善芥花油产品的品牌建设，树立呼伦贝尔农垦芥花油品牌的形象，提升产品市场竞争力。

（四）以"花"为媒做活呼垦油菜旅游新业态

呼伦贝尔农垦油菜花旅游新业态的开发将以"油菜花"作为媒介，依托呼伦贝尔农垦大面积的油菜种植基础，充分利用 7 月油菜花盛开季节的避暑旅游旺季，针对大众旅游市场游客的需求，开展呼垦多彩油菜花海、呼垦油菜花自驾车营地、呼垦油菜花亲子乐园、呼垦油菜花主题民宿、呼垦油菜花骑游慢行廊道等油菜花旅游新业态，同时做活每年的呼垦油菜花文化旅游节，让更多的人参与其中，丰富呼垦油菜花旅游产品，打响呼垦油菜花旅游品牌。

六、油菜产业新载体

国家各部委发布了诸多新政策扶持农业产业新载体的发展，从而提高农业的生产效率和实现农业产业的融合发展。呼伦贝尔农垦依托田园综合体、国家现代农业庄园、特色小镇等，打造呼垦油菜产业融合发展的新载体，促进油菜产业内部融合、延伸油菜产业链、拓展油菜产业多种功能、发展油菜产业新型业态等多模式融合发展新路径。

（一）呼垦油菜花田园综合体

呼伦贝尔农垦依托油菜大面积种植、油菜二产加工、油菜花海旅游基础，以油菜产业为主题，以垦区的生产公司为主体，打造呼垦油菜花田园综合体，融入循环农业、创意农业、休闲农业等业态，实现油菜产业综合开发，同时让垦区职工和农民充分参与并从中受益，实现经济效益、生态效益和社会效益相融合。

（二）呼垦油菜花国家现代农业庄园

现代农业庄园是以现代化农业生产为基础，利用呼垦油菜产业基础，创建国家现代农业庄园，提高油菜产业的质量和效益，实现呼垦油菜产业一二三产融合发展，创新农垦油菜产业经营模式，推进油菜产业和旅游业的供给侧结构性改革，示范带动我国特色新型油菜产业现代化发展。

（三）呼垦油菜花特色小镇

呼伦贝尔农垦充分发挥油菜产业的优势，打造呼垦特色油菜花特色小镇，以呼垦油菜花种植为基础，以油菜生产加工为核心，以油菜花主题旅游为特色的发展模式，进步一夯实呼垦油菜产业基础，完善小镇配套服务功能，优化呼垦生态环境，提升呼垦油菜产业发展品质，建设美丽呼垦油菜花特色小镇，有机对接美丽乡村建设，促进城乡发展一体化。

（四）呼垦油菜花中国农业公园

呼伦贝尔农垦充分利用呼垦油菜产业发展优势，以油菜花为主题，打造中国首家油菜花农业公园，呼垦将油菜花产业、垦区乡村生活、农垦文化有机的结合在一起，打造中国油菜花乡村休闲和农业观光的升级版，是油菜花旅游的高端形态，体现和谐发展模式、浪漫主义色彩、简约生活理念、返璞归真追求，是规模化的现代油菜花景观与油菜花旅游综合体。

（五）呼垦油菜产业电商物流园

当前，农业电子商务发展迅猛，正在深刻改变着传统农产品流通方式，呼伦贝尔农垦依托多年油菜产业发展累积的产业、品牌优势，利用好呼伦贝尔"中国芥花油之都"的品牌影响力，与京东、淘宝等电商平台合作，打造呼伦贝尔农垦线上电商平台。同时建设呼垦油菜产业电商物流产业园，为线上产品服务，为呼伦贝尔农垦油菜产业提供新的发展动力。

（六）呼垦油菜现代农业产业园

国家现代农业产业园是优化农业产业结构、促进三产深度融合的重要载体，呼伦贝尔农垦油菜产业特色鲜明，产业要素高度聚集、油菜产业生产设备先进，呼垦油菜产业生产方式绿色，一二三产融合度高，同时具有很强的辐射带动作用，呼垦油菜花产业符合国家创建现代农业产业园的标准，呼垦油菜现代农业产业园的创建，形成了呼垦油菜产业发展新动力、垦区农民增收新机制、油菜产业融合发展新格局，带动全国油菜产业园建设，构建各具特色的油菜产业体系，推动农垦油菜产业振兴。

（七）呼垦油菜国家农业科技园区

国家农业科技园区是推进农业高新技术产业发展和农业科技创新创业的重要载体，呼伦贝尔农垦利用多年累积的油菜产业发展经验和产业基础，打造呼垦油菜国家农垦科技园区，重点研发试验和科技示范油菜产业领域项目，把园区建设成为油菜产业科技成果培育与转移转化的创新高地，油菜产业高新技术产业及其服务业集聚的核心载体，呼垦大众创业、万众创新的重要阵地，产城镇村融合发展与农村综合改革的示范典型。

（八）呼垦油菜产业加工示范园区

充分利用呼伦贝尔农垦油菜加工产业的基础，发挥呼垦油菜产业种植、加工以及品牌优势，积极创建创新驱动、绿色引领、产业融合的呼垦油菜产业加工示范园区，进一步扩大呼垦油菜产业的发展规模，优化结构布局，增强创新能力，从而使呼垦油菜产业的质量和品牌得到明显的提升。

（九）呼垦油菜智慧农场

依托呼垦油菜产业的发展基础，与京东等国内知名互联网技术公司合作，联合打造呼垦油菜智慧农场，大力发展数字油菜产业，实施智慧油菜产业工程和"互联网＋"现代农业行动，对垦区农业生产进行数字化改造，加强农业遥感、物联网应用，提高农业精准化水平。发展智慧气象，提升气象为农服务能力。

（十）呼垦油菜花共享农庄

"共享经济"的理论已经得到被越来越多人的认可，呼伦贝尔农垦发挥油菜产业的发展优势，打造呼垦特色油菜花共享农庄。共享农庄包括生产、生活、体验、购物、餐饮、住宿六大板块功能，通过产品共享、民宿共享、土地共享、资源共享、项目共享等五大共享方式，完善共享农庄的经营管理制度，最终实现经济效益、生态效益、社会效益的有机结合。

案例八、河南省商城县休闲农业与乡村旅游发展规划（2016—2030 年）

一、规划缘起

党的十八大报告提出"大力推进生态文明建设，努力建设美丽中国，实现中华民族永续发展"的战略构想，十八届五中全会又提出了"创新、协调、绿色、开放、共享"的五大发展新理念，中央 1 号文件以此理念作为解决"三农"问题的指导思想和重要路径，并指出要强化规划引导，采取以奖代补、先建后补、财政贴息、设立产业投资基金等方式扶持休闲农业与乡村旅游业发展。2015 年中央扶贫开发工作会议顺利召开进一步明确了精准扶贫的路线，国务院《关于推进农村一二三产业融合发展的指导意见》（国办发〔2015〕93号），要求大力推进农村一二三产业的融合发展，拓宽农民增收渠道，构建现代农业产业体系，加快农业发展方式转型，拓展农业多种功能。2016 年国家旅游局提出了新时期"全域旅游"的旅游发展战略，国务院总理李克强在 2016 年夏季达沃斯论坛开幕式致辞中，强调消费的主导作用，指出旅游业置于旅游、文化、体育、健康、养老"五大幸福产业"之首，进一步凸显了旅游业在国民社会经济发展中日益重要的功能与作用。此外，"旅游＋""互联网＋"及"大众创业、万众创新"的时代热潮不断引起热烈关注，这都为休闲农业与乡村旅游业的发展带来了重大利好。

在一系列关于发展休闲农业与乡村旅游业的政策方针的指导下，为了进一步对接"国家全域旅游示范区""全国休闲农业与乡村旅游示范县""国家农村产业融合发展试点县""全国农业可持续发展试验示范区"及"如画商城·养生福地"的旅游发展要求，项目组编制了《商城县休闲农业与乡村旅游发展规划（2016—2030 年)》（以下简称"规划"）。

二、项目概况

（一）项目位置

商城位于鄂豫皖地理中心，有"一步跨三省"之称，地处河南省南部、信阳市中南部，以赤城街道办事处为中心，东距安徽省合肥市约 210 千米，南至湖北省会武汉市约 230 千米，西到信阳市约 170 千米，北达河南省会郑州市约 470 千米。商城全境南北长约 75 千米，东西宽约 50 千米，总面积 2130 平方公里。春秋战国时期，商城先属吴，后属楚，有"楚头豫尾"之称。

（二）规划范围

规划范围为河南省信阳市商城县现辖区全境，规划面积 2 130 平方千米。包括鲇鱼山街道、赤城街道两个街道，达权店镇、余集镇、观庙镇、汪桥镇、双椿铺镇、鄢岗镇、上石桥镇、丰集镇、金刚台镇、汪岗镇十个镇，长竹园乡、冯店乡、吴河乡、河凤桥乡、李集乡、苏仙石乡、伏山乡七个乡，汤泉池管理处、黄柏山管理处、金刚台管委会、县产业集聚区四个乡镇同级管理单位。

三、规划背景

（一）自然资源条件

1. 地形地貌

商城"山重水复，素号岩疆"，素有"七山半水半分田，一分道路和庄园"之称。地势由南向北倾斜，逐级降低，东南西三面由纵向山脊环绕，峰峦叠嶂，沟谷交错，地貌多姿，形成南部中山低山、中部低山丘陵、北部丘陵垄岗三大自然区。

2. 气候条件

商城地处北亚热带向暖温带过渡地带，属亚热带湿润区，为季风型大陆气候，酷似江南风光。气候温和，年平均气温 15.4℃，最冷月（1 月）平均气温 2.0℃；雨量充沛，年降水量 1 241.4 毫米，分布趋势由南向北递减，年平均降水日数 125.8 天。四季分明，年均日照 1 763.1 小时，日照率 44%，年均无霜期 222 天。

3. 水文环境

商城河流统属淮河流域，全县共有大小河流 728 条，总长 1 636.04 千米，主要干河有灌河、白鹭河、史河。商城境内地下水受地质、地貌、水文和气候等条件影响，类型较多，主要有基岩裂隙潜水、碎屑岩孔隙裂隙潜水、岩溶裂隙溶洞水及深大断裂和水成岩接触带上多见的特殊类，可开采量为 7.28 万立方米。共有各类水库 120 余座，总蓄水能力 10 多亿立方米。

4. 动植物资源

商城地处江淮吴楚之间，亚热带与暖温带交界之处，雨量充沛、土地肥沃，因而动物、植被种类多，物产相当丰富。并获得了"中州生物宝库""豫南药乡"等称号。

5. 土壤资源

商城境内土壤有黄棕壤、水稻土、棕壤、潮土 4 个土类。黄棕壤主要分布于县境中南部，占全县总面积的 69.1%。水稻土广为分布，占全县总面积的 23.4%。棕壤和潮土分别为全县总面积的 2.57%和 4.9%。

（二）历史文化背景

商城历史悠久，早在新石器时期，已有人类定居生息。春秋战国先属吴，后属楚，有"吴头楚尾中原根"之称，西汉置雩娄县，隋开皇初，更名殷城县，北宋建隆元年，改殷城县为商城县，宋至道三年并入固始县为商城镇，明成化十一年划固始县西南 46 个里，复置商城县，1913—1927 年先后属河南省汝阳道、河南省豫南行政区。第一次国内革命战争时期，商城县1925 年建党，在全国革命的影响下，开展了商城革命运动。土地革命时期，商城县是商城起义发生地，诞生了革命历史经典歌曲《八月桂花遍地开》，创建了河南省第一支红军队伍、第一个县级苏维埃政府、第一块革命根据地。1932 年红三十二军解放商城后改商城县为赤城县，属中共鄂豫皖省委。抗日战争时期，积极开展了抗日救亡活动，国民党富金山战役峡口阻击战家喻户晓，1937 年 10 月，苏区县制结束后复名商城县。解放战争时期，刘邓大军在商城坚持大别山战斗，最终重建了大别山根据地。1948 年 11 月 30日，商城最终解放，1949 年 6 月，商城属潢川专区，1952 年 11 月，商城属信阳专区至今。

春秋战国时期，商城处吴楚之地，贯通了南北思想，融汇了中原和吴楚文化，数千年的文明史，造就了文化艺术荟萃、人文环境优越、内涵丰富、品位独特的商城文化。有深厚的农耕文化、民俗文化、饮食文化、歌舞文化、状元文化、名人文化、红色文化以及乡贤文化。

四、发展目标

(一) 总体目标

大别山区休闲农业与乡村旅游养生度假目的地。

(二) 建设目标

国家全域旅游示范区、全国农业可持续发展试验示范区、国家中医药健康旅游示范县。

(三) 其他目标

1. 旅游目标

规划期末 2025 年，商城休闲农业与乡村旅游发展共建设 2 个国家 4A 级旅游景区、4 个国家 3A 级旅游景区和 5 个休闲农业与乡村旅游示范点。

2 个国家 4A 级旅游景区：新店不夜古镇景区、汪桥七彩农林旅游区；4 个国家 3A 级旅游景区：商南九堡景区、观庙中华农耕文化园、大别山休闲果都、山信粮业"信阳山信粮业双创孵化基地暨农村电商旅游集聚区"；5 个休闲农业与乡村旅游示范点：汪桥七彩农林旅游区、大别山休闲果都、梦里水乡浪漫产业基地、豫南中医药康疗养生基地、山信粮业"信阳双创孵化基地暨农村电商旅游集聚区"。

2. 社会目标

当地农民年纯收入 20% 以上来源于旅游收入；到 2020 年旅游就业人数达到 8 万人；中期远期超过 15 万人从事旅游。

3. 经济目标

到 2020 年，旅游业助力商城县摘掉贫困县的"帽子"；2030 年，游客接待量达到 1 200 万人次，人均消费 1 200 元，年旅游总收入 144 亿元，旅游税收占地方财政收入超过 10%。

4. 文化目标

通过乡村旅游的发展，最大程度的保护传统乡村氛围，尤其是原汁原味的风土民情，将商城多方面的文化类型进行全面的展示和活化，将商城建设成真正意义上的大别山乡村旅游目的地。

五、规划战略

（一）发展策略

商城休闲农业与乡村旅游发展的战略是全域联动统筹战略、区域振兴协同战略、资源整合盘活战略、文化驱动鲜活战略和产业融合致富战略。

（二）发展思路

全面贯彻党的十八大和十八届二中、三中、四中、五中全会精神，围绕"四个全面""五个发展"的要求，与 2016 年中央 1 号文件、国家"十三五"规划和中央扶贫开发工作会议部署，抓住《大别山革命老区振兴发展规划（2015—2020 年）》《大别山片区区域发展与扶贫攻坚规划（2011—2020 年）》实施机遇，遵循国家旅游局、农业部、发改委相关文件，以"四规合一""互联网＋""旅游＋"融合发展理论为指导，对接"国家全域旅游示范区""全国休闲农业与乡村旅游示范县""国家农村产业融合发展试点县"及"如画商城·养生福地"旅游发展要求，依托商城县位于"楚头豫尾"与豫鄂皖地理中心的区位条件，以全域生态旅游为本底，把休闲农业与乡村旅游发展嵌入到以"黄、金、汤、观"四大旅游景点引领发展的县域旅游目的地建设中，充分整合商城地域文化、美食民俗、田园风光、民歌曲艺、红色传统和特色农业等得天独厚的休闲农业与乡村旅游资源，以围绕旅游做农业，围绕农民做旅游，围绕农村做业态为总体理念，以"诗意田园·画里乡村"为核心形象，以"商城九养旅游发展新模式"为抓手，谋划"一带、一环、一廊、一轴"旅游空间格局，布局"七大主题功能分区"，以"十一大重点项目"建设为核心，最终把商城建设为集农业休闲、田园观光、乡村度假、文化体验、养生养老和科普教育于一体的"九养旅游发展示范地"和大别山区休闲农业与乡村旅游养生度假目的地。

六、规划布局

（一）空间布局

借助便利的区域交通条件，依托区域旅游资源，构建"一带、一环、一廊、一轴"的旅游空间发展格局，建设区域旅游精品项目，完善旅游配套服务设施，带动周边区域的旅游发展。

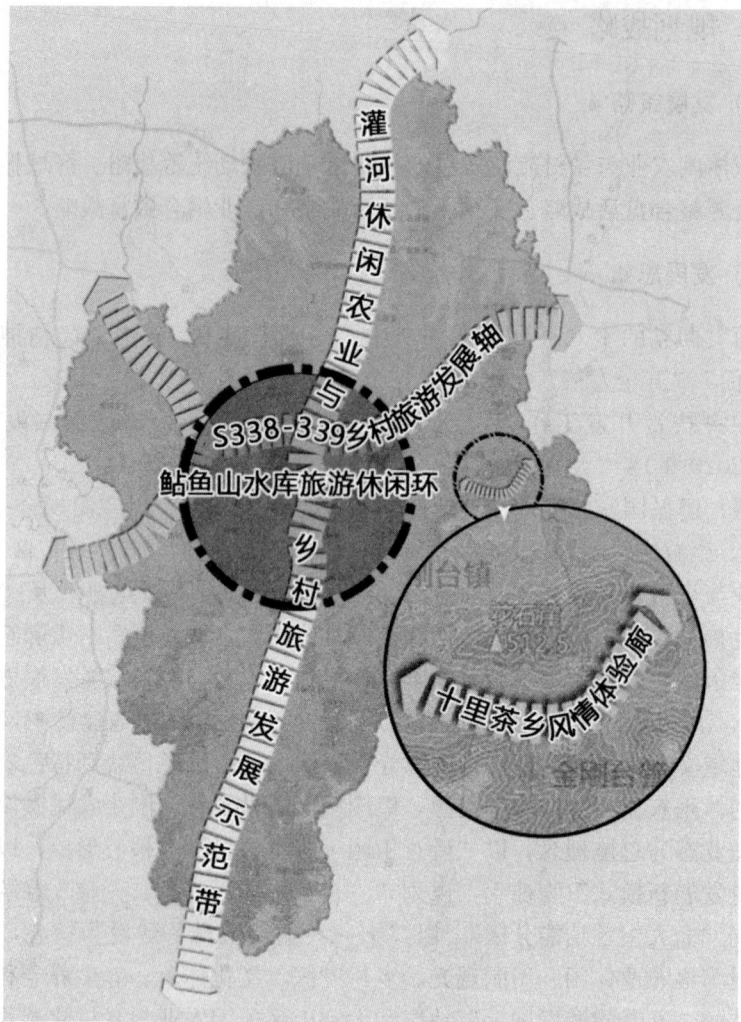

图 1　空间布局图

（二）功能分区

功能分区主要分为：灌河休闲农业与乡村旅游发展示范带、环鲇鱼山水库乡村旅游休闲板块、金刚台茶海风情度假板块、现代农业示范板块、中华农耕文化研学板块、大别山特色种植观光板块和豫南民俗文化体验板块。

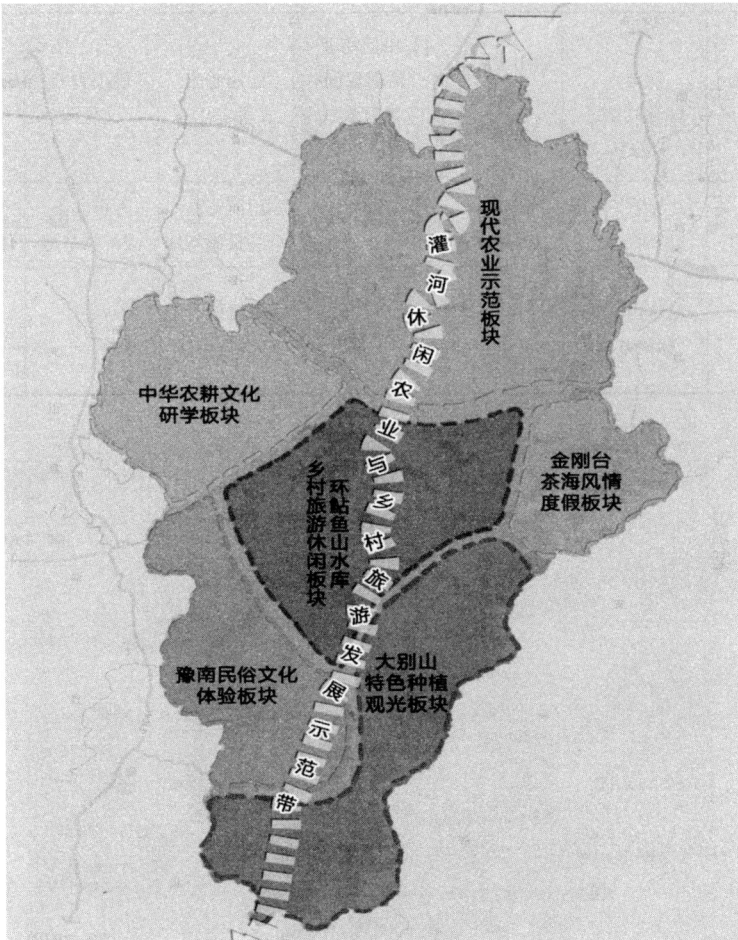

图 2 功能分区图

（三）项目规划

表 1 分版块项目项目表

灌河休闲农业与乡村旅游发展示范带	环鲇鱼山水库乡村旅游休闲板块	金刚台茶海风情度假板块	现代农业示范板块	中华农耕文化研学板块	大别山特色种植观光板块	豫南民俗文化体验板块
灌河五线提升工程	环鲇鱼山水库绿道工程	十里茶乡风情体验廊	大别山休闲果都	汪桥七彩农林旅游区	豫南中医药康疗养生基地	商南九堡景区

（续）

灌河休闲农庄集聚区	铁佛寺旅游风景区	半山居乡村养生养老度假基地	山信粮业"信阳双创孵基地暨农村电商旅游集聚区"	观庙中华农耕文化园	佛山香菇文化园	新店不夜古镇景区
灌河湿地公园	"黄金汤"乡居酒店部落	低空乡村飞行俱乐部	梦里水乡浪漫产业基地	田园花乡婚纱摄影基地	万亩油茶碳汇林基地	张冲垂钓休闲旅游区
	鲇鱼山亲水休闲基地		智慧农业博览园暨农业嘉年华场馆会址	自驾骑游旅游区		古堡影视基地

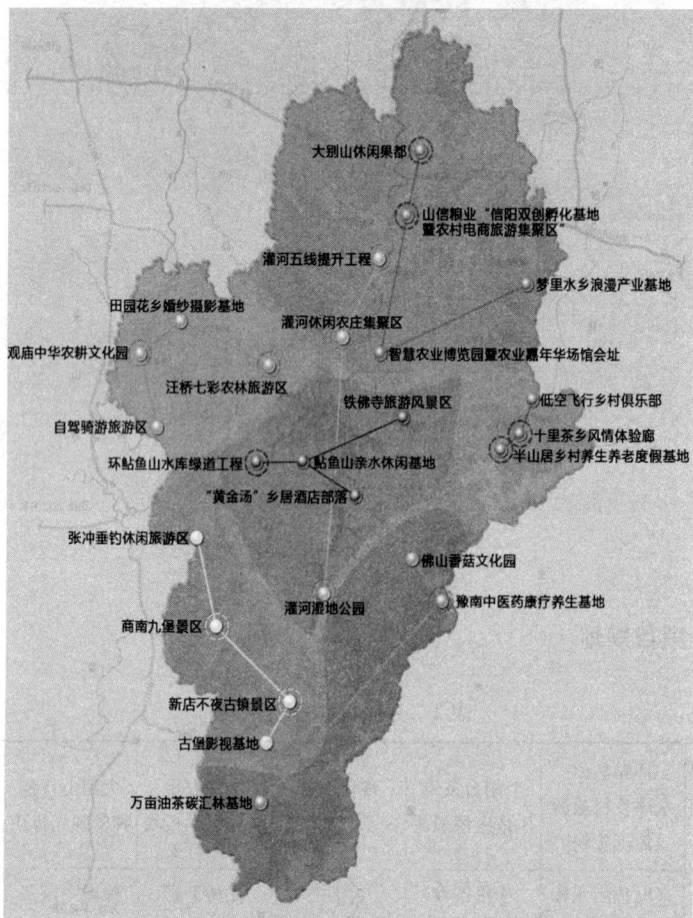

图 3 项目布局图

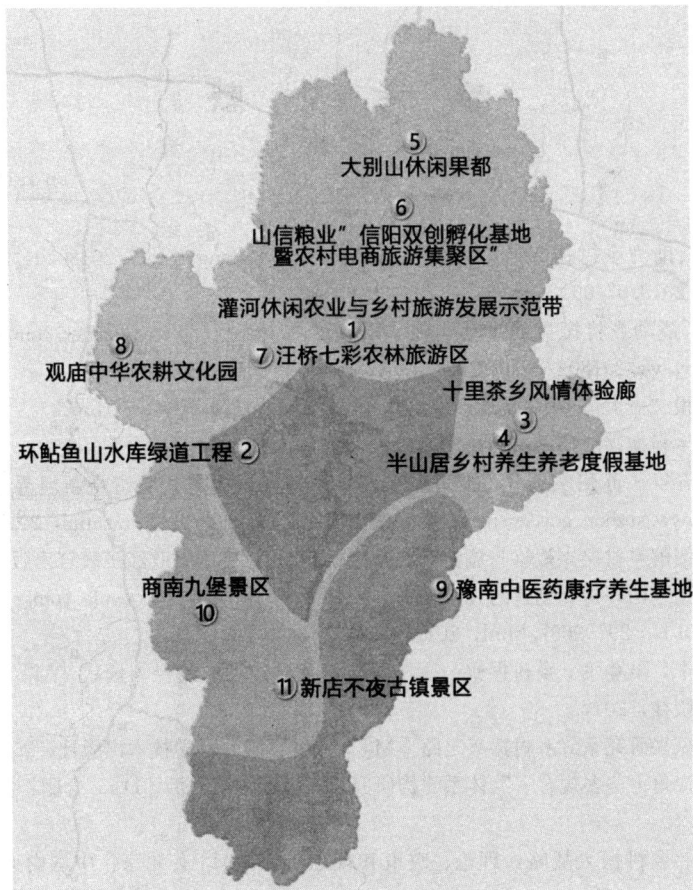

图4　重点项目布局图

参 考 文 献

"共享村落"助力乡村振兴［EB/OL］．http：//news. ifeng. com/a/20180704/58978744 _
  0. shtml，2018.07.06.

"三乡工程"撬动乡村振兴的生动实践［EB/OL］．http：//www. farmer. com. cn/zt2018/
  sncxb/cxby/wz/201802/t20180202 _ 1354755. htm，2018.02.02.

陈定洋. 建设"三大体系"，实现产业兴旺［N］．安徽日报，2018 - 04 - 23.

陈洁. 实施乡村振兴战略要有历史耐心［J］．求是，2018（14）.

砥砺奋进的五年·苏州实践——推进城乡发展一体化，迈向共同富裕新境界［EB/OL］．
  http：//www. suzhou. gov. cn/news/szxw/201710/t20171023 _ 923744. shtml，2017.10.23.

巅峰智业. 图解乡村振兴战略与旅游实践［M］．北京：中国财政经济教育出版社，2018.

董进智. 关于"四好村"创建的几点思考［EB/OL］．http：//sc. people. com. cn/n2/2017/
  0303/c345167 - 29799667. html，2017.03.03.

傅春，唐安来，吴登飞. 乡村振兴——江西美丽乡村建设的路径与模式［M］．南昌：江
  西人民出版社，2017.

湖北省乡村振兴研究室. 乡村振兴之路［M］．武汉：湖北科学技术出版社，2018.

江莹. 协同视角下"多规合一"体系建构研究——以铜陵市为例［D］．合肥：安徽建筑大
  学，2017.

姜长云，等. 乡村振兴战略：理论、政策和规划研究［M］．北京：中国财政经济出版
  社，2018.

蒋和胜，杨时革. 治理之道：走好乡村振兴这盘大棋［N］．人民日报，2018 - 10 - 23.

林峰，等. 乡村振兴战略规划与实施［M］．北京：中国农业出版社，2018.

领易房地产观察家. 中国乡村振兴的模式、打法和策略［EB/OL］．http：//3g. 163. com/
  news/article _ zhwnl/DG3ICL0J0515DOKM. html，2018.04.27.

刘和涛. 县域村镇体系规划统筹下"多规合一"研究——以商城县为例［D］．武汉：华中
  师范大学，2015.

农业品牌化发展，云南打造"十佳"品牌助力农业发展［EB/OL］．https：//baijiahao.
  baidu. com/s? id=1618387453771790395&wfr=spider&for=pc，2018.11.28.

陕西省礼泉县袁家村 探寻"一体四共"的乡村新集体经济发展密码［EB/OL］．http：//
  www. farmer. com. cn/zt2018/sncxb/cxby/wz/201802/t20180202 _ 1354753. htm，2018.02.02.

隋斌. 突出融合发展，编制好县域乡村振兴规划［R］．农业农业部规划设计研究院，2018.

孙景淼，等. 乡村振兴战略［M］．杭州：浙江人民出版社，2018.

台湾乡村振兴的模式之一，艺术乡建的力量［EB/OL］．http：//news. wugu. cn/article/1445900. html，2018. 12. 01.

台湾妖怪村：有一种乡创叫"无中生有"［EB/OL］. http：//www. sohu. com/a/213837727_167948，2017. 12. 31.

田园综合体的内涵与建设模式［EB/OL］. http：//www. sohu. com/a/285446703_247689，2018. 12. 29.

王思明. 农业特色小镇如何精准定位与建设［EB/OL］. http：//www. sohu. com/a/201506604_797346，2017. 10. 31.

吴维海. 新时代乡村战略规划与案例［M］. 北京：中国金融出版社，2018.

许辉标. "多规合一"总体规划编制思路探索——以太康县为例［J］. 智慧中国，2017（12）.

章志刚，李亚娟，李娜，王久臣. 文化传承型美丽乡村建设——中国牡丹画第一村平乐村案例［EB/OL］. http：//theory. people. com. cn/n1/2016/0802/c401815 - 28604187. html，2016. 08. 02.

浙江省"千村示范万村整治"工程获联合国"地球卫士奖"［EB/OL］. https：//www. sohu. com/a/256788573_227252，2018. 09. 27.

中国美丽乡村十大创建模式［EB/OL］. http：//www. sohu. com/a/199436566_772718，2017. 10. 21.

钟钰，王立鹤. 一村一品的主要模式［J］. 农村经营管理，2011（2）：13 - 14.

朱万峰，王好勇，时玉亮. 旅游导向的美丽乡村发展：乡村旅游与休闲农业探索研究［M］. 北京：新世界出版社，2014.

专访农业部部长韩长赋——为什么要实施乡村振兴战略［N］. 人民日报，2017 - 11 - 20.

资源量化股份合作助力草地生态畜牧业绿色崛起［EB/OL］. http：//www. farmer. com. cn/zt2018/sncxb/cxby/wz/201801/t20180126_1353018. htm，2018. 01. 26.

/后 记/

德国作家托马斯·曼说:"终于完成了。它可能不好,但是完成了。只要能完成,它也就是好的。"

呈现在读者面前的这本《新时代乡村振兴规划研究与路径探索》,是北京九鼎辉煌旅游发展研究院四年来编撰的第三本有关"三农"的书,是在国家发改委、农业农村部、中国科学院有关专家的指导和中国农业出版社的支持下完成的,全国政协陈晓华副主任还在百忙之中欣然为本书作序,倾注了大量心血,为本书增色不少。在此一并表示深挚的谢意!

经过长期努力,中国特色社会主义进入了新时代,新时代我国社会主要矛盾已经转化为人民日益增长的美好生活需要和不平衡不充分的发展之间的矛盾。城乡发展不平衡、农村发展不充分则是社会主要矛盾的重要表现之一。实施乡村振兴,是一项重大战略决策,也是推进农业农村现代化的必然选择,更是全面建设社会主义现代化强国的一项重大战略任务。

乡村振兴的内涵极其丰富,不仅包括农业现代化还包括农村现代化,不仅包括产业的振兴,也包括教科文卫的振兴、乡村社会的有效治理、生态宜居等,涵盖了农村的经济、政治、文化、社会、生态"五位一体"建设。实施乡村振兴具有系统性、长期性、融合性、差异性的特性,须处理好城市与乡村、政府与市场、发展与保护、当前与长远、试点与推广的关系。

在乡村振兴的推进中,以下两个方面需要特别注意:

一是编制规划。规划的编制要注意两点:一是要考虑到人口的双向流动是常态,过去户籍为主的乡村固化的居住形态一定会发展改变;二是规划的编制要有农民参与,要让群众知道该干什么、怎么干。不能闭门造车。

二是有序推进。我国村庄数量众多,特征各异,在乡村振兴的过程中不能采用相同的模式一刀切,要因地制宜制定振兴措施,分轻重有先后的推进,有高位求进的乡村振兴,也有在乡村建设中继续提升品质的乡村振兴,有些则需要从生态恢复来考虑。要特别注重在乡村衰退严重和较为严重的区域进行乡村振兴试点,防止简单地在区位条件好、产业发展基础好的区域"锦上添花"式的推进乡村振兴示范。

后　记

　　由于编者水平有限，挂一漏万，书中瑕疵和疏漏在所难免，尤其是个别引用资料和图片难以查找出处。诚恳期待专家、学者和广大读者批评斧正，以便进一步修改、补充、提高。

编委会

2019 年 3 月